大相撲 昭和42年春場所後の番付削減

6力士の足跡をたどって

三木武司

彩流社

謝辞

本書を著すにあたって、様々な情報の提供をいただいたベースボール・マガジン社相撲編集部の門脇利明氏、日本相撲協会の大嶽親方（元大竜）、取材にご協力くださった京都市の木村弘正氏、宮城県栗原市の千葉タチ子氏、坂田進氏、兵庫県南あわじ市の居内恵子氏、香川県丸亀市の竹森輝馬氏、三木昇氏、松林道子氏ほか、お名前を掲載することを辞退された方々を含め多くの方々にお世話になりました。厚くお礼申し上げます。

また、本書の出版を引き受けてくださった彩流社の河野和憲社長、編集の労をとってくださった彩流社の皆さん、いくつかのご指摘、ご教示をいただいた谷口公逸氏にも厚くお礼申し上げます。

はじめに

私が初めて「相撲」誌（ベースボールマガジン社の月刊誌）を買ったのは、小学三年生の十二月のことで、昭和四十二年（一九六七）十二月発行の「九州場所総決算号」だった。母と弟と三人で商店街を歩いていた時、店主の奥さんが母の知り合いである書店で母に買ってもらったことを今も覚えている。幼い小学生が、野球ならともかく、相撲の本を求めることに何かしらの気恥ずかしさがあったことをはっきり記憶している。

筆者が相撲に興味を持ったきっかけは何だったのだろうか。やはりテレビの中継とか新聞報道であろう。それ以外の媒体は考えられない。何せ五十年以上も昔の話だから情報源《ソース》は少なかった。ただ、それで事足りていたといえる。その中でも、新聞の星取表が最大のきっかけだったかと思う。そのころ我が家はサンケイ新聞を購読していた。父が気に入っていたのが理由だと母から聞いた覚えがある。父に言わせると「読みやすい」というのが理由だったかと記憶している。確か、三日目が終わった日から星取表が掲載されていたのだが、当時の（今は知らないが）サンケイ新聞は、幕内力士の四股名の字体がいわゆる江戸文字（根岸流）といわれる相撲字に近いもので、それだけでも目を引かれたように思う。また、千秋楽翌日の星取表は、幕内力士の成績が、対戦相手に加えて決まり手まで加えられた豪華な大判になるのである。
星取表の中に、小学二〜三年だった筆者が発見したのは、やたら「若」が頭に付く四股名が多数並んでいたことである。母に「なぜ、若の付く人がこんなに多いのか」と聞いた覚えがある。

また、父からはよく「大豪《だいごう》」の話を聞いたものだ。香川県丸亀市出身のご当地力士だったからである。「稽古をしないから、こんなに下がってしまった」とか聞かされたものだ。大豪の相撲はテレビで何度か見た覚えがある。すでに全盛期を過ぎ前頭中〜下位に低迷していた大豪の相撲ぶりからは、かつて幕内最高優勝をした力士を彷彿させるものはなかった。

さて、「若」の付く力士の中でも、特に興味を持ったのが「若天龍」、「若鳴門」。何となく、その字面、音の響きが良かったのであろう。テレビの画面ではほとんど見たことがなく、どこかしら謎めいた、神秘的？ なところもあったのかもしれない。若天龍については、全く相撲ぶりの記憶がなく、若鳴門は一度見た覚えがあり、動きが激しく荒々しい相撲を取る人だなとの印象を受けた。

ほかには、「扇山」という四股名にも目を引かれた。「若乃洲《しま》」という四股名もどこかしら謎めいた印象を持った。「大文字」も気になった。

閑話休題——ここで、クイズを一つ。「大豪、若天龍、若鳴門、扇山、若乃洲、大文字の六力士に共通する項目は？」

この質問に答えられる往年の好角家《こうかくか》の方は果たしてどのくらいおられるだろうか。ただし、本書のタイトルを見ずにとの条件付きである。幕内最高優勝経験のある大豪以外は四股名すら覚束《おぼつか》ないという力士がほとんどと言われるかもしれない。大豪という四股名も、優勝時の「若三杉」から改名されたものゆえ、印象は薄いかもしれない。ただ、三役の常連で長らく大関候補と言われていたことには間違いない。他の五力士は、三役経験、三賞受賞歴もないので、余程の好角家以外の記憶には残っていないかと察する。

さて、クイズの正解を記す。この六人の力士は、昭和四十二年（一九六七）の夏場所の番付の最上段（＝幕内）から全員いなくなってしまったのである。その事由がタイトルである。子供心に何と寂しい気がしたか、味気ない番付になってしまったなあと思ったことを覚えている。

本書は、私の相撲への思い入れを激減させた「昭和四十二年（一九六七）春場所後の番付削減」を主題とし、当時の角界を垣間見ながら調査したものである。

また、この機会に、主に古書店で収集した「相撲」誌を紐解きながら「六力士」を徹底的に調査してみた。その成果をまとめたものを第二部に加えた。年配の諸氏には、当時の相撲界を少しでも懐かしく思い出してもらえれば幸いである。本書が全国津々浦々の好角家の方々の目に留まり、手に取っていただければ幸甚である。

目次

巻末資料…………288

第一部　昭和四十二年（一九六七）春場所後の番付削減

序章　昭和四十二年（一九六七）当時の相撲界

本題に入る前に、昭和四十二年春場所が開催される頃の相撲界の状況を述べておいたほうがよいかと思う。往年の好角家の方には、「ああ、あの頃のことか」と思い出していただけることと思う。

〝巨人、大鵬、卵焼き〟

〝巨人、大鵬、卵焼き〟といった当時の子供たちが好むものを端的に表す流行語があった。野球は巨人、子供にとってのご馳走は卵焼き、そして相撲の第一人者は風格もあり名実ともに大鵬といった時代で、今流に言うなら「みんな大好き○○」といったものだろう。

プロ野球の巨人（読売ジャイアンツ）は、昭和四十年から実に九年間、セントラルリーグを制し、日本シリーズでも南海ホークス（四十、四十一、四十八年）、阪急ブレーブス（四十二〜四十四年、四十六、四十七年）、ロッテオリオンズ（四五年）のパシフィックリーグの覇者をことごとく倒し続けV9を達成する途中の時代であった。監督は、「打撃の神様」と謳われた川上哲治、その名参謀が牧野茂コーチ、選手は一番センター柴田勲、二番セカンド土井正三、三番ファースト王貞治、四番サード「ミスタージャイアンツ」長嶋茂雄……。投手陣は、「エースのジョー」こと城之内邦雄、空前絶後の四〇〇勝投手となる金田正一、昭和四十一年に新人でいきなり十六勝を上げた堀内恒夫……。彼らをリードする捕手は、五番バッターを任されることも多かった森昌彦、その他にもライトの国松彰、ショートの黒江透修と錚々たるメンバーが揃った常勝軍団だった。

私の生まれ育った四国・高松では、当時は民放のナイター中継は巨人戦しかなかった時代だった。レフトの高田繁は？　といぶかしがられる人もいらっしゃるかと思うので、補足しておくと、明大を卒業した高田が巨人に入団したのは昭和四十三年である。また、「史上最強の五番打者」となる末次民夫（後に利光）は、在籍はしていたがまだレギュラーではなかったころ（ライトのレギュラーに定着したのは昭和四十三年の途中から）である。

卵焼きについては、説明不要かと思う。子供はみんな大好きだった。今のように卵が安くない時代で、ちょっとしたご馳走であった。

さて、相撲界では、「柏鵬時代」の全盛期、〝剛〟の柏戸と〝柔〟の大鵬の二横綱が人気を二分していた。第一人者としては、間違いなく大鵬だったろう。

九重部屋と外国人関取の誕生

大鵬、柏戸のほかに、小兵の技能派横綱の栃ノ海は昭和四十一年の九州場所中に引退したものの、出羽一門のもう一人の横綱佐田の山が健在で、三横綱の時代。大関陣は、栃光、北葉山が引退した後で、豊山を筆頭に、新鋭の北の冨士、玉乃島と三大関が横綱陣の好敵手となっていた。関脇以下では、清國、琴櫻、麒麟児といった次期大関候補が、それぞれに個性を発揮し、土俵を盛り上げていた。ほかには、〝起重機〟

の異名をとったつり出しの名手明武谷、立ち合いのけたぐりが武器で再三大鵬を土俵に這わせた海乃山といった曲者も人気があった。若手では、藤ノ川、陸奥嵐といったところが新風を吹かせていた。

昭和四十二年初場所後の〝事件〟として、九重部屋の誕生があった。出羽海部屋の九重親方（元横綱千代の山）の分家問題がこじれて、九重親方が出羽海一門を破門され、九重部屋を興したという事件である。大関の北の冨士、前頭の禊鳳《みそぎどり》、十両の松前山など十人の力士が九重部屋に移った。「分家はご法度」という不文律のあった出羽海部屋でなぜ、このような事件が起こったのか、真相はこうである。先代の出羽海親方（元横綱常ノ花）の遺志は九重を後継者としていたようだが、継承したのは武蔵川親方（元幕内出羽の花）、さらに横綱佐田の山を親方の娘婿にさせたことで、継承は絶望的と考えた九重親方が実力行使に出たのである。そして迎えた直後の春場所、幕内で北の冨士、十両で松前山が優勝、新興の九重部屋がダブル優勝を飾るのであった。

昭和四十二年春場所の話題としては、ハワイ・マウイ島出身の高見山が新十両となったことである。外国出身の関取第一号の誕生となった。にわかに人気もでて注目を集め、十両の土俵を活気づけた。

高見山大五郎は、米国ハワイ州出身で高砂部屋。最高位は関脇。優勝一回。殊勲賞六回、敢闘賞五回。身長は一九〇センチを超え、体重は二〇〇キロ超えの超巨漢力士で〝巨象〟と称された。幕内在位は実に九十七場所、幕内通算出場一四三〇回、この間、昭和四十七年の名古屋場所で外国人初の幕内優勝、通算金星十二個を獲得するなど看板力士として相撲人気を支えた。テレビのＣＭに起用されることもあった。

昭和四十二年春場所の優勝争い

第一人者の大鵬は、昭和四十一年春場所から四十二年初場所まで、二度目の六連覇を果たしており、初の七連覇のかかった場所だった。ところが、五日目に平幕の淺瀬川に敗れるという大波乱が起こり、連勝記録も三十四でストップした。そのあとはさすがに連勝し、一敗のままで、十三日目に十二戦全勝だった北の冨士に土をつけ、首位に並んだ。ところが、翌十四日目に宿敵柏戸に屈し二敗目を喫した。その柏戸を千秋楽に北の冨士が倒し十四勝一敗で初優勝、大鵬の七連覇は阻まれたのである。因みに、北の冨士が十四日目に取り直しの末に勝った横綱佐田の山は前場所まで同じ出羽海部屋の兄弟子だった。

この場所の三賞の受賞者は、殊勲賞、技能賞が、幕内三場所目で東前頭四枚目に躍進していた〝牛若丸〟藤ノ川、そして敢闘賞は、新入幕の東前頭十四枚目〝東北の暴れん坊〟陸奥嵐だった。新興九重部屋に移った北の冨士の初優勝、同じく松前山の十両優勝、十二勝を上げた藤ノ川、十三勝を上げた陸奥嵐と新鋭の大活躍と、何かと話題の豊富な場所となったが、終始注目されたのは、幕内下位の力士の星勘定、十両中～下位の力士の星勘定だった。

なぜなら、春場所開催前の三月三日、日本相撲協会の緊急理事会で、幕内を三枚、十両を五枚、幕下を四十枚の枚数削減を決定したからである。よって、幕内の下位の力士は、いつもなら幕内にとどまることのできる程度の負け越しであっても十両への陥落、十両力士も、幕内から六人が陥落し、それに加え下五枚が削られるとなると、実質十六名もが関取の地位を失うことになるのである。当然、通常の場所以上のし烈な星取り競争が起こることになった。好角家は、毎日の勝敗を見て、いつもの場所以上の関心を持って陥落する力士を予想していたことであろう。

本書の主役

話を野球に戻すと、私は巨人ファンではなかった（気づいた時には中日ドラゴンズファンになっていた）が、毎夜のプロ野球中継の巨人戦をそれなりに見ており、王や長嶋のファンだったかというとそうではなく、二番セカンド土井のファンだった。また、私は、現在瀬戸内むしの会という地元の昆虫同好会の会長を務めており、小学生のころから昆虫に興味関心が強かった。大抵の昆虫少年なら、カブトムシやクワガタムシに思い入れを強くするものだが、私はミヤマクワガタよりもアオカナブンに惹かれるような変わり者？であった。

そんな私であるがゆえ、拙著の主役は、大鵬でも柏戸でもない。春場所の負け越しで、幕内から十両に陥落してしまった、大豪、若天龍、若鳴門、扇山、若乃洲、大文字の六力士である。若三杉の四股名の時代に、幕内優勝を一度成し遂げた大豪以外は、どう見ても脇役、あるいは脇役にすらなれない力士たちかもしれない。巨人の土井は名脇役であった。攻撃では、韋駄天柴田の盗塁を助け、王、長嶋と続くクリーンアップのタイムリーを呼び込む打順を担い、守備もセンターラインのセカンドを任されていた。翻ってこの六人の力士はどうであろうか。野球ならばスターティングメンバーではなく、ベンチに控えている選手クラスになるだろうか。大鵬や、柏戸、佐田の山、北の冨士といった、横綱まで上り詰めた人たちに関する書籍は数多あることだろう。この本では、天邪鬼の筆者が主役に設定したのは件《くだん》の六力士である。おそらく、この六人のことをこれほど詳細に記述したものはこれまでになかったと思える。好角家の皆さんに希少価値を見出してもらえれば幸甚である。

当時の角界看板力士の紹介

当時の看板力士については、本書では脇役に回ってもらって、以後随時登場してもらうことにして、ここで一括して二十人を紹介しておく。この中で私が好きだったのは麒麟児である。麒麟児を苦手としていた横綱柏戸との対戦は楽しみだった。仕切りの時の柏戸のいやそうな顔は印象に残っている。同じ二所ノ関部屋の大鵬の援護射撃にもなっていたかと思う。大鵬については、京都での取材でお話を聞いた大文字の義姉が、その人柄を盛んにほめていた（コラム8参照）。大豪と柏戸は馬の合う親友で、突然の引退で年寄の空き株がなく困っていた大豪に、柏戸は自分の持ち株を貸して助けたらしい（第十三章の大豪の項参照）。佐田の山については、淡路島での取材でお話を聞いた若鳴門の姪御さんから、叔父（若鳴門）がよくしてもらっていた人だと聞いた（コラム6参照）。

①**大鵬幸喜**　北海道出身、二所ノ関部屋。横綱。柏戸とともに〝柏鵬時代〟を担う。優勝三十二回は白鵬に更新されるまで一位だった。敢闘賞二回、技能賞一回。一代年寄大鵬となり、大鵬部屋を興し、巨砲《おおづつ》（関脇）などを育成した。元関脇の貴闘力は娘（三女）婿、現在幕内で活躍中の王鵬は孫（貴闘力の三男）である。平成二十五年（二〇一三）一月十九日に、心室頻拍のため都内の病院で死去。享年七十二。一か月後の二月十五日に、千代の富士に次いで角界では二人目となる国民栄誉賞が贈られることが正式決定した。

②**柏戸剛《つよし》**　山形県出身、伊勢ノ海部屋。横綱。大鵬とともに〝柏鵬時代〟を担う。優勝五回。殊勲賞二回、敢闘賞二回、技能賞四回。一気に突っ走る速攻相撲で「柔の大鵬」に比べ「剛の柏戸」と称さ

れた。引退後は、鏡山親方として多賀竜（関脇。幕内優勝一回）などの弟子を育成するとともに、理事、審判部長を長く務めた。

③ **佐田の山晋松**《しんまつ》 長崎県出身、出羽海部屋。横綱。優勝六回は柏戸を上回る。殊勲賞一回、敢闘賞一回、技能賞一回。強烈な突き押し相撲だった。引退後は出羽海部屋の師匠となった。平成四年（一九九二）二月から十年まで相撲協会の理事長（三期目の平成八年一月に名跡を出羽海から境川に代えた）を務め、巡業改革や年寄名跡の問題などに取り組んだ。

④ **豊山勝男** 新潟県出身、時津風部屋。大関。殊勲賞三回、敢闘賞四回。東農大で学生横綱となり、幕下十枚目格付け出しでデビューした学生横綱のプロ入り第一号で人気があった。再三チャンスはあったが優勝はできずじまいで、大関在位三十四場所、横綱にもなれなかった。平成十年（一九九八）二月から境川理事長の後任として二期四年間理事長を務めた。

⑤ **北の冨士勝昭** 北海道出身、九重部屋。横綱。玉の海とともに〝北玉時代〟を担う。優勝十回、殊勲賞二回、敢闘賞一回、技能賞三回。気っぷのいい相撲で人気があった。ライバルで親友でもあった玉乃海の急逝後は、直後の九州場所では優勝したものの、気が抜けたように一年近く不振が続いた。九重部屋を継承し、千代の富士、北勝海の二人の横綱を育成した。現在ＮＨＫの相撲解説者として人気がある。

⑥ **玉乃島正夫** 愛知県出身、片男波部屋。激しくスピーディな取り口で上位陣を苦しめた。のちに横綱玉乃海として、同時に横綱に昇進した北の冨士とともに〝北玉時代〟を担うも、現役横綱中の昭和四十六年十月十一日に虫垂炎手術後の心臓動脈血栓症により二十七歳の若さで急逝した。優勝六回、殊

勲賞四回、敢闘賞二回。

⑦清國忠雄　秋田県出身、伊勢ケ濱部屋。大関。優勝一回。殊勲賞三回、技能賞四回。技能力士だった。立ち合いがきれいだとの評判もあったようだ。新大関の昭和四十四年名古屋場所で初優勝し、横綱も期待されたが、その後は首を痛めたりしてパッとしなかった。引退後は伊勢ケ濱部屋を継承し、三十二歳と当時最年少で理事に就任した。

⑧琴櫻傑将《まさかつ》　鳥取県出身、佐渡ヶ嶽部屋。横綱。優勝五回。殊勲賞四回、敢闘賞二回。頭から当たるぶちかましが強力で〝猛牛〟と呼ばれた。大関時代が長く（三十二場所）、遅咲きで三十二歳で横綱に昇進した。横綱としては短命で、優勝も一回だけ、三十三歳で引退した。佐渡ヶ嶽部屋を継承し、琴風、琴欧州、琴光喜の三大関などを育成した。

⑨麒麟児将能《たかよし》　佐賀県出身、二所ノ関部屋。のちに大関大麒麟。殊勲賞五回、技能賞四回。体が柔らかく、横綱柏戸をうっちゃりで度々倒した。気が弱く、ここ一番に力を発揮することができず、大関昇進も琴櫻や清國といったライバルに後れを取った。昭和五十年秋、力士十六人（最終的には六人に削られた）を連れて二所ノ関部屋を飛び出す押尾川騒動を起こした。

⑩明武谷清　北海道出身、宮城野部屋。関脇。殊勲賞四回、敢闘賞四回。〝起重機〟と呼ばれ、筋肉質で一八七センチの長身を生かしてのつりが武器で、大鵬などの大物を度々食い、人気力士だった。優勝決定戦に二度（昭和三十六年秋場所と四十年秋場所で、どちらも三人の巴戦だった）も出場した。

⑪海乃山勇　茨城県出身、出羽海部屋。関脇。殊勲賞一回、敢闘賞二回、技能賞三回。小兵ながら立ち合いのけたぐりを武器とし、大鵬、柏戸、豊山を土俵に這わす大物食いの曲者だった。

⑫ **藤ノ川豪人《たけと》**　北海道出身、伊勢ノ海部屋。関脇。殊勲賞一回、敢闘賞二回、技能賞四回。柏戸の弟弟子。細身の体で土俵を縦横無尽に目いっぱい動き回る姿から〝今牛若（丸）〟の異名をとった。左足を痛め二十六歳の若さで引退し、のちに伊勢ノ海部屋を継承した。

⑬ **陸奥嵐幸雄**　青森県出身、宮城野部屋。関脇。つり落とし、河津がけといった大技、奇手を見せ、その荒々しい取り口から〝東北の暴れん坊〟の異名をもらった。敢闘賞四回、技能賞一回。

⑭ **禊鳳英二**　北海道出身、九重部屋。前頭二枚目。敢闘賞一回。新入幕の昭和四十一年秋場所、十二勝を上げて敢闘賞を受賞、次の九州場所でも初日から横綱栃ノ海、大関豊山、横綱柏戸に三連勝する大活躍で、難しい四股名と相成って〝禊鳳旋風〟を巻き起こした。しかし、その後はけがに泣き二十五歳の若さで廃業した。

⑮ **鶴ヶ嶺昭男**　鹿児島県出身、井筒部屋。関脇。殊勲賞二回、敢闘賞二回、技能賞十回。昭和二十八年春場所新入幕の当時の幕内最高齢力士。技能賞十回が証明している〝もろ差しの名人〟と称された相撲のうまさはいぶし銀の魅力だった。引退後は、井筒部屋を継承し、大関となる霧島や実子の三兄弟を育成、次男の逆鉾、三男の寺尾は幕内で大活躍した。大豪との対談記事（第七章　復活の兆しの項参照）は笑える。

⑯ **豊國範《すすむ》**　大分県出身、時津風部屋。小結。敢闘賞一回、技能賞一回。中大相撲部出身で吉井山以来十二年ぶりの大学出身幕下付け出しでデビュー。その五場所後に各界入りして、豊國に一場所遅れて入幕した同部屋の豊山とともに大学卒の幕内力士として注目された。

⑰ **富士錦章**　山梨県出身、高砂部屋。小結。優勝一回。殊勲賞二回、敢闘賞四回、技能賞一回。ア

ンコ型で押し相撲に徹した。昭和三十九年名古屋場所で平幕優勝した。

⑱ **高鉄山豊也** 北海道出身、朝日山部屋。関脇。敢闘賞一回、技能賞一回。押し相撲。引退後は大鳴戸部屋を興し、小結となる板井を育てた。

⑲ **長谷川勝敏** 北海道出身、佐渡ヶ嶽部屋。関脇。優勝一回。殊勲賞三回、敢闘賞三回、技能賞二回。関脇を通算二十一場所務め、昭和四十七年春場所で十二勝三敗どうしの決定戦で平幕の魁傑を寄り切って優勝。前場所も準優勝だったが大関昇進は見送られた。実力は間違いなく大関クラスだった。

⑳ **福の花孝一** 熊本県出身、出羽海部屋。関脇。敢闘賞七回。敢闘賞七回が物語るように、闘志満々で、張り手を交えた激しい強烈な上突っ張りは上位陣にとって脅威だった。四股名をもじった〝フックの花〟の異名をもらっていた。

第一章　なぜ番付削減をしたのか——番付削減の経緯

そもそも、なぜ番付を削減する必要があったのか、まずは、その必要性を明らかにしておかなければならない。また、実施されたのは、昭和四十二年（一九六七）の春場所後だったのだが、いつごろからその必要性が問われていたのか、その経緯についても調べてみた。

合理化案としての番付削減

昭和四十二年初場所前の理事会で、大相撲発展のための合理化案として、番付枚数の大幅な削減が議決され、夏場所の番付面から実施されることが決定した。その内容は、

①幕内枚数を東西三枚ずつ（六人）減らして現在の四十人を三十四人とする。
②十両は東西五枚ずつ（十人）減らして現在の三十六人を二十六人とする。
③幕下は現在の約二〇〇人を一二〇人前後とし、三段目以下は幕下に準じて決める。

そのかわり力士に対して協会は、待遇面で退職金に伴う勤続加算金のベースアップなどを決めた。（「相撲」昭和四十二年十二月号、一一五頁）また、初土俵から五年間で幕下へ昇進しなければ廃業、もしくは師匠の自費で養成することに決めていた規則を撤廃することにした。

時津風理事長（元横綱双葉山）の〝英断〟として敢行されたこの改革せざるを得なかった様々な事情を探ってみる。

番付面が頭デッカチになりすぎる傾向があったのを是正するためと、（昭和四十年初場所から）部屋別総当たりになったために、幕内で三役以上と顔が合うのは上位の何人かに限られる形となって、同じ平幕でも対戦相手によって段階ができるようになった不自然さからの判断（「相撲」昭和四十四年一月号、八一頁）とのようである。相撲内容の充実を図る目的（「相撲」昭和四十二年六月号、一五二頁）もあったようである。

頭デッカチな番付になった一因としては、一段目（幕内）に張り出しが多かったこともあるだろう。部屋別総当たり制が前提となったことについては次章で詳しく記すことにする。

平幕に段階ができるようになったことにより生じた問題を一つ挙げる。昭和四十年（一九六五）秋場所、東前頭五枚目で十二勝三敗だった明武谷が佐田の山、柏戸の二横綱との優勝決定巴戦に加わった。このことをめぐって、次のような見解が述べられている。（以下、引用文の〔　〕内は筆者による補記）

江馬盛（司会）「雷電賞、敢闘賞の明武谷ですが、優勝決定戦に進出したのは、大関と当たらぬ地位に下がっていたので、〔彼の実力を考えると〕当然とはいえるけれども……」

天竜三郎（相撲評論家）「大関に当たらないで、優勝決定戦に加わるなんておかしなものですよ。〝溜《たま》り会〟の人が、もし明武谷が優勝したら、最高優勝ではなくて、最多賞ということにしたらと言っていましたよ。〔柏戸が優勝したのでそういう事態には及ばなかった〕」（中略）

東富士錦一（ＴＢＳ解説者）「取り組みの作製方法など考えなければいかんですよ。なんのために部屋別総当たりをやったのか、これじゃ意味ないと思う。明武谷なんか大関に合わすべきだし、幕内と十両の〔入れ替え戦的な〕対戦も少なすぎます。」

玉の海梅吉（ＮＨＫ解説者）「総当たり実施のとき、幕内枚数を減らすといっていたのに、いつまでも実現しない。十両は幕内への試験場なんだから十枚ぐらいにして厳しくしないと、脱落者のたまり場になり、弊害がある。」（「大相撲」昭和四十年十月号、五二頁「総評座談会」）

十両は安住の地?!

十両の話がでたので、当時の十両の状況についてあがっていた懸念の声を記す。

よどんだ空気が十両に感じられる。〝十両共済組合〟なる言葉さえ耳にする。御身大切から、お互いに譲り合い？　いや貸し借りなるもので、ともにその位置を保ち合おうというのだ。落ちる者がほとんどないから、幕下から上がる者も少ない。当然あるべき新陳代謝がないから自然、沈滞してくるといったあんばい。これでは相撲もおもしろくなくなってくる。

さきごろ相撲協会では、幕内下位と十両、十両は幕下上位と当てるようにした。大変いいことであり、これがかなり交流〔入れ替えか〕に役立っている。もっと活発にやるべきだ。（「相撲」昭和四十一年三月号、七一頁）

十両は八百長相撲の温床であり、「十両の主」なるベテラン力士が八百長を斡旋（工作）しているといった記事を筆者もよく目にしたものだ。

江馬盛（司会）「十両取り組みの時間がランチ・タイムと言われ〝十両団地〟などとも言われて、評判が悪いけれども…」

天竜三郎（相撲評論家）「つまらない相撲があるから点数〔評価か〕を低くしたのです。とにかく〔幕下に〕落ちそうになると、みんなそれぞれわからんような工作をして、残るようにしている。」

玉の海梅吉（NHK解説者）「上位連がせっかくいい相撲をしても幕尻や十両の相撲は全く見られたものではない。これは協会でも考えて、何かの処置をとらないといけないと思います。」

小坂秀二（TBS解説委員）「協会の幹部の人でも、十日過ぎの相撲は困ったものだと言っている。それなのになぜ手を打たないか。」

東富士錦一（相撲評論家）「幕下の連中が自分は一生懸命やって十両に上がろうと思っても、終わりごろになってくると、落ちる人がいないということを幕下のかしらどこの連中が言ってます。」

玉の海「幕内を減らすことが急速にいかなければ、十両を減らすだけでも早急にやらなければいかん。」（「大相撲」昭和四十二年二月号、五二～五三頁）

十分な給料が支給される十両と無給の幕下では雲泥の差がある。幕下への陥落をお互いに防ぎ居心地のいい〝十両団地〟にとどまるための〝共済組合〟が存在するという実態である。

当時（昭和四十年一月～四十四年一月）の十両の月給は五万五千円で、これに報賞金などを合わせると月に八万～十五万円になる。幕下は一～二万円（本場所手当と勝ち星に応じた奨励金）がせいぜいだった。（「大相撲」昭和四十二年五月号、六六頁、佐々木／二〇二二）

幕下力士の数を減らすのはなぜか。初土俵から五年たって幕下へ上がれない者はやめなければならないという年限性があって、各部屋が幕下へ上げようと競争した結果、幕下力士の数が膨大になったというのである。(「相撲」昭和四十四年一月号、八一頁)

玉の海の話を続ける。

部屋別総当たり制が実施されて、取り組みにアクセントがつき、しかも好取組が増えたことは協会のヒットであったが、今回の改革は、それより増して一大英断だったと拍手を送りたい。つまり、部屋別総当たり制で枚数が多くなると、どうしても上位と顔の合わない力士が出てくるものであり、〝幕内最高優勝〟という看板がおかしくなるような場合が生じないとも限らない。今は大鵬が優勝して、そういったことは少なくなっているが、どうしても、自らの地位に安住してしまい、無気力な相撲が多く見られ始めていたときだけに、協会が私の抱いていた〝理想〟をスパッと実現してくれたことはまことに喜ばしい。私が十両に昇進した頃は、今と物の考え方が違っていたかもしれないが、しかし、相撲に対する本質的なものは相当厳しいものをもっており、十両は幕内に昇進するための飛躍台であると同時に、資格者になるための見習いのようなものであった。十両のおもしろさは、これから幕内に昇進する力士に対して、古手の力士がいわば、試験をするような場所でもあり、いいかげんな気持ちを持った力士は一人もいなかったと思う。当時でも万年十両と呼ばれる引退間近の力士はいるにはいたが、今のように何年もうろうろしているものはいなかった。つまり、今のような〝たまり〟ではなかったのである。〝十両は安住の地〟など、考えるものがいなかったのは、十両で世帯を持っていた人は皆無であったことでもわかると思う。時代が民主化されて、月給制度が生まれ、十両にいれば最低の家庭生活ができる今の状態など、全く夢想だにしなかった。よしんば、結婚をしたいと思って師匠に許可を願い出たら、頭ごなしにドヤされたものである。勝負の世界にいることを忘れて、月給取り根性になってしまっている今の状態は、プロ意識に口では徹しているといいながら、心の中では勝負を避ける、安易な気持ちが大きく左右しているのではないだろうか。十両で世帯を持って生活している者にとっては、今回の番付削減がなかったら、生活ができる、その面からいえば非常に気の毒に思うが、土俵も厳しいものに、相撲がそんな安易なものでないという意味からも、相撲道の発展のためにも今回の措置はやむを得ないものであると思うのである。とかく最近の一般社会が甘いムードにひたりつつあるときに、社会が厳しいものであるということを相撲が先鞭をつけたということは、非常に冷酷なようであるが、やむを得ないものであると思う。勝負の世界で、平和を求めるのは間違いである。勝負というものはそんな安易なものではないのである。私が現役時代に対戦した力士を思い出すのは、その相手力士の姿形でなく、その人の〝目〟である。それくらいの気迫、厳しさを持って土俵人生を送ったつもりである。力士会が一度に枚数を減らさず二、三場所かけて実行して欲しいと要求したそうであるが、一度で行うのも、二、三回に分けるのも同じこと、それなら一つの区切りをつける意味からも一度に行い、そしてスッキリした形で来場所からの土俵を楽しみたいものである。

（「相撲」昭和四十二年四月号、九六～九七頁）

前回の枚数削減は、昭和三十三年（一九五八）に実施されている。（「相撲」昭和三十三年増刊　秋場所総決算号、二〇六頁）この時は、幕内、十両の枚数が多いことをかなり前から批判されてきたことに伴うものであった。平幕二十二枚を十七枚に、十両二十四枚を十八枚に、一年間（昭和三十四年）かけて、一枚ずつ減らしていくという方法を取った。この削減で双葉山全盛期のころの枚数になり、幕尻あたりで好成績を上げた者は上位とぶつけることも出来るというのも目的の一つだった。現に、昭和十四年（一九三九）の春には、幕尻から二枚目で全勝優勝した出羽湊は三役と顔を合わせている。またこの時も、増員されて〝無風地帯〟とか〝ぬるま湯〟とか言われて、幕内経験のある古参力士の〝憩いの場〟と化していた十両を改善する必要もあったようだ。

緊急理事会での決定事項

かくして日本相撲協会は、昭和四十二年（一九六七）三月三日十三時から、大阪府立体育館内協会役員室で緊急理事会を開き、次の事項を決定した。

◎番付の枚数削減（幕内三枚、十両五枚、幕下四十枚）

◎十両以上の勤続加算金の増額（横綱は十一万円が四十万円に、大関は八万円が三十万円に、三役は五万五千円が二十万円に、平幕は下位三万円、上位四万円が一律十五万円に、十両は一万五千円が十万円と大幅にアップした）

勤続加算金とは十両以上の引退（当時の廃業も含めて）力士に支給される養老金（退職金のようなもの）のうちの加算金のことで、地位ごとに一場所ごとの額が決められている。現在は、横綱五十万円、大関四十万円、関脇・小結・前頭二十五万円、十両二十一万円となっている。

	幕内	十両	合計	幕下
昭和37(1962)年初	41	36	77	189
春	41	36	77	185
夏	41	36	77	185
名	41	36	77	186
秋	41	36	77	189
九	41	36	77	189
昭和38(1963)年初	41	36	77	190
春	41	36	77	190
夏	41	36	77	190
名	41	36	77	191
秋	41	36	77	191
九	41	36	77	191
昭和39(1964)年初	40	36	76	195
春	40	36	76	193
夏	40	36	76	194
名	40	36	76	195
秋	40	36	76	196
九	40	36	76	194
昭和40(1965)年初	40	36	76	193
春	40	36	76	191
夏	40	36	76	193
名	40	36	76	196
秋	40	36	76	195
九	40	36	76	199
昭和41(1966)年初	40	36	76	203
春	40	36	76	201
夏	40	36	76	197
名	40	36	76	197
秋	40	36	76	198
九	40	36	76	197
昭和42(1967)年初	40	36	76	200
春	40	36	76	196
夏	34	26	60	120
名	34	26	60	120
秋	34	26	60	120
九	34	26	60	119

	幕内	十両	合計	幕下
昭和43(1968)年初	34	26	60	120
春	34	26	60	119
夏	34	26	60	120
名	34	26	60	119
秋	34	26	60	119
九	34	26	60	117
昭和44(1969)年初	34	25	59	119
春	34	26	60	120
夏	34	26	60	120
名	34	26	60	118
秋	34	26	60	119
九	34	26	60	119
昭和45(1970)年初	34	26	60	121
春	34	26	60	119
夏	34	26	60	120
名	34	26	60	119
秋	34	26	60	120
九	34	26	60	120
昭和46(1971)年初	34	26	60	120
春	34	26	60	120
夏	34	26	60	120
名	34	26	60	120
秋	34	26	60	120
九	34	26	60	119
昭和47(1972)年初	35	26	61	121
春	36	26	62	120
夏	35	25	60	120
名	35	26	61	119
秋	37	25	62	119
九	37	25	62	121
昭和48(1973)年初	36	25	61	122
春	36	26	62	120
夏	37	25	62	119
名	37	26	63	121
秋	36	26	62	120
九	36	26	62	120

	幕内	十両	合計
昭和49(1974)年初	36	26	62
春	36	26	62
夏	36	26	62
名	36	26	62
秋	36	26	62
九	36	26	62
昭和50(1975)年初	36	26	62
春	36	26	62
夏	36	26	62
名	36	26	62
秋	36	26	62
九	36	27	63
昭和51(1976)年初	36	26	62
	36	26	62
夏	36	26	62
名	36	26	62
秋	36	26	62
九	36	26	62
昭和52(1977)年初	36	26	62
春	36	26	62
夏	36	26	62
名	36	26	62
秋	36	25	61
九	36	26	62
昭和53(1978)年初	36	26	62
春	36	26	62
夏	36	26	62
名	36	26	62
秋	36	26	62
九	36	26	62
昭和54(1979)年初	36	26	62
春	36	26	62
夏	36	26	62
名	38	22	60
秋	38	24	62
九	35	26	61

備考

昭和 41 年初場所の幕下 203 人は、番付外の小戸を含む。

備考

昭和 45 年初場所の幕下 121 人は、番付外の輪島を含む。
昭和 45 年春場所の幕下 119 人は、付出の長浜を含む。
昭和 47 年初場所の幕下 121 人は、付出の荒瀬を含む。
昭和 48 年春場所の幕下 120 人は、付出の佐々木を含む。

表１　昭和の幕内・十両力士数の変遷（一部に幕下力士数も加えた）

	幕内	十両	合計	幕下
昭和２(1927)年春	42	24	66	
3月	42	24	66	
夏	42	24	66	
10月	42	24	66	
昭和3(1928)年春	40	25	65	
3月	42	21	63	
夏	42	22	64	
10月	42	23	65	
昭和4(1929)年春	40	24	64	
3月	40	24	64	
夏	40	22	62	
9月	40	22	62	
昭和5(1930)年春	40	22	62	
3月	40	22	62	
夏	40	22	62	
10月	40	22	62	
昭和6(1931)年春	40	22	62	
3月	40	22	62	
夏	40	22	62	
10月	40	22	62	
昭和7(1932)年春	40	22	62	
2月	20	20	40	
3月	20	20	40	
夏	23	22	45	
10月	23	22	45	
昭和8(1933)年春	37	30	67	
夏	37	30	67	
昭和9(1934)年春	39	26	65	
夏	40	26	66	
昭和10(1935)年春	40	26	66	
夏	40	26	66	
昭和11(1936)年春	41	29	70	
夏	42	28	70	
昭和12(1937)年春	42	28	70	
夏	44	28	72	
昭和13(1938)年春	44	33	77	
夏	46	30	76	
昭和14(1939)年春	45	30	75	
夏	46	32	78	
昭和15(1940)年春	49	32	81	
夏	49	33	82	
昭和16(1941)年春	51	32	83	
夏	54	31	85	
昭和17(1942)年春	54	31	85	
夏	52	30	82	
昭和18(1943)年春	48	30	78	
夏	50	30	80	
昭和19(1944)年春	49	31	80	
夏	50	32	82	
秋	50	33	83	
昭和20(1945)年夏	50	32	82	
秋	48	34	82	
昭和21(1946)年秋	47	31	78	
昭和22(1947)年夏	50	31	81	
秋	50	31	81	
昭和23(1948)年夏	52	31	83	
秋	52	31	83	
昭和24(1949)年春	52	31	83	
夏	52	33	85	
秋	52	31	83	
昭和25(1950)年春	52	31	83	
夏	54	31	85	
秋	54	30	84	
昭和26(1951)年春	53	32	85	
夏	53	32	85	
秋	52	32	84	
昭和27(1952)年春	52	34	86	
夏	52	34	86	
秋	53	36	89	
昭和28(1953)年初	52	38	90	
春	52	40	92	
夏	50	41	91	
秋	51	40	91	
昭和29(1954)年初	49	43	92	
春	53	42	95	
夏	51	45	96	
秋	52	45	97	
昭和30(1955)年初	50	44	94	99
春	50	44	94	107
夏	52	42	94	116
秋	52	44	96	121
昭和31(1956)年初	54	45	99	125
春	56	46	102	136
夏	56	46	102	138
秋	55	46	101	151
昭和32(1957)年初	57	44	101	151
春	58	46	104	154
夏	58	46	104	162
秋	58	46	104	161
九	58	46	104	159
昭和33(1958)年初	55	48	103	162
春	54	48	102	164
夏	54	48	102	166
名	54	48	102	166
秋	54	48	102	171
九	50	48	98	166
昭和34(1959)年初	51	46	97	166
春	49	45	94	171
夏	48	43	91	174
名	47	40	87	164
秋	46	39	85	166
九	44	40	84	163
昭和35(1960)年初	43	36	79	170
春	43	36	79	169
夏	43	36	79	171
名	41	38	79	170
秋	41	38	79	174
九	41	38	79	170
昭和36(1961)年初	41	38	79	175
春	41	36	77	177
夏	41	36	77	178
名	41	36	77	184
秋	41	36	77	190
九	41	36	77	189

□ は最大数、最小数を示す。

＊ 昭和７年の最小数は、春秋園（天龍）事件によって多数の力士が相撲協会を脱退したことに伴うものである。

	幕内	十両	合計
昭和55(1980)年初	37	25	62
春	36	26	62
夏	36	26	62
名	36	26	62
秋	36	26	62
九	36	26	62
昭和56(1981)年初	35	27	62
春	35	26	61
夏	35	26	61
名	36	26	62
秋	35	27	62
九	35	26	61
昭和57(1982)年初	36	26	62
春	37	26	63
夏	37	26	63
名	38	26	64
秋	38	26	64
九	37	26	63
昭和58(1983)年初	38	26	64
春	35	26	61
夏	36	26	62
名	37	26	63
秋	37	26	63
九	37	26	63
昭和59(1984)年初	38	26	64
春	38	26	64
夏	38	26	64
名	38	26	64
秋	38	26	64
九	38	26	64
昭和60(1985)年初	37	26	63
春	38	26	64
夏	38	26	64
名	38	26	64
秋	38	26	64
九	38	26	64

	幕内	十両	合計
昭和61(1986)年初	38	26	64
春	37	26	63
夏	37	26	63
名	37	26	63
秋	38	26	64
九	38	26	64
昭和62(1987)年初	38	26	64
春	38	26	64
夏	38	26	64
名	38	26	64
秋	37	26	63
九	38	26	64
昭和63(1988)年初	38	26	64
春	38	26	64
夏	38	26	64
名	38	26	64
秋	38	26	64
九	38	26	64

◎幕下以下の場所手当の増額（幕下は九千円が一万二千円に、三段目は六千円が八千円に、序二段は四千五百円が六千円に、序の口は三千五百円が五千円と増えた）。ただし、幕内、十両の加算金のベースアップは、幕内は入幕して二十場所、通算二十五場所勤務、または一場所でも三役力士に昇進して有資格者になったものだけが適用されるもので、十両力士も同じ形式が採用され、これは資格者となってからその後、一場所いくらの加算金が加えられるが、この加算金がふえたことになる。

◎部屋維持費、けいこ場経費、同加算金、力士補助費の増額（東京場所に限っての増額）

三月五日の力士会で、立浪取締、秀の山理事が説明を行った。力士からの不平不満が爆発し、二時間近い論議の末、次の二項目を力士会として協会に申し入れることとなった。

・一場所で削減しないで何場所かに分けて徐々に減らしてもらいたい。

・それができないときは犠牲者に対して何らかの補償をしてもらいたい。

三月十九日（春場所中日）、定例の理事会が大阪府立体育館内協会役員室で開かれ、通例の予算面の改定に加えて、力士会からの申し入れ事項についての検討も行った。その結果、始めの見解通り、枚数の削減を一場所で行うこと、補償の問題については、加算金の増額など大幅な待遇改善をこれにあてているから特にこの問題についての補償はできないと決め、力士会に通告（通達）した。（「相撲」昭和四十二年四月号、六九頁、九五〜九六頁）

これに対して力士会（大鵬会長）は翌三月二十日の打ち出し後に大阪府立体育館役員室で緊急総会を開き、協議した。この結果、力士会としては、〝不満ながら、大相撲発展のために承諾する〟ことになった。しかし今後このような重大問題は、事前に力士会にはかってから決めるように協会に申し入れることになった。大鵬力士会会長は「落ちる人は気の毒だが、幕内と十両の勤続加算金の矛盾が解決されただけでも申し入れたかいがあった」と語った。（「相撲」昭和四十二年四月号、一四〇頁）

果たして三月二十九日、午前九時から大阪市天王寺区の天王寺本坊で（「相撲」昭和四十二年五月号、八一頁）夏場所の番付編成会議が開かれ、番付が作成された。相撲協会からの番付発表は恒例により初日の八日前の五月六日午前六時に行われた。（「相撲」昭和四十二年四月号、一四〇頁、昭和四十二年五月号、六六頁）

第二章　番付削減を可能にした部屋別総当たり制の導入

好角家の皆さんには説明不要のことと思うが、大相撲の力士は皆、部屋に所属している。さらに、それぞれの部屋を系列でまとめた一門がある。一門は部屋の継承など*で変遷していくが、部屋別総当たり制が実施された昭和四十年（一九六五）一月当時の一門ごとに部屋を列挙すると次のようになる。

・時津風一門……時津風、井筒、伊勢ノ海部屋
・出羽ノ海一門…出羽ノ海、春日野、三保ヶ関部屋
・高砂一門………高砂、若松、大山部屋
・二所ノ関一門…二所ノ関、花籠、湊川、佐渡ヶ嶽、片男波部屋
・伊勢ヶ濱一門…伊勢ヶ濱、立浪、朝日山、春日山、木瀬、宮城野、友綱、高島、間垣、谷川、中川部屋

現在も同部屋の力士同士が対戦することは、優勝決定戦でない限りありえない。昭和三十九年（一九六四）までは、同一門（正確には同系統）の力士同士が対戦することさえなかったのである。三百年の古いしきたりを破って（「相撲」昭和四十年十二月号、一四二頁）、昭和四十年（一九六五）の初場所に部屋別総当たり制が導入されて、同一門であっても部屋が違えば割（取り組み）が組まれること

になったのである。以後、この制度は現在まで継続されている。

少なくとも昭和三十三年（一九五八）にはこの制度を望む声が出ていた（「相撲」昭和三十三年十一月号、八六頁）。楯山邦七郎（相撲協会理事）は、「いつから実施するかは別問題として、ファンは要望していると思う。ファンが一番でもよい取り組みを見たいと思うのは当然だし、興行しても部屋別総当たり制が理想だと思う。私としては、ファンの望みにかなうように、理想を実現していくべきだと思う」と語っている（「相撲」昭和三十三年五月号、五五頁）。

昭和三十四年の元旦の新聞などにも、相変わらず、部屋別総当たり制どうするんだろう、やったほうがいいのではと随筆みたいなものがのっていた（「相撲」昭和三十四年三月号、一〇三頁）。土俵に新生面を吹き込むための最後の切り札として時津風理事長は、部屋別総当たり制を持っていた（「相撲」昭和三十四年一月号、八〇頁）。その年の夏、玉ノ海梅吉（相撲評論家・元関脇）は、土俵を興行的に盛り上げる方法として、この制度を検討していくべきだと提案していた（「相撲」昭和三十四年七月号、九八〜九九頁）。

＊昭和四十二年（一九六七）に千代の山が出羽ノ海部屋から出て興した九重部屋が出羽ノ海一門から破門され高砂一門に移ったということもある（「大相撲」昭和四十二年五月号、五三頁）。

部屋別総当たり制導入の狙い

昭和三十五年（一九六〇）名古屋場所の二横綱の若乃花と朝潮の場合、花籠部屋の若乃花は三役力士とは五人しか顔を合わせない（同部屋の若三杉、一門の佐渡ヶ嶽部屋の琴ヶ濱、二所ノ関部屋の大鵬とは取り組みが組まれない）のに対して高砂部屋の朝潮は三役全員の八人と顔を合わすことになった。

昭和三十五年秋場所の大関柏戸と関脇大鵬の場合、二所ノ関部屋の大鵬は若乃花、琴ヶ濱、若三杉、若秩父とは合わないのに対して、柏戸は前頭二枚目までの全員と顔が合った。

このへんの事情から、この制度の導入は、大部屋力士の有利性をなくすためだったとも思われるが、何より、それまでになかった好取組が組まれることになり、変わり映えのしない沈滞化した大相撲の一新を図ることが狙いであった。(「相撲」昭和四十年年二月号、一一八頁)

前者については、柏鵬時代を担った二所ノ関部屋の大鵬と伊勢ノ海部屋の柏戸で比較してみる。伊勢ノ海部屋は時津風一門の部屋でありながら系統を異にする時津風・井筒系と対戦していた。そのため、横綱柏戸は時津風部屋の北葉山、豊山の二大関との対戦が組まれていた。幕内上位陣に伊勢ノ海部屋をはじめ同系統(鍋島、陸奥部屋は当時は閉鎖されていた)の力士がいなかったので全力士との対戦が組まれていた。

それに対して、横綱大鵬は、柏戸と同様に、横綱・大関との対戦は全てあったものの、実力者である花籠部屋の大豪、若秩父、新進気鋭の佐渡ヶ嶽部屋の琴櫻(後に横綱となる)、片男波部屋の玉乃島(後に横綱玉の海となる)といった力士との取り組みがなかったのである。優勝争いにおいて柏戸が不利だったことは明らかである。

柏鵬時代と呼ばれながら柏戸の優勝回数(五回)が大鵬(三十二回)に比べて著しく少ないのは、このあたりも一因だったのかもしれない。当時、もう一人の横綱であった春日野部屋の栃ノ海に至っては、同部屋の栃光、出羽ノ海部屋の佐田の山の二大関やくせ者の(小野川部屋の閉鎖に伴い出羽ノ海部屋に移った)海乃山、新進気鋭の出羽ノ海部屋の北の冨士(後に横綱となる)といった力士との対戦がなく、最も有利であった。

後者の新たな好取組としては、次のような対戦カードが挙げられる。大鵬対大豪、若秩父、琴櫻、玉乃島。栃ノ海対佐田の山、北の富士、海乃山。佐田の山対栃光。栃光対北の富士。北葉山、豊山対鶴ヶ嶺、若見山、若浪、羽黒川（時津風部屋の前身は立浪部屋から独立した双葉山が設立した双葉山道場なので、時津風部屋の北葉山と豊山の二大関は若見山、若浪、羽黒川といった立浪部屋の力士とは対戦していなかった）。果たして部屋別総当たり制が始まった昭和四十年（一九六五）初場所の初日、栃ノ海対北の富士、大鵬対玉乃島の割が早速に組まれ、栃ノ海は北の富士に勝ったが、結びの一番で大鵬は玉乃島の右内掛けに敗れ、波乱の幕開けとなった。

番付削減の前提になった部屋別総当たり制

部屋別総当たり制の導入が番付削減の前提になったことについては、昭和三十九年（一九六四）の九州場所と昭和四十年初場所の幕内上位の取り組みを比較することで検証できる。

昭和三十九年九州場所、東の正横綱大鵬の十五日間の対戦相手は、西前頭筆頭の玉乃島、東前頭五枚目の大豪が除かれるため、西前頭五枚目の海乃山とまで対戦している。もっとも、この場所全休した東小結の羽黒川、途中休場した西の正横綱栃ノ海、東張出横綱柏戸との対戦がなかったので、そのことを考慮すると西前頭三枚目の若見山までが対戦相手だったはずである。対戦した十五人の内訳は、大関四人、関脇二人、小結一人、平幕八人である。

栃ノ海、柏戸がそれぞれ、三日目、六日目から休場したので、東の正大関佐田の山の十五日間の対戦相手を調べてみると、東前頭六枚目の岩風までと対戦している。出羽ノ海部屋の佐田の山の場合は、同部屋の東前頭筆頭の北の富士、春日野部屋の横綱栃ノ海、西張出大関栃光、小野川部屋の西前頭五枚目の海乃山が除かれるので、対戦相手の地位もここまで下がってくる。もっとも、前述した羽黒川と柏戸との対戦がなかったので、それを考慮すると西前頭四枚目の富士錦までだったはずである。対戦した十五人の内訳は、横綱一人、大関二人、関脇二人、小結一人、平幕九人である。

昭和39年〈1964〉九州場所幕内上位番付

大　鵬（二所ノ関）	横綱	栃ノ海（春日野）
柏　戸（伊勢ノ海）	張出横綱	
佐田の山（出羽海）	大関	豊　山（時津風）
北葉山（時津風）	張出大関	栃　光（春日野）
明武谷（宮城野）	関脇	開隆山（伊勢ケ濱）
羽黒川（立浪）	小結	前田川（高砂）
北の冨士（出羽海）	前頭1	玉乃島（片男波）
淺瀬川（伊勢ケ濱）	前頭2	鶴ヶ嶺（井筒）
青ノ里（時津風）	前頭3	若見山（立浪）
清　國（伊勢ケ濱）	前頭4	富士錦（高砂）
大　豪（花籠）	前頭5	海乃山（小野川）
岩　風（若松）	前頭6	房　錦（若松）
	:	

昭和40年（1965）初場所幕内上位番付

大　鵬（二所ノ関）	横綱	柏　戸（伊勢ノ海）
栃ノ海（春日野）	張出横綱	
佐田の山（出羽海）	大関	豊　山（時津風）
北葉山（時津風）	張出大関	栃　光（春日野）
明武谷（宮城野）	関脇	北の冨士（出羽海）
玉乃島（片男波）	小結	青ノ里（時津風）
淺瀬川（伊勢ケ濱）	前頭1	清　國（伊勢ケ濱）
若見山（立浪）	前頭2	大　豪（花籠）
若秩父（花籠）	前頭3	開隆山（伊勢ケ濱）
房　錦（若松）	前頭4	琴　櫻（佐渡ヶ嶽）
羽黒山（立浪）	前頭5	海乃山（小野川）
富士錦（高砂）	前頭6	前田川（高砂）
	:	

さて、〝系統別〟から〝部屋別〟に切り替えられた昭和四十年（一九六五）初場所ではどうだろうか。東の正横綱大鵬の十五日間の対戦相手は、東小結玉乃島、西前頭二枚目の大豪を含めて、西前頭三枚目の開隆山までと対戦している。もっとも、この場所全休した西の正横綱柏戸との対戦がなかったので、そのことを考慮すると東前頭三枚目の若秩父までが対戦相手だったはずである。対戦した十五人の内訳は、横綱一人、大関四人、関脇二人、小結二人、平幕六人である。

東張出横綱栃ノ海の十五日間の対戦相手を調べてみると、東前頭四枚目の房錦までと対戦している。春日野部屋の栃ノ海の場合は、同部屋の西張出大関栃光が除かれる。前述した柏戸との対戦がなかったので、それを考慮すると西前頭三枚目の開隆山までだったはずである。対戦した十五人の内訳は、横綱一人、大関三人、関脇二人、小結二人、平幕七人である。

このことからわかるように、部屋別総当たり制導入の直前直後の場所で、横綱、大関の対戦相手が前頭四枚目から前頭三枚目までに変わっている。前頭四枚目から十五枚目までの平幕の大半の力士は横綱、大関と顔を合わさないのである。制限緩和による新たな取り組みが可能となったことで幕内の枚数が必要でなくなり、削減の方向に向かったといえる。

第三章　番付削減の是非を検証する

昭和四十二年（一九六七）春場所の番付と成績（**表2**）を見ながら、番付削減の是非を検証する。

幕内から十両へ陥落した人六人

幕内から十両に陥落した六人、大豪、若乃洲、大文字、若鳴門、若天龍、扇山は妥当とみなせる。大豪を除く五人は削減がなくても十両へ陥落する成績だった。大豪だけは、西前頭九枚目で五勝十敗だったので、削減がなければ十四枚目あたりに残ったはずである。また、十両から幕内へ昇進可能な確実な成績を収めたのは、北の花、朝岡、栃王山の三人だけなので、扇山と、北ノ國との比較によっては若天龍も幕内に残留できたかもしれない。

逆に十両から入幕する者は皆無だった。削減がなければ、西十両一枚目で十勝の北の花、東十両四枚目で十一勝の栃王山、西十両二枚目で九勝の朝岡の三人は間違いなく入幕できたはずである。さらに、東十両二枚目で八勝の北ノ國、西十両四枚目で九勝の若ノ國、西十両六枚目で十勝の若吉葉あたりまでが入幕できたかもしれない。挙げた順に気の毒であった。北の花、若吉葉は入幕できれていれば新入幕だった。

表2　昭和 42 年（1967）春場所の番付と成績

東				西		
大鵬	二所ノ関26	１３－２	横綱	佐田の山	出羽海29	９－６
柏戸	伊勢ノ海28	１１－４	張出横綱			
北の冨士	九重24	１４－１	大関	玉乃島	片男波23	７－８
豊山	時津風29	５－１０	張出大関			
琴櫻	佐渡ヶ嶽26	７－８	関脇	麒麟児	二所ノ関24	７－８
明武谷	宮城野29	９－６	小結	福の花	出羽海26	７－８
豊國	時津風29	３－１２	前頭１	長谷川	佐渡ヶ嶽22	４－１１
富士錦	高砂30	８－７	前頭２	大雄	井筒26	３－１２
淺瀬川	伊勢ケ濱24	６－９	前頭３	義ノ花	出羽海23	４－１１
藤ノ川	伊勢ノ海20	１２－３	前頭４	髙鉄山	朝日山24	８－７
若浪	立浪26	９－６	前頭５	清國	伊勢ケ濱25	９－６
開隆山	伊勢ケ濱27	６－９	前頭６	鶴ヶ嶺	井筒37	６－９
禊鳳	九重23	７－８	前頭７	青ノ里	時津風31	７－８
前の山	高砂22	９－６	前頭８	花光	花籠26	８－７
海乃山	出羽海26	８－７	前頭９	大豪	花籠29	５－１０
廣川	宮城野29	９－６	前頭１０	若乃洲	花籠25	１－１４
大文字	二所ノ関27	４－１１	前頭１１	若鳴門	春日野28	４－１１
二子岳	二子山23	９－６	前頭１２	若見山	立浪23	１０－５
若秩父	花籠28	８－７	前頭１３	若天龍	花籠27	６－９
陸奥嵐	宮城野24	１３－２	前頭１４	栃東	春日野22	９－６
扇山	時津風28	７－８	前頭１５	戸田	立浪20	９－６
金乃花	出羽海30	６－９	十両１	北の花	出羽海22	１０－５
北ノ國	立浪29	８－７	十両２	朝岡	高砂25	９－６
君錦	立浪29	８－７	十両３	大心	宮城野29	７－８
栃王山	春日野24	１１－４	十両４	若ノ國	花籠30	９－６
追風山	立浪28	８－７	十両５	若二瀬	朝日山25	８－７
天水山	伊勢ケ濱26	８－７	十両６	若吉葉	宮城野21	１０－５
大蛇川	二所ノ関28	４－１１	十両７	清の盛	伊勢ノ海31	５－１０
小城ノ花	出羽海31	７－８	十両８	若葉山	時津風20	７－８
東錦	高砂26	１０－５	十両９	大竜川	三保ケ関21	６－９
時葉山	時津風22	９－６	十両１０	三瓶山	二所ノ関28	６－９
柏梁	伊勢ノ海24	９－６	十両１１	青ノ海	友綱25	７－８
安芸の國	時津風24	８－７	十両１２	津軽國	春日野25	２－１３
玉嵐	片男波25	９－６	十両１３	天津風	時津風29	７－８
栃忠	春日野27	９－６	十両１４	若杉山	時津風34	４－１１
前田川	高砂28	９－６	十両１５	隆昌山	出羽海24	４－１１
龍虎	花籠26	１０－５	十両１６	宇田川	宮城野27	１－１４
朝嵐	高砂23	５－１０	十両１７	松前山	九重26	１２－３
髙見山	高砂22	１０－５	十両１８	嵐山	宮城野23	８－７

表3　幕内から十両に陥落した6力士

昭和42年春場所時の			昭和42年春場所までの	
四股名	年齢	地位	幕内在位期間（場所数）	最高位
大　豪	29歳	西前頭9	33九～42春（51）	東関脇
若乃洲	25歳	西前頭10	40夏～41名（8）、41九～42春（3）	西前頭5
大文字	27歳	東前頭11	41九～42春（3）	東前頭8
若鳴門	28歳	西前頭11	38初（1）、39初～九（6）、40夏（1）、40秋～42春（10）	西前頭6
若天龍	27歳	西前頭13	36秋～37初（3）、38春（1）、39春～42春（19）	東前頭1
扇　山	28歳	東前頭15	37秋～38夏（5）、38九～39初（2）、41名～42春（5）	東前頭5

十両から幕下へ陥落した十六人

問題視しなければならないのは、十両から幕下へ陥落した十六人である。津軽國、若杉山、隆昌山《りゅうしょうやま》、宇田川、朝嵐の五人は削減がなくても幕下へ陥落する成績だった。残りの十一人は削減がなければ十両に残れる成績だった。幕内の枚数削減による六人と十両の枚数削減による十人を合わせると十六人分、つまり、十両十枚目までで線を引かなければならなくなる。

そのうえで一点につき一枚の昇降という基準（原則、不文律）に当てはめると、東十両十一枚目で九勝の柏梁《はくりょう》、東十両十三枚目で九勝の玉嵐、西十両十七枚目で十二勝の松前山は線の上に行くが、東十両十二枚目で八勝の安芸の國、東十両十四枚目で九勝の栃忠、東十両十五枚目で九勝の前田川、東十両十六枚目で十勝の龍虎、東十両十八枚目で十勝の高見山、西十両十八枚目で八勝の嵐山の勝ち越した力士は線の下になってしまう。

線の上、つまり十枚目から上の力士では、東十両七枚目で四勝の大蛇川《おろちがわ》、西十両七枚目で五勝の清の盛、西十両九枚目で六勝の大竜川、西十両十枚目で六勝の三瓶山《さんべやま》の負け越した力士は線の下になる。線の下、つまり十一枚目から下で負け越した西十両十一枚目で七勝の青ノ海、西十両十三枚目で七勝の天津風は間違いなく幕下になってしまう。

逆に、幕下から十両昇進が望めたのは東幕下筆頭で六勝一敗だった栃富士だったが、新十両となるためには実質九枚以上上がることが必要になったわけで、このような状況の中では望みはかなわなかった。

線の下に位置することになる力士を、ここでも一点につき一枚の昇降基準に従って機械的に序列してみると次のようになる。龍虎・栃忠・安芸の國、前田川、青ノ海・大竜川・清の盛、髙見山、三瓶山、大蛇川、天津風、嵐山と、ここまでが、番付削減がなければ翌場所も関取の地位を保てたはずの面々である。人員的に、津軽國ら五名のほかに、この十二人の中から十一人が幕下へ落ち、一人だけが十両に残れることになる。序列通りだとすれば同位置になる龍虎、栃忠、安芸の國のうちの一人が残留できることになる。

夏場所の番付

試みに夏場所の予想番付を作ってみた（表4）。とりあえず一点一枚の昇降基準に従って機械的に並べてみると表のようになる。これに、次の点を加味しての修整を矢印で示した。（一）東前頭十三枚目で八勝の若秩父、幕尻の西前頭十五枚目で九勝の戸田と、西十両筆頭で十勝の北の花、東十両四枚目で十一勝の栃王山との処遇は、やはり幕内での勝ち越しと十両での勝ち越しを同等に扱うわけにはいかない。従って戸田は幕内に残し、北の花は十両に留める。（二）勝ち越しを優先するならば、負け越しの小城の花、若葉山を幕下へ落とし、勝ち越した栃忠、安芸の國を残すことになる。

番付は機械的に作成していない。一枚番付のまま完成することはないというのは、好角家の皆様にとっては周知のことであろう。対戦相手や相撲内容が加味されて、上下の移動幅が変わってくるのである。大部屋が優遇されたりするといった不公平な場合も見られたりする。それぞれの場所によって基準も変わってくる。もっとも基準そのものがなく、前述した原則もあいまいで、ご都合主義的な面も現れてくる。

さて、このときはどうだったか。結果を先に書くと、龍虎、高見山、栃忠が十両に残留し、その割を食って、線の上にいた小城の花、若葉山の二人が幕下陥落となったのである。これをどう考えるべきか。小城の花、若葉山の二人は東西の十両八枚目でともに七勝八敗と負け越していたので、予想番付の修整を施した通

表４　昭和 42 年（1967）夏場所予想番付

東		西	
大鵬	横綱	柏戸	
佐田の山	張出横綱		
北の富士	大関	玉乃島	
豊山	張出大関		
明武谷	関脇	藤ノ川	
琴櫻	小結	麒麟児	
富士錦	前頭１	福の花	
若浪	前頭２	清國	
陸奥嵐	前頭３	髙鉄山	
前の山	前頭４	淺瀬川	
廣川	前頭５	花光	
若見山	前頭６	海乃山	
禊鳳	前頭７	青ノ里	
長谷川	前頭８	二子岳	
開隆山	前頭９	鶴ヶ嶺	
豊國	前頭１０	義ノ花	
栃東	前頭１１	大雄	
北の花	前頭１２	若秩父	
栃王山	十両１	戸田	
朝岡	十両２	大豪	
扇山	十両３	北ノ國	栃忠
若天龍	十両４	若吉葉	安芸の國
若ノ國	十両５	君錦	前田川
大文字	十両６	若鳴門	青ノ海
東錦	十両７	追風山	大竜川
金乃花	十両８	若二瀬	清の盛
大心	十両９	天水山	高見山
時葉山	十両１０	柏梁	三瓶山
若乃洲	十両１１	松前山	大蛇川
小城ノ花	十両１２	若葉山	天津風
玉嵐	十両１３	龍虎	嵐山

表5　昭和42年（1967）夏場所の番付と成績

東				西		
大鵬	二所ノ関26	１４－１	横綱	柏戸	伊勢ノ海28	１３－２
佐田の山	出羽海29	１２－３	張出横綱			
北の冨士	九重25	５－１０	大関	玉乃島	片男波23	８－７
			張出大関	豊山	時津風29	１－６・８
明武谷	宮城野30	７－８	関脇	藤ノ川	伊勢ノ海20	７－８
琴櫻	佐渡ヶ嶽26	１０－５	小結	麒麟児	二所ノ関24	１２－３
富士錦	高砂30	２－１３	前頭１	福の花	出羽海26	９－６
若浪	立浪26	２－１３	前頭２	清國	伊勢ケ濱25	７－８
髙鉄山	朝日山24	５－１０	前頭３	前の山	高砂22	４－１１
陸奥嵐	宮城野24	７－８	前頭４	廣川	宮城野30	６－９
若見山	立浪24	５－１０	前頭５	花光	花籠26	６－９
海乃山	出羽海26	１１－４	前頭６	淺瀬川	伊勢ケ濱25	１－１４
二子岳	二子山23	７－８	前頭７	長谷川	佐渡ヶ嶽22	１３－２
禊鳳	九重23	７－８	前頭８	青ノ里	時津風31	８－７
豊國	時津風29	１０－５	前頭９	栃東	春日野22	６－９
義ノ花	出羽海23	１０－５	前頭１０	大雄	井筒27	７－８
戸田	立浪20	７－８	前頭１１	開隆山	伊勢ケ濱27	８－７
鶴ヶ嶺	井筒38	８－７	前頭１２	若秩父	花籠28	５－１０
北の花	出羽海23	５－１０	十両１	栃王山	春日野24	８－７
朝岡	高砂25	４－１１	十両２	大豪	花籠29	０－０・１５
北ノ國	立浪29	７－８	十両３	若ノ國	花籠31	８－７
君錦	立浪29	６－９	十両４	若吉葉	宮城野21	１０－５
若天龍	花籠27	８－７	十両５	扇山	時津風29	５－１０
追風山	立浪28	９－６	十両６	若二瀬	朝日山25	９－６
天水山	伊勢ケ濱26	１２－３	十両７	東錦	高砂26	６－９
大文字	二所ノ関27	７－７－１	十両８	若鳴門	春日野28	７－８
時葉山	時津風23	９－６	十両９	大心	宮城野29	６－９
金乃花	出羽海30	８－７	十両１０	柏梁	伊勢ノ海24	７－８
若乃洲	花籠26	１－７・７	十両１１	松前山	九重26	９－６
龍虎	花籠26	９－６	十両１２	玉嵐	片男波25	６－８－１
髙見山	高砂22	１０－５	十両１３	栃忠	春日野27	６－９
安芸の國	時津風25	４－３	幕下１	前田川	高砂28	２－５
小城ノ花	出羽海30	０－０・７	幕下２	若葉山	時津風20	１－６
（栃富士）		７－０(優勝)	幕下３	嵐山	宮城野23	４－３
青ノ海	友綱25	０－０・７	幕下４	大竜川	三保ケ関21	５－２
天津風	時津風29	１－３・３	幕下５	三瓶山	二所ノ関28	６－１
清の盛	伊勢ノ海32	０－０・７	幕下６	（神山）		４－３
大蛇川	二所ノ関29	３－４	幕下７	（江戸響）		３－４
若杉山	時津風34	１－６	幕下８	（高橋）		４－３
隆昌山	出羽海24	５－２	幕下９	朝嵐	高砂23	５－２
（東）		６－１	幕下１０	（福本）		３－４
（旭国）		３－４	幕下１１	（轟）		４－３
（臼井）		３－４	幕下１２	（坂本山）		４－３
（前田花）		３－４	幕下１３	津軽國	春日野26	２－５
（上潮）		４－３	幕下１４	（梅沢）		４－３

（若熊）		1－6	幕下15	（英錦）	3－4
（大龍）		5－2	幕下16	（宇久の花）	4－3
（二瀬洋改野村）		5－2	幕下17	（朝風）	5－2
（葉山）		2－5	幕下18	（太刀光）	4－3
（三鷹山）		2－5	幕下19	（大鷲）	3－4
宇田川	宮城野27	0－0・7	幕下20	（迫龍）	3－4

（　　）は前(春)場所の幕下力士を示す

り、勝ち越し力士を優先した結果と考えられ、気の毒ではあったがやむを得ないだろう。幕内でも東西の前頭六枚目で六勝九敗と負け越した開隆山と鶴ヶ嶺の二人が大きく降下していることからも一貫性がある。豊國、義ノ花、大雄よりも下にされたのは、この三人は横綱、三役との対戦圏内での成績だったことが考慮されたのだろう。

問題視されるのは十両に残留した三人である。序列から考えて、龍虎、栃忠は妥当だが、安芸の國ではなく、高見山が大きく繰り上がってきているのである。勝ち越し優先と考えれば、青ノ海、大竜川、清の盛の上には上がってくるが、安芸の國、前田川の二人を越えることはできないのではないか。唯一考えられる要因は、高見山が十勝、前田川が九勝、安芸の國が八勝だったということである。幕内においても九勝の戸田が八勝の若秩父よりも上がっている。また、幕下に陥落した者も、七勝の天津風、六勝の三瓶山、五勝の清の盛の順になっているので、整合性はある。

しかし、一点一枚の昇降の原則を崩すほどの場合《ケース》であったのだろうか。

筆者はこれを〝商業主義〟の現われと見た。相撲は興行スポーツである。観客があってなんぼのものである。ハワイ出身の高見山の人気は高まる一方であった。高見山をハワイ全体が後押しし、アメリカの会社が、来る夏場所の蔵前国技館の升席をいくつも買ったという。高見山が十両にとどまって十五日間出場するのと、幕下へ落ちて七日しか登場しないのでは大違いである。（「大相撲」昭和四十二年五月号、六九頁）そんな人気者の高見山を幕下に陥落させて、本人を失望させ、せっかくのもうけ話を反故にすることはあまりにももったいないなかったのであろう。

その結果として、前さばきのうまい技能力士として定評のあった元関脇の小城の花や、高見山に飛び越された形となった同じ高砂部屋の、三十四連勝中の大鵬の連勝記録を阻止した実績を持つ〝突貫小僧〟元関脇の前田川が引退・廃業に追い込まれてしまうことになった。新旧交代を推進する協会の狙いからは目論見通りの決定でもあったのだろう。

さらに十両の番付を、私製の予想番付と比べてみる。幕内で負け越しの扇山、若天龍が下がり過ぎている。十両で勝ち越しの北ノ國、若ノ國、君錦、若吉葉よりも下にされてしまった。大文字、若鳴門もそう、追風山、若二瀬、天水山、東錦よりも下にされてしまった。十両での勝ち越しを幕内での負け越しよりも優先させた番付となった。幕内から陥落したこの四人にとっては厳しい処遇となったと言わざるを得ない。

幕下以下の夏場所番付

幕下以下への影響はどうだったか、幕下は七十六人の削減で一九六人から一二〇人になった。三段目は十四人の削減で二一四人から二〇〇人になった。番付の一段目（幕内）で六人、二段目（十両と幕下）で八十六人、三段目（三段目）で十四人、以上一〇六人を吸収することになったのが四段目（序二段）と五段目（序の口）である。序二段は七十六人の増で一八四人から二六〇人になった。序の口は三十五人の増で二十九人から六十四人になった。

十両から幕下へ陥落した力士にも勝ち越していながらの陥落があったように、幕下以下でも当然のごとく多くの犠牲者が出た。後の横綱の三重ノ海もその一人だった。春場所幕下の最下位（西九十八枚目）で四勝三敗だった三重ノ海は、翌夏場所、東三段目二十七枚目となった。もっとひどいものでは、西六三枚目で四勝三敗だった出羽嵐が東三段目一枚目に、東七十八枚目で五勝二敗だった勢力が西三段目一枚目になるなど、二十七人の勝ち越し力士が三段目に陥落するありさまだった。三段目でも西七十七枚目で四勝三敗だった手柄山が東序二段二枚目に、西一〇二枚目で六勝一敗だった満山が西序二段四枚目に、西九十三枚目で五勝二敗だった川野輪が東序二段五枚目になるなど、二十二人の勝ち越し力士が序二段に陥落した。

逆に、昇格出来たほうは、三段目から幕下へは、西三十六枚目で七戦全勝し優勝した旭富士が東幕下四十七枚目へ唯一昇格、西六枚目で六勝一敗だった陸奥輝は西二十枚目に据え置かれた。序二段から三段目は皆無で、東八十一枚目で七戦全勝し優勝した河野山は東九枚目に、西三枚目で五勝二敗だった開進は西十四枚目に、東十四枚目で六勝一敗だった千代桜は東十六枚目に据え置かれた。序の口で勝ち越した十四人は全員序二段へ昇格した。

番付削減の悲哀

西十両筆頭で十勝をあげながら新入幕ならなかった北の花は不運であった。この力士は昭和四十一年（一九六六）九州場所東十両二枚目で九勝、昭和四十二年初場所西十両筆頭で八勝をあげながら入幕を見送られており、実に三場所続けて入幕できず、つくづく番付運の悪い力士だった。ようやくにして入幕を果たすことができたのは一年後の昭和四十三年の夏場所だった。

表6　十両から幕下に陥落した16力士

昭和42年春場所時の			昭和42年春場所までの		
四股名（部屋）	出身地 年齢	地位	十両在位期間（場所数）	幕内在位期間（場所数）	最高位
大蛇川（二所ノ関）	福岡 28歳	東十両 7	38春～42春（25）		西十両 4
清の盛（伊勢ヶ濱）	秋田 31歳	西十両 7	32夏～34初（10）、34夏～名（2）、34九～35初（2）、36初（1）、36夏（1）、37初（1）、37名～秋（2）、38秋（1）、39初～42春（20）	34春（1）、34秋（1）、35春～九(5)、36春(1)、36名～九（3）、37春～夏（2）、37九～38名（5）、38九（1）	東前頭 9
小城ノ花（出羽海）	佐賀 31歳	東十両 8	32夏～秋（2）、41九～42春（3）	32九～41秋（54）殊勲賞1、技能賞1	西関脇
若葉山（時津風）	山形 20歳	西十両 8	40初～42春（14）伊藤川→若葉山（41名）		西十両 5
大竜川（三保ヶ関）	兵庫 21歳	西十両 9	41秋～42春（4）		西十両 9
三瓶山（二所ノ関）	島根 28歳	西十両 10	38初～41初（19）、42初～42春（2）		西十両 4
青ノ海（友綱）	青森 25歳	西十両 11	40秋～42春（10）		西十両 6
安芸の國（時津風）	広島 24歳	東十両 12	40名～42春（11）		西十両 9
津軽國（春日野）	青森 25歳	西十両 12	39名（1）、41夏～42春（6）		東十両 3
天津風（時津風）	石川 29歳	西十両 13	36夏～九(4)、37春(1)、39名～40秋（8）、41春～42春（7）	37初（1）、37夏～39夏（13）、40九～41初（2）	西前頭 3
若杉山（時津風）	福岡 34歳	西十両 14	33春～34初（6）、35初～夏（3）、36秋～39九（20）	34春～九（5）、35名～36名（7）、40初～41初（7）敢闘賞1	西前頭 1
前田川（高砂）	岩手 28歳	東十両 15	35春～秋（4）、41初～42春（8）	35九～40九（31）敢闘賞2、技能賞1	西関脇
隆昌山（出羽海）	長崎 24歳	西十両 15	39秋～40名（6）、42初～42春（2）		東十両 13

宇田川 （宮城野）	東京 27歳	西十両16	34夏〜九（4）、 39夏〜名（2）、40初（1）、 40秋〜42春（10）	35初〜39春（26）、 39秋〜九（2）、 40春〜名（3）	東前頭3
朝嵐 （高砂）	大阪 23歳	東十両17	41名〜42春（5）		西十両9
嵐山 （宮城野）	岐阜 23歳	西十両18	42春（1）		西十両18

幕下東筆頭で六勝一敗だった栃富士も不運だった。普通なら文句なしに十両に昇進できる成績だった。結果的に三日目の二番相撲で「幕下のヌシ」江戸響（二十五歳・立浪部屋・東京）にごまかされた〔注文相撲を取られたか?〕のが痛かった。全勝なら新十両は太鼓判だったろう。本人は、「夏場所の十両入りはあきらめている。まだ若い（二十歳）のだからチャンスはいくらでもある」と気丈に語った（「相撲」昭和四十二年五月号、八〇頁）通り、翌夏場所で七戦全勝し、名古屋場所で晴れて新十両入りしたのは立派だった。

二十八歳の前田川の場合は幕下陥落は致命的だった。「やるだけやったんだ。いまさら、ジタバタしたって始まらんだろう。それにしても、これほど気苦労の多い本場所も珍しかった。若いうちならいいが、ワシみたいな年配になると、もう体がいうことをきかんからね」「〔幕下へ〕落ちても落ちなくても、ワシはまだ土俵で戦うつもりだ。こんなことでへこたれてなるものか。もう一度、残り火を燃やして土俵に全精力を打ち込むんだ」と、闘志を燃やした（「相撲」昭和四十二年五月号、一四〇〜一四一頁）ものの、翌夏場所は幕下西筆頭でやる気十分のところを見せていたのだが、二勝五敗と結果を出すことは出来ず十両への返り咲きはかなわず、廃業に追い込まれた。

敢闘賞を受賞したことのある三十四歳の古参力士若杉山は廃業することになって、「幕下では取れない。退職金で何か商売でもやるよ」と寂しそうだった。（「相撲」昭和四十二年四月号、八四頁）時津風部屋の若杉山は、番付削減を決定した親方（時津風理事長）に面当てのような形でやめるわけにはいかず、やはり時津風部屋の天津風とともに、翌夏場所、「お義理」の土俵を務めた。

やはり三十二歳の古参力士の清の盛。細い体で、十両と幕内を八度も行ったり来たりはしたものの、番付入りした昭和二十八年春場所以来、一度も休場することなく、昭和四十二年春場所まで連続出場一〇二一回を記録した。連続出場記録の当時の一位は大晃の一〇六八回であった。大晃はすでに引退しており、あと四十七回で大晃（当時は阿武松親方）の記録に並ぶ清の盛だったが、幕下に陥落したことで、引退を決意、記録を更新することができなかったのは残念であった。

因みに、当時の二位は、やはり引退していた星甲（当時は陸奥親方）の一〇六五回（幕下在位中からのもの）で、大晃の記録にあと三回と迫りながら、やはり幕下に陥落したことで昭和三十九年夏場所後に引退していた。（『大相撲』昭和四十二年五月号、八六頁）

力士会の会長だった大鵬は、番付削減を不服とする力士連中からかなりの突き上げをくらったようだ。「上の連中はいいよ。ちっとも困りはしないんだから。だから、俺たちの死活問題にも冷淡なんだ」「横綱、大関さんはうらやましいよ。犠牲になるのは俺たちばかりさ」「力士会会長なんて何のためにいるんだ。もっとみんなのために頑張ってくれなければ意味がないよ」など、いろいろな声が毎日のように耳に入ってきた大鵬は、「弱ったよ。かといって、まさかストライキをやるわけにはいかないし。協会の考えていることはよくわかるんだが、あまり突然だからね……」と困り顔だった。（『相撲』昭和四十二年四月号、六九〜七〇、九五頁）

表7　十両から幕下に陥落した16力士のその後

昭和42年夏場所時の			昭和42年夏場所以降の		
四股名	年齢	地位	十両在位期間（場所数）	幕内在位期間（場所数）	最高位㊟
安芸の国	25歳	東幕下 1	42名〜九（3）		東十両 9
前田川	28歳	西幕下 1	※42夏・西幕下1で2勝5敗→廃業		
小城ノ花	31歳	東幕下 2	※42夏・東幕下2で全休→引退		
若葉山	20歳	西幕下 2	※43初・西幕下33で3勝4敗→廃業		
嵐　山	23歳	西幕下 3	43名〜44初（4）、44夏〜45初（5）、45夏〜秋（3）、46九〜47春（3）	45春（1）	東前頭12
青ノ梅	25歳	東幕下 4	※42夏・東幕下4で全休→廃業		
大竜川	21歳	西幕下 4	42名〜43名（7）、45名〜46九（9）、47春〜夏（2）、48秋〜九（2）、49春〜50初（6）、50夏（1）、50九〜51春（3）、51秋〜52秋（7）、53初〜54夏（9）	43秋〜45夏（11）、47初（1）、47名〜48名（7）、49初（1）、50春（1）、50名〜秋（2）、51夏〜名（2）、52九（1） 敢闘賞2	東前頭 1
天津風	29歳	東幕下 5	※42夏・東幕下5で1勝3敗3休→廃業		
三瓶山	28歳	西幕下 5	42名〜九（3）		
清の盛	32歳	東幕下 6	※42夏・東幕下6で全休→引退		
大蛇川	29歳	東幕下 7	※42秋・東幕下21で全休→廃業		
若杉山	34歳	東幕下 8	※42夏・東幕下8で1勝6敗→廃業		
隆昌山	24歳	東幕下 9	42秋〜43春（4）		西十両 7
朝　嵐	23歳	西幕下 9	42秋〜九（2）、43春（1）、43秋〜44春（4）、44名〜46春（11）、46九〜48初（8）	44夏（1）	東前頭12
津軽國	26歳	西幕下13	※42名・西幕下18で全休→廃業		
宇田川	27歳	東幕下20	※42名・東幕下60で全休→引退		

㊟更新した場合のみ記した。

表7からわかるように、安芸の国、嵐山、大竜川、三瓶山、隆昌山《りゅうしょうやま》、朝嵐の六人は十両へ復帰した。幕内には上がれなかったが、安芸の国と隆昌山の二人は最高位を更新した。大竜川、朝嵐、嵐山の三人は入幕を果たした。嵐山の場合、新十両の昭和四十二年春場所、八勝七敗と勝ち越したにもかかわらず、一場所だけで幕下に陥落し、再十両を果たすまでに七場所を要している。順調な出世が妨げられたと言える。朝嵐と嵐山の二人は一場所だけの幕内だったが、大竜川は八回、幕内に昇進し、敢闘賞を二回受賞する活躍ぶりであった。

十両復帰がかなわず、引退・廃業した十名については、最終場所とその場所での成績を記した。昭和四十二年夏場所直後の引退・廃業が多いのがお判りいただけると思う。幕下への陥落が、引退・廃業を早めたことは間違いないであろう。若葉山の場合、昭和三十九年九州場所、伊藤川の四股名の時、東幕下四十枚目で七戦全勝優勝を遂げ、異例の（当時の内規では二十枚目以内、昭和五十二年夏場所から十五枚目以内に変更され現在に至っている）十両昇進を果たしたという超幸運力士であったが、こんな代償が待っていようとは思ってもいなかっただろう。因みに、この異例の昇進は同じ時津風部屋の沢光の突然の廃業に伴う代替措置であったのか。この時の新十両の開錦（前場所東幕下二枚目で五勝二敗）、轟《とどろき》（後の牧本。前場所西幕下六枚目で五勝二敗）、伊藤川の三人は全員時津風部屋だった。再十両の時津浪（前場所東幕下一枚目で五勝二敗）も含めると、五人の十両昇進者のうち四人までが時津風部屋だった。

第四章　番付削減改革の効果は

鳴り物入りで実施された番付削減改革であるが果たしてその効果はどうだったのだろうか。

この改革は注目を集めたわりには効果はうすかったようで、その後も相撲内容は期待されたほどよくならなかった。(「相撲」昭和四十二年十二月号、一一五頁)

神風正一（ＮＨＫ解説者）「番付削減の問題で、場所の出始めは確かに、十両も幕内も非常に緊迫しておったと思います。十両でも中ほどまでは負けたら〔幕下へ〕落ちるという気持ちがあって、それが土俵上の勝負に現れていたので、たいへん成功だなと感じておったんです。ところが十日目ころからはもう旧態依然で、見るに見かねる相撲が何番も出てきました。これはもう毎場所言うことですが、これだけ協会が大英断をもって、今度の処置をとったんですから、なお力士の自覚が見られないとなれば、さらにこれを大手術してもらいたいですね。こんな状態が続けば、相撲はますます下向きに進んでいくんじゃないかというふうな気がします。」

秀の山勝一（協会理事・元笠置山）「番付削減の効果はそのとき限りだと思います。けっきょく枚数がいくら減ろうが同じことだもの。その枚数の中での争いなんだから、いったん減ってしまえば変わりはないわけです。だから要は、いかにして立派な相撲を取らすかという方法を考えなきゃいけない。」(「相撲」

昭和四十二年六月号、七四～八〇頁、「夏場所総評座談会」）

「相撲」誌は、「枚数削減のため幕下落ちした中で、前田川、安芸の國、三瓶山、大竜川といったところはやる気十分のところをみせていたが、あとはさっぱりで何か気抜けした感じ。土俵に上がるからにはもっと真剣みが欲しいものだ。」（「相撲」昭和四十二年六月号、八六頁）と酷評している。「やる気十分」だった安芸の國、三瓶山、大竜川の三人は、翌名古屋場所で十両に復帰した。

喉元過ぎれば熱さを忘れるとやら、いつの間にか幕内の定員数は元に戻った。その経過は次の通りであった（**第一章の表1参照**）。昭和四六年（一九七一）名古屋場所で幕内の定員が三十八人以内となった。しかし、しばらくは三十四人のままで、翌四十七年（一九七二）に、初場所で三十五人、春場所で三十六人、秋場所で三十七人と徐々に増やしていった。最大の三十八人になったのは昭和五四年（一九七九）の名古屋場所が初めてであった。それまでもそれ以降も三十五～三十八の間で、その状況に応じて弾力的に増減させている。第一章の**表1**を折れ線グラフにしてみた（**図1**）ので参照されたい。グラフからわかるように、幕内・十両の人数が急減したのは、今回取り上げている昭和四十二年（一九六七）春場所後のタイミングと、もう一つグラフが顕著に示しているのは、昭和七年（一九三二）春場所後の激減である。

これについては、第一章の表1の脚注に示した春秋園（天竜）事件に伴うものなので、ここで事件の顛末

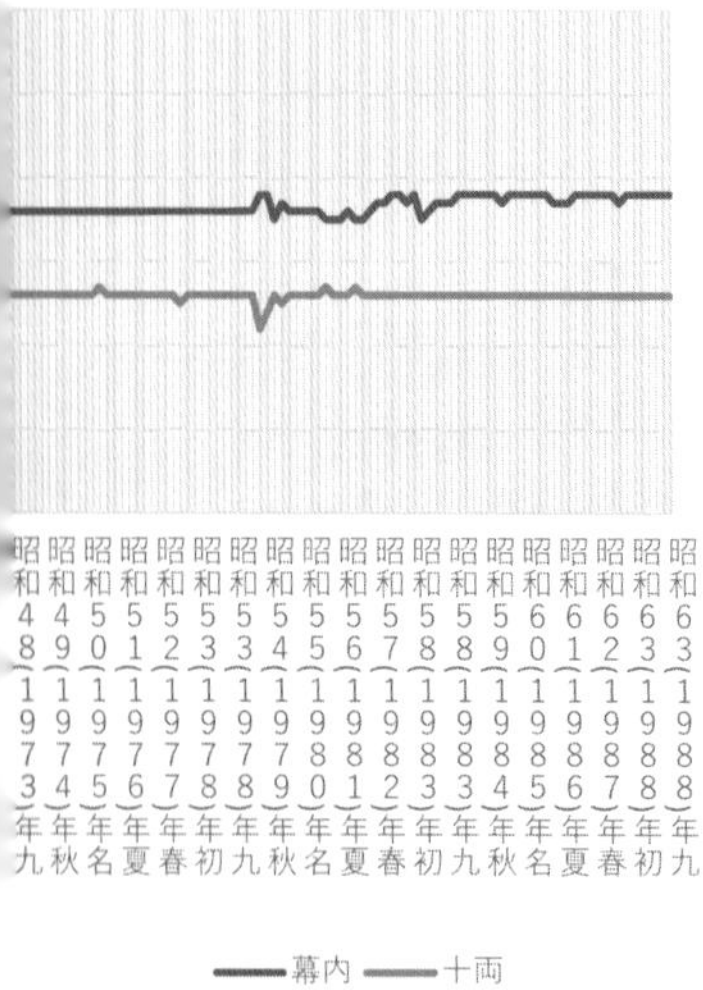

図1 昭和の幕内、十両力士数の変遷

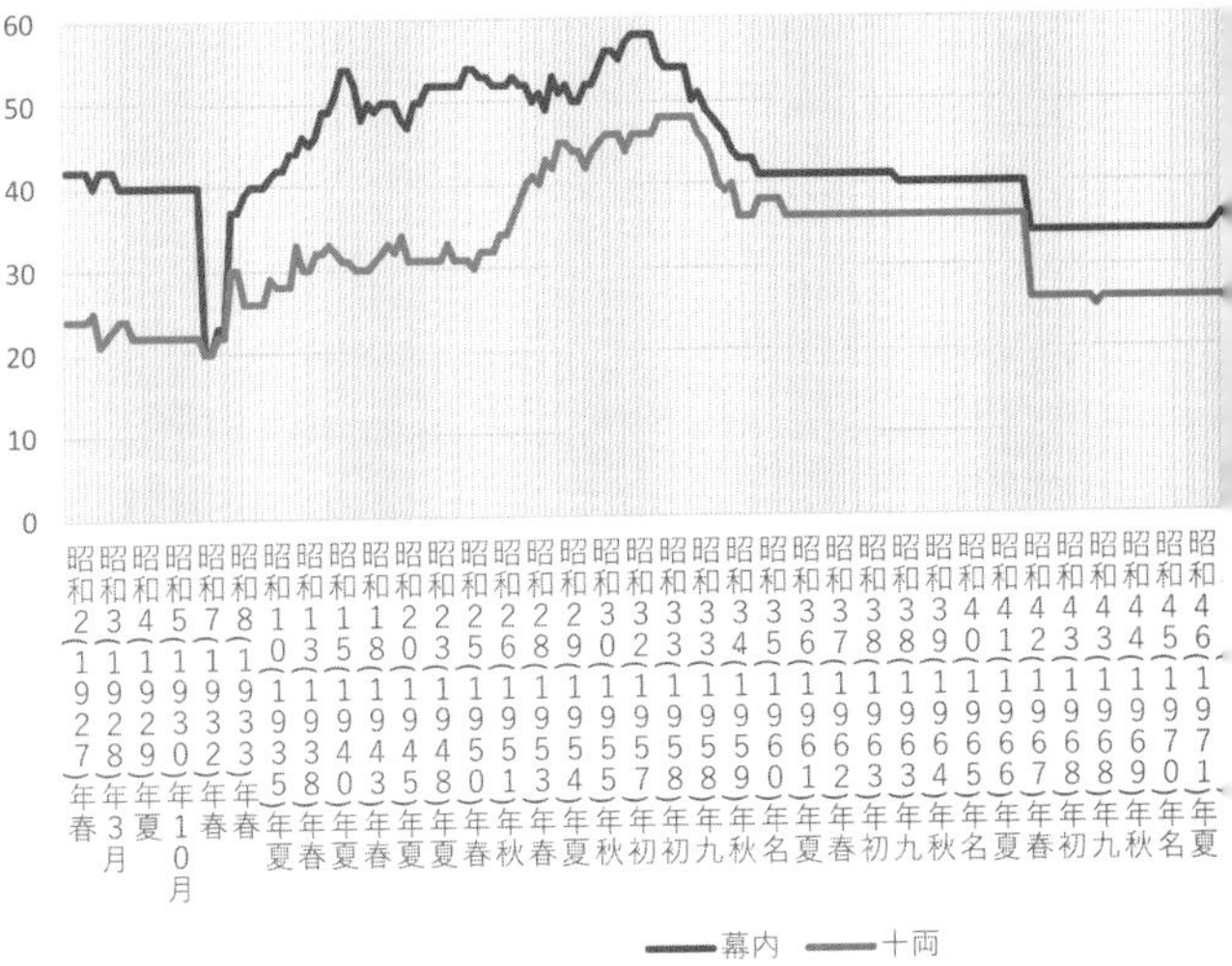

を簡単に示しておく。本書の主役の一人若天龍が各界入りすることになったのは、この事件の張本人だった天竜の紹介だったというから、天竜とその四股名をもらった若天龍がつながるのである。

春秋園（天竜）事件

昭和七年、天竜を含む出羽海一門の全関取三十一人と幕下一人の合計三十二人は、相撲協会に会計の明朗化、相撲茶屋の撤廃、年寄制度の廃止、養老金制度の確立など力士の待遇改善を求めていた。しかし、協会からの誠意のある回答が得られなかったため、一月六日から出羽海勢は東京・大井の中華料理店「春秋園」に籠城、天竜が関取衆に独自の改革案を説いた。そして十か条の要求決議書を協会に提出するのであった。協会は、「会計制度は従来から明確だが今後も努力する」「茶屋撤廃は慎重に考慮する」「年寄制度の廃止は動じがたい」「養老金制度は確立済み」などと回答したが、天竜らはこれを不服とし、師匠の出羽海親方（もと小結両国）に脱退届を提出した。一方の出羽海も破門状を協会に提出し、これが除名宣言となった。

出羽海部屋以外の力士も八日、井筒部屋に集まり、本場所の参加を拒否することを確認、十四日に初日を迎えるはずだった一月場所の開催が不可能となった。

相撲協会を脱退した天竜は、「新興力士団」を率いて、二月三日から六日間にわたる旗揚げ興行を行い、大成功を収めた。

一方、力士の大量離脱で延期していた一月場所は、二月二十二日にようやく初日を迎えた。しかし、事件前に発表した番付は使えず、残留力士だけの番付を再作成した。新番付は、大関から幕尻まで東西各十人ずつのもので、東西対抗は廃止。部屋別総当たり制となった。

脱退力士団は、その後「関西角力協会」と名乗ることになったが、人気は下火となった。

出羽ヶ嶽が関西角力協会を脱退し相撲協会に復帰したのを皮切りに、翌年、朝潮改め男女ノ川ら二十人の力士が復帰した。復帰が一月五日の新番付発表後だったため、本来の番付のほかに、幕内格別席、十両格別席、幕下格別席とした別版を発表したので、二枚番付となった。

平成以後の幕内・十両定員

年号が平成に代わって以降は、平成三年（一九九一）初場所に幕内定員が四十人以内となり（「相撲」令和四年六月号、一〇五頁）、さらに、平成十六年（二〇〇四）初場所から（昭和四十七年初場所に始まった）公傷制度が廃止されることに伴われ、幕内と十両の定員が各二名増員となり、幕内四十二人、十両二十八人となり（荒井／二〇一四、一八九頁）、令和となった現在に至っている。

幕内定員は、番付削減前の四十人を上回ったわけである。再び幕内の定員が増えたことで、かつてと同様の問題は生じていないのか、さすがに、「十両団地」の戸数増は二戸だけで、「ランチタイム」は復活していない。大きな変動がなかった平成に比して、昭和が大相撲の番付に関する改革においても激動の時代だったことが認識される。

第五章　八百長問題

大相撲に八百長はつきものだ。こんなことを書くと相撲協会からおしかりを受けることになるかもしれない。しかし、最近では貴闘力（二〇二二）が実名までは挙げていないが、記録をたどると「こんな人が…?」と首をかしげずにはおれないような超大物が八百長をしていたことを記している。野球賭博に関与し、解雇された貴闘力が相撲協会に恨みを持っているであろうことを鑑みて、協会の反論を待たなければならないところであろう。

かつては〝十両共済組合〟などと揶揄されていた（なる陰口がたたかれていた）とかで、十両下位の力士たちは、互いに星の貸し借り（もちろん金銭の受け渡しを伴う）が横行していたようである。この八百長まがいの疑念が、十両の枚数削減につながったのは確かなことであろう。

現在は、十両下位の成績不振者に幕下上位の好成績者を当て、入れ替え戦的な取り組みを多くして、八百長を防止している。

無気力相撲

相撲協会は、従来「八百長」という表現は一切用いず、「無気力相撲」と表現していた。

現に二〇一一年に携帯電話のメールから発覚した八百長疑惑の際にも、放駒理事長（元大関魁傑）は会見で、「過去には八百長は一切なく、新たに出た問題」と発言している。

筆者の見解としては、金の受け渡しが伴う場合は八百長、伴わずに意識的に負ける場合は無気力相撲になるのであろうか。

〝クンロク大関〟、〝大関互助会〟なる悪罵が流行った時代もある。昭和四十六〜四十七年（一九七一〜一九七二）ごろの話である。その〝会員〟であった大関は、後に横綱に昇進する琴櫻、逆に陥落する前の山、そのどちらにもならなかった清國、大麒麟などである。昭和屈指の実力派関脇だった長谷川が大関に昇進できなかったのは、空席がなかったからと言えばいささか言い過ぎだろうか。もっとも、昭和四十七年春場所後に、大関陥落の決まった前の山と、春場所優勝した長谷川を入れ替えることは無理なくできたと思うのだが、長谷川の昇進は見送られた。

前の山は、カド番で迎えた春場所、琴櫻との無気力相撲が指摘され十三日目から休場し（佐竹『戦後新入幕力士物語　第三巻』一五頁）、勝ち越すことができず陥落したのである。十二日目の大関同士の琴櫻と前の山の一番は、前年暮れに設置された相撲競技監察委員会から無気力相撲と指摘された。前場所途中休場し、カド番だった前の山は、この場所十一日目まで五勝六敗。一方の琴櫻は、前場所勝ち越しており、この場所も十一日目まで七勝四敗。琴櫻にいつもの攻めが見られず、前の山が二本差しで寄り立てて右下手投げで勝った。委員会は両力士の師匠に対し厳重注意を与えた。高砂親方（元横綱朝潮）は前の山を翌日から休場させた。（「ライバル激突！ 大相撲熱闘譜 Vol.2 北玉時代、輪湖時代」四九頁）

一方の琴櫻のほうだが、やはりカド番だった昭和四十六年名古屋場所の十一日目、五勝五敗で、九勝一敗と好調の大関大麒麟と対戦し、勝ったものの、翌日の新聞各紙は容赦せずに書き立てた。「大麒麟おまえもか　無気力大関琴櫻に〝武士の情け〟?」（サンケイ）、「勝つ気なく? 琴櫻に敗れる……あまりにも相撲ファンをナメた相撲だと指摘されてもしょうがない」（読売）、「どうしたことか大麒麟の無気力」（毎日）……全勝の横綱玉の海を一敗で追い、初優勝のチャンスだった大麒麟が、さしたる抵抗を見せずにズルズルと土俵を割った一番に、ファンの期待が裏ぎられてしまったとマスコミはこぞって声を上げたのだった。

話は前後するが、この一番がきっかけとなって、翌年の昭和四十七年から無気力相撲を取り締まる「監察委員会」が発足したわけである（玉木／二〇一一、三〇五頁）

さて、時は流れ、平成二十三年（二〇一一）二月三日に携帯電話に残されていたメールのやり取りで勃発した八百長疑惑、記者会見の席で、無気力相撲と八百長は同じものかと問われた放駒理事長は、無気力相撲を八百長とみなすとの見解を示すに至った。

八百長根絶に向けて

相撲協会ももはや手をこまねいているわけにはならなくなった。春場所の中止を決定し、八百長疑惑の後始末として、八百長に関与した力士十九人に引退勧告、親方一人に退職勧告、親方一人と力士二人に出場停止二年、さらには勧告に従わなかった力士二人と親方一人を解雇するという厳罰処分が施された*。

＊引退勧告された力士は、幕内の徳瀬川（モンゴル出身・朝日山部屋）、白馬（モンゴル・陸奥）、

春日王（韓国・春日山）、光龍（モンゴル・花籠）、猛虎浪（モンゴル・立浪）、琴春日（福岡県・佐渡ヶ嶽）の六人、十両の霜鳳（新潟県・時津風）、豊桜（広島県・陸奥）、旭南海（鹿児島県・大島）、境澤（埼玉県・尾上）、将司（青森県・入間川）、若天狼（北海道・間垣）、安壮富士（青森県・伊勢ケ濱）、清瀬海（愛知県・北の湖）の八人、幕下の十文字、保志光、霧の若、白乃波、山本山の五人だった。退職勧告された親方は谷川親方（元小結海鵬）、出場停止二年の処分を受けたのは竹縄親方（元幕内春日錦）と十両の千代白鵬（熊本県・九重）と幕下の恵那司、解雇されたのは幕内の蒼国来（中国・荒汐）と十両の星風（モンゴル・尾車）と谷川親方だった。このうち蒼国来は提訴し、東京地裁で解雇無効の判決を得、平成二十五年（二〇一三）名古屋場所で復帰した。星風も提訴し上告審までいったが解雇が確定した。

八百長を根絶するための新たな取り組みとしては、八百長を工作させない取組編成が行われるようになった。令和元年（二〇一九）夏場所から、千秋楽の取組は十四日目の打ち出し後に取組編成会議を開き、十九時過ぎに発表するよう変更された。このような取り組みの効果は、今のところ持続されているようで、八百長は撲滅されているように見える。その分、予測不能な事態、筋書きのない展開が繰り広げられている。その現れが令和四年（二〇二二）の全場所異なる優勝力士、しかも三場所連続の平幕力士の優勝という未だかってない出来事や、御嶽海と正代の大関の相次ぐ降下といった事態を起こしているのであろうと言えば言い過ぎだろうか。

八百長排除で生じた新たな問題

本来、日本人は「水戸黄門」の決まり切った展開を安心して見ており、それで満足していたのではと思う。新しい横綱、大関が誕生しないのもガチンコ相撲の証か。

かつて〝中盆〟〔八百長相撲の取り仕切りをする者〕を自認していた元小結板井は、「オレなら二人〔琴奨菊、豪栄道〕とも横綱にしただろうね。〔板井が中盆として暗躍した一九八〇年代〕当時は優勝や昇進といったチャンスは絶対に逃さなかった。みんなで相撲界を盛り上げるのが使命だと思っていた時代で、自分を犠牲にしてでも星を回して日本人横綱をつくっただろうと思う。今は相手のチャンスを潰すことが盛り上がると思っている。それは筋書きのないドラマ。そりゃ相撲が面白いはずだよ」と語っている〔鵜飼／二〇二二〕。

新しい横綱が誕生しないのは大関が弱すぎるからである。大関互助会がなくなり、クンロク大関にすらなれない。負け越しを喫することも度々で、カド番を乗り切ることができず、大関を陥落してしまう事態が続いている。〝番付崩壊〟を起こし、横綱・大関以外の優勝が激増している。元号が令和になってから五年春場所までの二十三場所で十三回は関脇以下の優勝である。そのうちの六回が関脇の優勝、七回は平幕優勝である。

令和五年（二〇二三）春場所の七日目、横綱昇進をかけた大関貴景勝が休場することになった。左膝内側半月板損傷との診断で、三日目の正代戦で痛め、六日目の御嶽海戦で悪化させたとのことだった。一横綱一大関のこの場所、横綱照ノ富士は初日から休場しており、これで八日目から横綱・大関不在の場所になってしまった。昭和以降では初の異常事態となった。その後、東関脇の若隆景も右前十字靱帯損傷、右外側半月板損傷の重傷で十四日目から休場することになり、この場所、番付の最上位三人が姿を消す事態になってしまった。貴景勝休場の原因となった対戦相手の正代も御嶽海も大関から陥落した力士だった。ガチンコ相撲では、当然ケガも増えるであろう。早く、横綱、大関を作りたい相撲協会の目論見は崩れ、筋書きのない展開が続いている。ここにも八百長排除で新たに生じた問題に協会が悩まされることになった厳しい現状が窺われる。

第六章　当時と現在との相撲の比較

力士の大型化が話題にされて久しい。また、最近は三十台後半の年齢の力士も数多いる。この二点について、本書の主題とした番付削減の実施された昭和四十二年（一九六七）当時と現在の資料を作成し、比較してみた。さらに、外国人力士がとみに多くなっている現在の角界、力士数の比較を試みたついでに外国人力士の数についても調べてみた。

体格の比較

昭和四十二年春場所の幕内力士の体格はどのくらいのものだったか。

幕内力士四十人の平均身長が一七九・八センチ、体重が一二一・九キロだった（表8）。（「相撲」昭和四十二年五月号、一八九頁）には初場所の資料＝平均身長が一八〇・一センチ、体重が一二一・三キロ）この平均値に近かった力士は、一八〇・五センチ、一一九キロの麒麟児、一八〇センチ、一一八キロの福の花、一七八センチ、一二六キロの花光らである。

令和五年（二〇二三）初場所の幕内力士の体格はどうであろうか。

幕内力士四十二人の平均身長が一八四・三センチ、体重が一五八・二キロだった（表9）。この平均値に

表8

昭和42年（1967年）春場所

番付順		身長	体重
1	大鵬	187	144
2	佐田の山	182	125
3	柏戸	187.9	146
4	北の冨士	181.4	125
5	玉乃島	177	119
6	豊山	189	132
7	琴櫻	181.4	133
8	麒麟児	180.5	119
9	明武谷	189	110
10	福の花	180	118
11	豊國	176.5	129
12	長谷川	182	117
13	富士錦	175	130
14	大雄	179.5	112
15	淺瀬川	174.5	135
16	義ノ花	189	172
17	藤ノ川	178	99
18	高鉄山	175	123
19	若浪	178.5	96
20	清國	182.5	123
21	開隆山	179	111
22	鶴ヶ嶺	177	114
23	禊鳳	181	113
24	青ノ里	182	114
25	前の山	185	120
26	花光	178	126
27	海乃山	172	107
28	大豪	188	124
29	廣川	177	137
30	若乃洲	174	132
31	大文字	182	104
32	若鳴門	182	104
33	二子岳	178	108
34	若見山	177	164
35	若秩父	175	138
36	若天龍	175	106
37	陸奥嵐	177	109
38	栃東	174	109
39	扇山	177	100
40	戸田	177	128
平均		179.8	121.9

表9

令和5年（2023年）初場所

番付順		身長	体重
1	照ノ富士	192	181
2	貴景勝	175	163
3	若隆景	183	132
4	豊昇龍	185	140
5	高安	186	182
6	正代	183	162
7	霧馬山	185	138
8	琴ノ若	189	167
9	明生	180	153
10	若元春	186	135
11	翔猿	174	133
12	大栄翔	182	161
13	御嶽海	179	171
14	玉鷲	189	174
15	阿炎	187	151
16	翠富士	171	114
17	錦富士	184	148
18	佐田の海	182	141
19	竜電	187	154
20	錦木	184	170
21	北勝富士	184	161
22	妙義龍	189	154
23	逸ノ城	190	212
24	宇良	175	151
25	阿武咲	178	162
26	王鵬	189	176
27	隆の勝	184	167
28	遠藤	183	149
29	碧山	190	186
30	平戸海	178	135
31	千代翔馬	183	135
32	栃ノ心	192	179
33	輝	193	155
34	隠岐の海	189	156
35	琴勝峰	189	158
36	琴恵光	176	131
37	一山本	187	145
38	東龍	191	157
39	剣翔	184	200
40	水戸龍	190	197
41	宝富士	186	166
42	千代丸	177	169
平均		184.3	158.2

表10

昭和42年（1967年）春場所

	身長順		体重
1	豊山	189	132
1	明武谷	189	110
1	義ノ花	189	172
4	大豪	188	124
5	柏戸	187.9	146
6	大鵬	187	144
7	前の山	185	120
8	清國	182.5	123
9	佐田の山	182	125
9	長谷川	182	117
9	青ノ里	182	114
9	大文字	182	104
9	若鳴門	182	104
14	北の冨士	181.4	125
14	琴櫻	181.4	133
16	禊鳳	181	113
17	麒麟児	180.5	119
18	福の花	180	118
19	大雄	179.5	112
20	開隆山	179	111
21	若浪	178.5	96
22	藤ノ川	178	99
22	花光	178	126
22	二子岳	178	108
25	玉乃島	177	119
25	鶴ヶ嶺	177	114
25	廣川	177	137
25	若見山	177	164
25	陸奥嵐	177	109
25	扇山	177	100
25	戸田	177	128
32	豊國	176.5	129
33	富士錦	175	130
33	髙鉄山	175	123
33	若秩父	175	138
33	若天龍	175	106
37	淺瀬川	174.5	135
38	若乃洲	174	132
38	栃東	174	109
40	海乃山	172	107

表11

昭和42年（1967年）春場所

	体重順		身長
1	義ノ花	172	189
2	若見山	164	177
3	柏戸	146	187.9
4	大鵬	144	187
5	若秩父	138	175
6	廣川	137	177
7	淺瀬川	135	174.5
8	琴櫻	133	181.4
9	豊山	132	189
9	若乃洲	132	174
11	富士錦	130	175
12	豊國	129	176.5
13	戸田	128	177
14	花光	126	178
15	佐田の山	125	182
15	北の冨士	125	181.4
17	大豪	124	188
18	清國	123	182.5
18	髙鉄山	123	175
20	前の山	120	185
21	麒麟児	119	180.5
21	玉乃島	119	177
23	福の花	118	180
24	長谷川	117	182
25	青ノ里	114	182
25	鶴ヶ嶺	114	177
27	禊鳳	113	181
28	大雄	112	179.5
29	開隆山	111	179
30	明武谷	110	189
31	陸奥嵐	109	177
31	栃東	109	174
33	二子岳	108	178
34	海乃山	107	172
35	若天龍	106	175
36	大文字	104	182
36	若鳴門	104	182
38	扇山	100	177
39	藤ノ川	99	178
40	若浪	96	178.5

□は平均的力士、身長、体重を示す。

表 12

令和5年（2023年）初場所

	身長順		体重
1	輝	193	155
2	照ノ富士	192	181
2	栃ノ心	192	179
4	東龍	191	157
5	逸ノ城	190	212
5	碧山	190	186
5	水戸龍	190	197
8	琴ノ若	189	167
8	玉鷲	189	174
8	妙義龍	189	154
8	王鵬	189	176
8	隠岐の海	189	156
8	琴勝峰	189	158
14	阿炎	187	151
14	竜電	187	154
14	一山本	187	145
17	高安	186	182
17	若元春	186	135
17	宝富士	186	166
20	豊昇龍	185	140
20	霧馬山	185	138
22	錦富士	184	148
22	錦木	184	170
22	北勝富士	184	161
22	隆の勝	184	167
22	剣翔	184	200
27	若隆景	183	132
27	正代	183	162
27	遠藤	183	149
27	千代翔馬	183	135
31	大栄翔	182	161
31	佐田の海	182	141
33	明生	180	153
34	御嶽海	179	171
35	阿武咲	178	162
35	平戸海	178	135
37	千代丸	177	169
38	琴恵光	176	131
39	貴景勝	175	163
39	宇良	175	151
41	翔猿	174	133
42	翠富士	171	114

表 13

令和5年（2023年）初場所

	体重順		身長
1	逸ノ城	212	190
2	剣翔	200	184
3	水戸龍	197	190
4	碧山	186	190
5	高安	182	186
6	照ノ富士	181	192
7	栃ノ心	179	192
8	王鵬	176	189
9	玉鷲	174	189
10	御嶽海	171	179
11	錦木	170	184
12	千代丸	169	177
13	琴ノ若	167	189
13	隆の勝	167	184
15	宝富士	166	186
16	貴景勝	163	175
17	正代	162	183
17	阿武咲	162	178
19	北勝富士	161	184
19	大栄翔	161	182
21	琴勝峰	158	189
22	東龍	157	191
23	隠岐の海	156	189
24	輝	155	193
25	妙義龍	154	189
25	竜電	154	187
27	明生	153	180
28	阿炎	151	187
28	宇良	151	175
30	遠藤	149	183
31	錦富士	148	184
32	一山本	145	187
33	佐田の海	141	182
34	豊昇龍	140	185
35	霧馬山	138	185
36	若元春	135	186
36	千代翔馬	135	183
36	平戸海	135	178
39	翔猿	133	174
40	若隆景	132	183
41	琴恵光	131	176
42	翠富士	114	171

近い力士は、一八四センチ・一六一キロの北勝富士である。

当時の一七四センチ・一三二キロだった若乃洲は、現在（令和五年初場所）の力士では一七四センチ、一三三キロの翔猿とほぼ同格ということになる。また、当時身長、体重とも幕内力士中一位（身長は豊山、明武谷も同じ）だった一八九センチ、一七二キロの義ノ花は、現在の力士では一八九センチ、一七四キロの玉鷲、体重で二位だった一七七センチ、一六四キロの若見山は一七五センチ、一六三キロの貴景勝と、身長で六位、体重で四位だった一八七センチ、一四四キロの大鵬は一八七センチ、一四五キロの一山本と同格である。令和五年初場所の幕内力士四十二人中、玉鷲の身長は八位、体重は九位、貴景勝の体重は十六位、一山本の身長は十四位、体重は三十二位である（表10～13）。現在の力士がいかに大型化しているか、特に体重が増えているか、この比較だけでも十分うかがわれる。

年齢の比較

次に年齢を比べてみる。昭和四十二年（一九六七）春場所の幕内力士四十人の平均年齢は二十五・九歳で、三十歳以上は最高齢三十七歳の鶴ヶ嶺と三十一歳の青ノ里の二人だけ、対して二十五歳未満は十五人もいた。最も若かったのは二十歳の藤ノ川と戸田だった（表14）。

令和五年（二〇二三）初場所の幕内力士四十二人の平均年齢は二十九・七歳で、三十歳以上は最高齢三十八歳の玉鷲を筆頭に二十二人、対して二十五歳未満は四人しかいない。最も若いのは二十二歳の平戸海と王鵬である（表15）。

表14

昭和42年（1967年）春場所

年齢（昭和42年2月27日現在）順			誕生月.日
1	鶴ヶ嶺	37	4.26
2	青ノ里	31	11.13
3	富士錦	29	3.18
4	明武谷	29	4.29
5	廣川	29	5.28
6	豊山	29	8.18
7	大豪	29	9.24
8	豊國	29	11.30
9	佐田の山	29	2.18
10	扇山	28	3.27
11	柏戸	28	10.29
12	若鳴門	28	2.7
13	若秩父	27	3.16
14	開隆山	27	4.28
15	若天龍	27	1.1
16	大文字	27	2.21
17	大雄	26	5.27
18	大鵬	26	5.29
19	花光	26	6.21
20	海乃山	26	6.28
21	福の花	26	7.1
22	琴櫻	26	11.26
23	若浪	25	3.1
24	若乃洲	25	5.5
25	清國	25	11.21
26	北の冨士	24	3.28
27	淺瀬川	24	5.4
28	麒麟児	24	6.20
29	高鉄山	24	7.9
30	陸奥嵐	24	1.12
31	若見山	23	4.16
32	義ノ花	23	9.4
33	二子岳	23	11.15
34	禊鳳	23	12.10
35	玉乃島	23	2.5
36	長谷川	22	7.20
37	栃東	22	9.3
38	前の山	21	3.9
39	戸田	20	6.30
40	藤ノ川	20	9.26
	平均	25.9	

表15

令和5年（2023年）初場所

年齢（令和4年12月26日現在）順			誕生月.日
1	玉鷲	38	11.16
2	隠岐の海	37	7.29
3	碧山	36	6.19
4	妙義龍	36	10.22
5	宝富士	35	2.18
6	佐田の海	35	5.11
7	東龍	35	5.12
8	栃ノ心	35	10.13
9	高安	32	2.28
10	錦木	32	8.25
11	遠藤	32	10.19
12	竜電	32	11.10
13	千代丸	31	4.17
14	千代翔馬	31	7.20
15	剣翔	31	7.27
16	正代	31	11.5
17	琴恵光	31	11.20
18	照ノ富士	31	11.29
19	翔猿	30	4.24
20	宇良	30	6.22
21	北勝富士	30	7.15
22	御嶽海	30	12.25
23	逸ノ城	29	4.7
24	一山本	29	10.1
25	若元春	29	10.5
26	大栄翔	29	11.10
27	水戸龍	28	4.25
28	阿炎	28	5.4
29	輝	28	6.1
30	隆の勝	28	11.14
31	若隆景	28	12.6
32	明生	27	7.24
33	霧馬山	26	4.24
34	阿武咲	26	7.4
35	錦富士	26	7.22
36	貴景勝	26	8.5
37	翠富士	26	8.30
38	琴ノ若	25	11.19
39	豊昇龍	23	5.22
40	琴勝峰	23	8.26
41	王鵬	22	2.14
42	平戸海	22	4.20
	平均	29.7	

□は平均的力士、年齢を示す。

平均年齢で比べると三・八歳高齢化している。これは、昭和四十二年の力士は中卒がほとんどであったことに対して、令和五年の力士は高卒、大学卒の力士が大半であることに起因しているであろう。高学歴化に伴う高齢化と言えるだろう。高齢化は角界にも及んでいるのである。

力士数の比較、外国人力士の増加

最後に、力士数を、番付削減直後の昭和四十二年（一九六七）夏場所と令和五年（二〇二三）初場所で比較してみる（表16～17）。

全体の数は一〇〇人近く減っているが、外国人力士の数を比べてみると、昭和四十二年（一九六七）夏場所は、アメリカ・ハワイ州出身の高見山（東十両十三枚目）と韓国・慶尚南道出身の林（東序ノ口二枚目）の二人だけだった。当時はアメリカに統治されていた沖縄出身の力士が三人（幕下に一人、序二段に二人）いたが、当然これは外国人力士とは見なさない。

令和五年の初場所は、幕内だけでも横綱の照ノ富士を筆頭に、関脇豊昇龍、小結霧馬山（以上モンゴル出身）など、モンゴル出身者が八人、ブルガリア出身の碧山、ジョージア出身の栃ノ心と合わせ合計十人の外国人力士がいる。十両にも四人おり、関取だけでも十四人、幕下以下にも十二人、六〇六人中二十六人の外国人力士がいる（表18）。

表16　昭和42年（1967）夏場所の人員

番　付	人　員
幕　内	34
十　両	26
幕　下	120
三段目	200
序二段	260
序ノ口	64
合　計	704

表17　令和五年（2023）初場所の人員

番　付	人　員
幕　内	42
十　両	28
幕　下	121※
三段目	180
序二段	204
序ノ口	31
合　計	606

※　付出１人を含む

表18　令和五年（2023）初場所の外国人力士

番　付	モンゴル	ブルガリア	ジョージア	カザフスタン	ロシア	ウクライナ	中国	フィリピン	合計
幕　内	8	1	1						10
十　両	2			1	1				4
幕　下	6					1			7
三段目	2						1		3
序二段								1	1
序ノ口	1								1
合　計	**19**	**1**	**1**	**1**	**1**	**1**	**1**	**1**	**26**

第二部　六力士の徹底調査——当時を振り返る

第七章から十二章までは、昭和四十二年（一九六七）夏場所に、番付の最上段、つまりは幕内から名前が消えた六力士を一人ずつ章立てでした。それぞれの章末のコラムは、六力士の郷土に出向き、取材をしたものである。筆者自身の足で稼いだもので、本書の中で最もオリジナリティーが高いのは、このコラムであることは間違いない。つくづく残念だったのは、五人はすでに鬼籍に入っていたことである。唯一、若天龍だけは生死の確認ができなかった。本人へのインタビューを行いたかったのだが、現在の所在をつかむことはできなかった。時の流れを痛切に感じさせられた。「江戸の大関より土地の三段目」、三段目どころか六人とも幕内に上がった力士である。取材を通して、かつての家族、親族、あるいは友人にとって、その存在は誇りであり、今も色あせることなく、脳裏に焼き付いていることを認識した次第である。

第十三章は、昭和四十二年春場所後以降の番付削減後の六力士の「その後」を記した。

最終章の第十四章では、六人中大豪《だいごう》、若天龍、若乃洲《しま》の三人もが所属していた花籠部屋の盛衰について記した。

幕内優勝し、三役の常連として大関候補として衆目を集めた大豪以外の五人は、当時の相撲界において、脇役にすらなりえなかった人たちである。しかし、それぞれに個性にあふれ魅力的な力士であったといえる。まずは、資料1で、六力士の番付昇降の変遷をたどってみた。六力士の位置づけの移り変わりが確かめられると思う。

第七章　若三杉→大豪久照

本名は杉山昇。頻繁に改名した力士である。番付に入った昭和三十年（一九五五）夏場所から杉山、昭和三十二年初場所國風に改名、翌春場所杉山に戻す。昭和三十三年初場所三杉磯に改名、翌春場所三度杉山に、翌夏場所から若三杉に、昭和三十七年（一九六二）秋場所大豪に改名した。

幕内在位五十一場所（連続）、最高位は東関脇。幕内での成績は三八七勝（不戦勝二を含む）三七四敗（不戦敗一を含む）四休（勝率・五〇九〈五割九厘〉）だった。十両在位は四場所（連続三場所。幕内から陥落後の一場所を含む）。幕下八場所、三段目三場所、序二段二場所、新序一場所。

幕内最高優勝一回、三賞受賞歴五回（殊勲賞二回、敢闘賞三回）、関脇在位十場所（昭和三十八年夏場所から連続七場所）、小結在位八場所と一線で活躍した力士に間違いない。三役経験、三賞受賞歴のない他の五人と比べると、明らかに別格である。

ただ、彼に対する期待の大きさからすれば、この程度の記録では誠に物足りないであろう。

柏鵬時代を築いた大鵬、柏戸と並び称され、大関は間違いなし、横綱になるべく大器として嘱望されていた稀有な逸材だったのである。未完のまま引退してしまったのは誠に残念至極である。茫洋な性格が災いしたか、欲のなさ、稽古嫌い、不器用な相撲っぷりなど、大成しなかった原因はいろいろあるだろう。

出生から入門、入幕まで

昭和十二年（一九三七）九月二十四日に、香川県丸亀市土居町で、四国でも指折りの金魚問屋の四男（男ばかりの兄弟の末っ子で、すぐ上の兄と六つも年が違う）として生まれ、甘えん坊だったようである。父親の勤務の関係で小学校四年まで満州で過ごしたとのことで、茫洋な性格はこの時期に形成されたものと思える。香川県有数の進学校である丸亀高校に進学、柔道に打ち込み二段を取得した。昭和三十年三月に同校を中退し、花籠部屋に入門した。入門時すでに一八一センチ、九〇キロの恵まれた体格であった。初土俵は昭和三十年（一九五五）春場所。

入幕するまで負け越し知らず（昭和三十二年初場所幕下東五十六枚目で四勝四敗の五分が一度あるだけで、あとは全て勝ち越し）で、とんとん拍子に昇進、昭和三十三年九州場所で二十一歳で新入幕を果たした。要した場所数は、序二段二場所、三段目三場所、幕下八場所、十両三場所であった。昭和三十三年春場所、幕下西二枚目で七勝一敗で幕下優勝し十両に昇進、十両の三場所は全て十一勝四敗と大勝ちした。新十両のころは、六尺一寸、*三〇貫、**入幕時は一八五センチ、一一六キロに成長していた。

＊　尺貫法における長さの単位で、一尺≒三〇・三センチ、一寸＝〇・一尺≒三・〇センチ

＊＊　尺貫法における質量の単位で、一貫＝三・七五キロ

幕下時代の苦手は西中（立浪部屋。最高位十両七枚目。五尺六寸、二十一貫と小柄であるが力が強く運動神経が良かった）で、幕下での敗戦数十八のうち四敗は西中に喫した。昭和三十二年（一九五七）夏

大豪久照（若三杉）
（写真提供：ベースボール・マガジン社）

場所から九州場所までの三場所連続して敗れている。因みに西中には三段目と十両で一度ずつ対戦しているが、その二回は勝っている。幕下での一勝と合わせて通算成績は三勝四敗である。

若三杉には十両以下の優勝同成績が三回あるが、三回とも同じ部屋の兄弟子若秩父に優勝されている。一回目は昭和三十年秋場所、序二段で両者とも八戦全勝。二回目は昭和三十二年秋場所、幕下で若秩父、杉山（後の若三杉）、西中、玉乃浦、畠山、寿栄山の六人が七勝一敗で決定戦を行い、杉山は決勝リーグに残ったが、若秩父に敗れた。三回目は十両に昇進した昭和三十三年夏場所、若秩父、若三杉、富樫（後の横綱柏戸）、北葉山、冨士錦（富士錦）、明歩谷（明武谷）、新川の七人が十一勝四敗で、「七人の侍」による優勝決定戦に挑んだ。優勝したのは決勝戦で富樫を上手投げで下した若秩父だった。若三杉は一回戦で若秩父に寄り切られた。（「相撲」昭和三十八年九月号、一一七頁）

若三杉は十両三場所で、若杉山に二敗、北葉山に一勝二敗と負け越している。富樫、富士錦とは一勝一敗であった。

新入幕から幕内優勝まで

富樫、若秩父の新入幕の翌場所、昭和三十三年（一九五八）九州場所で北葉山（後の大関）とともに若三杉は新入幕を果たした。幕内二場所目の昭和三十四年初場所、東前頭十三枚目で七勝八敗、入門後初の負け越しを喫した。しかし、その後四場所連続勝ち越して昭和三十四年九州場所では東前頭筆頭にまで躍進した。この場所と次の場所、二場所連続で負け越し足踏みしたものの、昭和三十五年春場所西前頭九枚目で十一勝四敗、次の夏場所では西四枚目で十四勝一敗で平幕優勝を成し遂げるのであった。翌名古屋場所で東の張出関脇に昇進、初の三役力士となった。

大型力士として嘱望された若三杉であるが、その相撲ぶりは常に酷評されていた。三十四年夏場所の二日目に対戦し、若三杉を吊り出した晩年の元大関の三根山がこのように話している。「若いのに年取った立ち合いはいかんな。それに手は下から持ってくるもんさ。顔のところにてのひらを持ってくるから二本差されるんだよ。」『バンザイ三杉』とたたかれたゆえんである。初顔のこの場所を含めて三根山には三連敗を喫した。

低迷し、じれったさをつのらせていた若三杉にようやく兆しが見えたのは昭和三十五年春場所、西前頭九枚目の位置ではあれ、突っ張る気持ち、前へ出る積極的な相撲で十一勝をあげたときである。場所後の解説者の評を拾う。

浅香山泰範（元若瀬川、ラジオ東京解説者）「あれだけ不細工に引っ張り込んでも勝ってた」

神風正一（ＮＨＫ解説者）「あのからだをぶつけられたら、相手はちょっと支えきれません。前へ出て相撲をきめてるということはいい。これで突っ張って差せるようになったら鬼に金棒。手がつけられない。」（「相撲」昭和三十五年四月号、七三頁）

果たして西四枚目に番付を戻した翌夏場所、初日は大関若羽黒に右への変化で上手を取りにいこうとしたものの、じっくり見られ押し立てられ押し倒された。二日目小結のベテラン北の洋を寄り切って快進撃が始まった。三日目の横綱栃錦の引退に伴う不戦勝という幸運もあり、四日目初顔の横綱朝汐を上手投げに破る初金星、五日目、六日目と両関脇の北葉山、柏戸を突き出し、上手投げで連破。七日目小結の栃光を寄り切り、役力士との対戦をすべて終え、八日目以降平幕力士を相手に破竹の八連勝、一差で追う同部屋の東正横綱若乃花、同じく西前頭十四枚目の若秩父との差を保ったまま十四勝一敗で堂々の幕内最高優勝を果たしたのである。

同門の若乃花、大関琴ヶ浜と対戦しないため、不戦勝を含めて横綱に二勝、大関には一敗であったものの全ての役力士と対戦しての平幕優勝であったので文句のつけようもなかった。末は横綱かと絶大な期待を一身に受けていた大器がようやく開花したのである。

因みに後の大横綱大鵬はこの場所東前頭六枚目で十一勝四敗の好成績で二回目の敢闘賞を受賞している。同門の大鵬との対戦はなかったのである。また、やはり後の横綱柏戸は西関脇で十勝五敗の成績で三回目の技能賞を受賞、優勝と初の殊勲賞を手にした若三杉、この三人が次代の大関を狙う大型若手美男三力士として一気に注目を集めることになったのである。

大関への期待

昭和三十五年（一九六〇）名古屋場所、初の三役東張出関脇に昇進した若三杉、六勝八敗で迎えた千秋楽の対戦相手は、普段は馬が合い兄弟のように仲が良く、それでいて好敵手の東関脇の柏戸。柏戸は十一勝三敗で、千秋楽に勝って十二勝すれば大関昇進は間違いなし、逆に若三杉が勝てば、柏戸の大関昇進は見送られるかもという大一番だった。

果たして柏戸は、若三杉の足くせにもろくも尻から落ちていった。呆然と見下ろしていたのは、むしろ勝った若三杉のほうであった。(「相撲」昭和三十九年八月号、一三八〜一三九頁)十二勝を上げられなかった柏戸であったが、横綱(若乃花、朝潮)大関(若羽黒、琴ヶ濱)を総なめにした実力が認められ、場所後大関への昇進が決まった。朋友若三杉は胸をなでおろしたのではないだろうか。

若乃花、若三杉、若秩父、大鵬という二所ノ関一門の攻撃を一手に受ける柏戸の不公平をなくすためにも部屋別総当たり制の実現を望む声が高まることにもなった。実現すれば、若乃花、若三杉、若秩父の花籠部屋三若は、二所ノ関部屋の大鵬と対戦が組まれることのなるのである。

「大関誕生と〝新しい波〟」と題した座談会での作家の北條誠氏の見方が鋭かった。

「(若三杉は)相撲は一番下手だと思いますね。三人(大鵬、柏戸、若三杉)の中で。で、よく私、彼(若三杉)が平幕のころから買ったんですよ、外四つ、外四つといって。いわゆる相撲の常識からいって、全然理屈に合わない取り口で勝ってる。ところが持って生まれた腰とか足の強さですか、これは想像に絶するんじゃないか、おそらく若三杉は大鵬の才能もないし、柏戸のファイトもない。相撲は下手だ。それで右の上手一本くらいで抱え込んじゃってねじり倒しますね。あれが差すようになったらおっかねえなといってたら、差すようになったとたんに優勝しちゃった。ですからこれも未知数という点では、非常に未知数じゃないか。ただ一番ぼくがおっかないのは、この三人の中で若三杉は、いま伸びておかないと挫折しちゃうんじゃないかという気がしますね。あとの二人は一応自分の相撲を持ってるけれども若三杉君は持っていませんからね。」(「相撲」昭和三十五年九月号、七〇頁)

玉ノ海氏は、「若三杉は大鵬よりもあと、北葉山と前後して大関になるだろう。横綱になるのはいつか、ちょっと予想できない。いずれにしても柏戸、大鵬よりは遅れる。横綱になれずに終わってしまうかもしれない。しかしいったん横綱を締めたら、柏戸、大鵬を上回る最強の横綱になることは太鼓判が押せる。」（「相撲」昭和三十五年一一月号、八五頁）と予言していた。

昭和三十五年（一九六〇）、若三杉の年間成績は五十七勝三十三敗（勝率・六三三）で、大鵬、柏戸、若乃花、朝汐に次いで北葉山と同率の五位だった。（「大相撲」昭和四十二年一月号、四十一頁）

翌昭和三十六年の若三杉はいかがなものであったか。三場所連続負け越しが続いた後の九州場所、初日から八連勝、十一勝四敗の成績を収めた。九州場所総評座談会で、

江馬盛（司会）「二度目の平幕優勝なるかと思わせた敢闘賞の若三杉について」

神風正一（ＮＨＫ解説者）「若三杉は（横綱の）柏・鵬に迫る可能性と素質がある。今場所ワキの甘さもやや直って前へ出たがそれでいい。引っ張り込んで*も前へ出ればいい。」

＊角界入り前は柔道（二段）をしており、相撲は全然やったことがなかったので、つい柔道の癖が出てしまっていた。

彦坂光三（相撲評論家）「懐の深いのをいいほうに利用するように考えなければいかん。」

天竜三郎（ＫＲ解説者）「一方パッとおっつけて前へ出る。これが身に付けばもう手におえないですよ。」

東富士錦一（元横綱）「右を引っ張り込んでもまわしをとらないできめて出るから勝てるのですよ。」

天竜「あの重い柔らかい腰で、おっつけを覚えられたら手がつけられないよ。」
東富士「大鵬の太刀持ちをやれば、自分だって考えちゃいますね。（笑）」
神風「もう欲が出ていいころですね。（笑）師匠が徹頭徹尾鍛え上げるという気持ちをもってやっているから、今度はやるでしょう。」（『大相撲』昭和三十六年十二月号、四七頁）

また、昭和三十七年の夏場所展望座談会で、

秀の山勝一（協会理事）「（このところ体の病気を治してだいぶよくなってきた若秩父*は）若三杉と二人でどこまでも競争相手としてガンガンけいこをすればこれは楽しみだと思うんです。若三杉は押す力士に悪いからつかまえようとするし、片方はつかまるまいと廻しをきったりして出ていく。これを二人が真剣になって毎日三十番くらいけいこをしていけば、いい大関、横綱が出ますよ。これはやるべきだと思うんです。」

*糖尿病を患い、体力も落ち、立ち合いにも生気がなくなっていた。また、首から肩にかけての神経痛にも悩まされていた。そのため、昭和三十六年（一九六一）夏場所十両に陥落、翌名古屋場所で十両優勝し再入幕、三十七年夏場所に小結に復活した。

倉岡正（東京中日）「またあの二人が強くならないと、相撲は面白くないですからね。」
東富士錦一（解説者）「若三杉の場合でもいま親方のいうように、やはりけいこの方法が間違っていたんじゃないかと思うんだな。」

倉岡「そうですね。ちっとも脇の甘さが直らないというところはね。」
東富士「これは本人の責任ですよ。（笑）」（「相撲」昭和三十七年五月号、五四頁）

身近に若三杉を見ている兄弟子の二子山勝治（元横綱若乃花）は、歯がゆさからズバリ苦言を呈している。「なんとしても困ったものだ。（若三杉は）欲が全然ない。苦労が足りない。結婚すれば少しは欲が出ると思う。なんといっても家庭と勝負のつながりが上達の道ともなるのだから……。早く結婚した私は、随分苦労してきた。質屋通いまでして金銭的な苦しみに耐えてきたのだが、女房も随分困ったことと思う。若三杉は何もかも恵まれすぎているので、欲が出ないのだ。それに、彼が入門した頃の花籠部屋は、すでに大部屋になっていたので、さしたる苦労もなくここまできた。それが一発勝負に影響しているようだ。また、一度優勝したこともかえっていけなかったのかもしれない。欲が出てくれば、もっと番付が上がるのだが……。」（「相撲」昭和三十七年八月号、九一頁「ズバリもの申す」）

当の若三杉、おそれおおいことながら、ナルちゃんこと浩宮様（現天皇陛下）にそっくり（「相撲」昭和三十七年八月号、二二〇頁、勝星恵子からの投稿）、筆者の見たところでも、現天皇の長女愛子様に柔和そうな顔立ちが似ていると思う。

大豪に改名

昭和三十七年（一九六二）の名古屋場所後、しこ名を大豪に改めた若三杉、当の本人は番付発表まで全然改名を知らなかったという。花籠親方が若三杉の奮起をうながすために内緒で届けたとのこと。体はいかにも大豪にふさわしいものを持っているだけに、今後が期待される。(「相撲」昭和三十七年十月号、一〇八頁)

大器晩成といわれながらもいたずらに巨体をもてあまし、三役と平幕の間をただエレベーターするだけ。佐田の山、栃ノ海につぎつぎに追い越され、さらには豊山にも先を越され、大豪の名はすっかり黒い霧につつまれてしまった。(「相撲」昭和三十八年四月号、八六頁)昭和三十七年(一九六二)九州場所では西前頭十枚目まで降下してしまった。

大豪にチャンスが巡ってきたのは、小結に返り咲いた昭和三十八年春場所である。

河原武雄(司会・NHK)「小結の大豪は九勝六敗に終わったんですけれども、今場所は佐田の山、北葉山の両大関を破るなど、よく健闘したといえましょうね。終わりへきてちょっと負けが混んだ感じですが、神風さんいかがですか。今場所の大豪の相撲ぶりは。」

神風正一(NHK相撲解説者)「大豪は最近の場所では一番よかったですね。技術的に見て、いい面が二、三ありました。とくによかったのは相撲が積極的になりましたね。たとえ引っ張り込んでも、いままでのようにバンザイをして相手に攻め込まれるということがなかったでしょう。二本引っ張り込んでも自分から攻めて出たこと、これが大成功だったと思います。やっぱりこれだけ体力があると、引っ張り込んでも、その引っ張り込み方がよくて前へ出たら、相手は持ちこたえられませんからね。その点なかなか今度はよくやっておった。これが成功したもとでしょうね。」(「相撲」昭和三十八年四月号、六〇頁「総評座談会」）

記者「大豪は昨年（昭和三十七年）の九州場所（西前頭十枚目で十二勝三敗）あたりから、大豪らしい相撲を見せるようになってきたようですね。」

楯山邦七郎（元関脇・幡瀬川）「ええ、ぼくはこの人が前（昭和三十五年夏場所）に優勝しましたね。あの当時はこのままもっと伸びて、まあ大関になるんじゃないかというような感じを持って見ていたことがあったんです。いまの横綱（柏戸、大鵬）、大関、強い人がたくさんいるけれども、その人たちの持っていない非常にいいものを持っている力士ですから。しかし、技術的にはとてもまずいです。これは要するに脇が甘かったわけです。ところがこの間の初場所なんか見ていた場合、ぼくは昔の、あの優勝した当時の相撲に返ってくるんじゃないかという感じを受けるんです。むしろその当時よりも――あんまり突っ張ってはいないけれども――相撲の取り方に積極性が出てきたので、現在でも非常に興味を持っているわけなんです。まあ、初場所は勝ち越し一番（八勝七敗）ですね。ところが負けた中にも勝てるような相撲が何番かあったと思うんです。だからこの調子がこのまま維持できれば、再び大関候補として注目されるときがくるんじゃないか。こんどは小結になったんですが、この大阪場所で少なくとも初場所のような積極的に攻める相撲が見られるということになると、三役を落ちることもないだろうし、また大関候補としてみんなに嘱目されるときがくると思うんです。だからこの人の努力というか、いままでのようにやる気があるのかないのかわからないといわれることがありましたが、ぼくは、野球その他でもよく、やる気があるのかないのかということをいうようだけれども、プロの者は職業意識がありますからやる気はみんなあると思う。」

「この人が廻しを取った場合に、腰を引きながら自分の体重を相手にもたせかけるでしょう。それが非常によい。たまたま、アンバランスになることもあるが、バランスがとれてきたら、すばらしくいいと思う。だから要はこの人が立ち合い、なにも突っ張り飛ばせということじゃなく、一つでも二つでも突っ張る。出る相撲取りにはテッポーをかまして、それから右四つでも左四つでもなって――この人は根は右四つです。ところが右で上手を取ると、左四つになっても非常に強いんですね。しかも体が柔らかいという感じでしょう。これでもうひとまわり肉がついて大きくなると、本物になるんじゃないかと思うんです。」

「前へ出られないのは、柔道（高校時代にやっており二段）は引くようにできているから出られないということもいえるかもしれないけれども、しかしどっちにしてもあの人は、出る相撲取りじゃないんですから。だから若い時代に柔道をやって、そういう力というか体力をつけたということは、プラスになってもマイナスにはなっていないと思います。ともかくこの人に対しては一部の人は大きな期待を持っていると思うんです。また相撲界のためにも、こういう大きな体をし、そしてきれいな人（白く、ふっくらとした大きな体（「相撲」昭和四十二年三月号、八〇頁））が横綱、大関になったら、すばらしくいいと思います。だからそうなる素質は多分にありながら、その素質をよく生かさないでいる形なんです。それはあまりにも足腰がいいということもあるでしょう。これでこの人がもうひとまわり大きくなれば、引っ張り込んでも持っていかれなくなるということがいえると思うんです。だから要はこの人が、大関にでもなったらおそらくうんと大きくなるだろう。そうすれば横綱も可能ということになってくる。だから大関になるまではお酒もある程度抑えて、練習に練習を重ねていくことです。人間の素質というのはくさるものですからね。」（「相撲」昭和三十八年四月号、一二六〜一二七頁「相撲の神様に聞く」）
河原武雄（司会・ＮＨＫアナウンサー）「大豪もここ二、三場所引き続き元気のいい好調な土俵を務めてきているということで、いちおう注目されると思うんです。まず、大豪の最近の相撲ですが、この人はとかく、少し調子がいいときがあっても信用されませんね。」
秀の山勝一（協会理事・元関脇笠置山）「ここへきておそらく大豪は自分でこうしなくちゃ勝てないということを知りましたね。大きな収穫です。ただもう少し専門的にいいますと、確かに体を生かしたような取り方はしていますが、細かい点においてはまだちょっと無理ですね。それは彼の相撲に細かい技術的な点がないからです。」
若松万雄（協会理事・元前頭三の鯱ノ里）「しかしあの大豪の相撲は、へただけれども、あれはへたなりでやっぱり研究しているよ。ぼくはそう思うな。最近はとにかく上手を取ったら出るもの。その点は一つの進歩じゃないかと思うんだ。結局自分よりあとからきた連中に大関になられたとか横綱になられたとか、そんなところから奮起したのかもしれないけれども。」
新山善一（東京新聞運動部）「思い切って出るもの。」
秀の山「三場所続いたでしょう。（昭和三十七年）九州場所と（昭和三十八年）初場所、春場所。」
新山「立ち合いの突っ込みがよくなったですね。それで感心したのは（春場所十二日目の）開隆山との一番、あのときは負けたけれども、上手を欲しがらずにおっつけて出ていったでしょう。」
秀の山「彼はおっつけができるんですよ。知っているんです。」
新山「最近はやる気になってきたことは確からしいですね。何にもいわなくても自分でやるというん

です。」（「相撲」昭和三十八年五月号、五四頁「夏場所展望座談会」）

七場所連続の関脇

昭和三十八年（一九六三）夏場所の新番付で大豪が（小結から）関脇に、若秩父が小結に返り咲き、二力士が三役入りしたのは、花籠部屋始まって以来のことだった。それだけに親方もご機嫌で、若乃花の引退で一時は斜陽かと思われたが、再び勢いを盛り返したわけだ。そして特に親方を喜ばせているのは大豪がこれまでにない意欲を燃やしてけいこに励んでいることだ。「場所前の出げいこで大鵬とがんがんそれこそものすごいけいこをやったが、これが続いてくれればいよいよ本物だ」という親方。

大豪は場所に入ってからも節制を続けている。大豪のしこ名の間に〝酒〟を入れて大酒豪とあだ名をつけられていたほど酒好きだったが、それも無茶酒を飲まなくなったとの話。何から何まで一八〇度転換の大豪だ。（「相撲」昭和三十八年六月号、一四〇頁）

しかし、夏場所八勝し勝ち越しはしたものの期待外れであった。秀の山勝一によると、「やはりわきが甘く、右上手を欲しがるあまり、大きくわきをあけて頭だけ下げているので、両差しになられることが多かった。もっと左差しを考えて右はおっつけながら横ミツを取るようにすれば、名古屋場所での活躍は期待されるし、大関陣への切込みは見ものである。」（「相撲」昭和三十八年七月号、三九頁）

河原武雄（司会・NHK）「大豪は千秋楽で辛うじて勝ち越しを確保して、関脇の位置は保ったということになるんですが、この人の相撲も最近の二、三場所はよく前へでていたのに、今場所はちょっとまた、もとの大豪に返ったような感じがあったんじゃないですか。」
高島敬輔（元三根山）「従来の大豪に返りましたね。」
河原「ただ勝った八番の中には、いちおう三大関（栃ノ海、北葉山、佐田乃山）を倒した星もありますが、相撲の内容からいうとよくなかったと思うんです。栃ノ海戦にも逆転勝ちで……」
高島「ええ、攻められたですね。佐田乃山のときは立ち合いの変化だし、三大関を倒したといっても、内容からいえばそうほめられるものではない。体力で勝ったんですね。この人は自分で意識して強くなろうという気持ちはあるんですから、徹底的に進んで一つの型を作ることです。私が見ていると、この人は左上手を取りにいくと、どうしてもくっつかれるんですが、左で前みつを取ったときには、右をうまく使って非常にいいんですよ。だから左の前みつをうまく取ることを研究したら、ものすごく伸びると思うんです。それには踏み込みを早くすれば、左の前みつは取れるはずです。早くその型を作ることですね。」（「相撲」昭和三十八年六月号、六七頁「夏場所総評座談会」）

昭和三十八年（一九六三）名古屋場所、初日から二連勝の大豪は、「元気？ だって？ そうでもないよ。あしたは苦手の天津風*（これまで一勝二敗）なんだ。あれはモチャモチャしてて歯ごたえがない。つまりいつもモチャ負けしてしまうんだ。」と記者団を笑わせる。（「大相撲」昭和三十八年八月号、五三頁）三日目、その天津風に吊り出されて、「土俵際で投げてやろうと思っているうちに吊られちゃった。やっぱりあいつは苦手だ。」と負けてもニヤニヤしていた。（「大相撲」昭和三十八年八月号、五四頁）

＊石川県出身。時津風部屋。幕内在位十六場所で最高位は前頭三枚目。体力に恵まれ、右を差しての出足は

なかなか鋭かった。

江馬盛（司会）「関脇の大豪は七日目（大関）栃光を、（同じく関脇の）若秩父は十一日目（大関）豊山を破って殊勲の星をあげましたが、もう少し何かやってもらいたいと思った。」

天竜三郎（ＴＢＳ解説者）「二人とも、もう少しやるかと思ったが案外だめだった。」

神風正一（ＮＨＫ解説者）「若秩父のほうが相撲が安定してきた。それからよく辛抱するようになった。大豪は直っていない。めんどうくさいというようなのが直らない。」

彦山光三（相撲評論家）「大豪は手を合わせて突っ張りそこなうと、いい気になってすぐバンザイになっちゃう。」

神風「大豪の突っ張りは半身ですからきかんですよ。」（「大相撲」昭和三十八年八月号、四七頁「総決算座談会」）

名古屋場所後、大豪は巡業に出た第一日目からがんがんと猛げいこ、福井では早くも大鵬にぶつかっていくすさまじさで、「何が彼をそうさせたのか」とどの力士も目をパチクリ。それほど大豪のけいこは積極的だった。巡業についているある親方も、「初めからこんなにやっているのは大豪と（大関）佐田乃山だけ。奮起した原因はわからんが、大豪がこのようにやる気になったので、次期大関争いはおもしろいぞ」と話していたが、いままでの三役―平幕のエレベーターから脱した大豪にとっては、一つ上の大関がようやくちらつき出したのも無理はない。

それだけにいつまでもでれでれしてはいられないというわけだ。相変わらず表情は明るいし昼食の後は誰とでもマージャンを楽しむ。しかし、けいこと遊ぶときをはっきり区別するあたり、大豪もいよいよ本物になってきた感じである。(「相撲」昭和三十八年九月号、一四〇頁)

ところが、秋場所前に左足を負傷してけいこを休み、大した期待は持てない状態だった。「勝ち越すのは難しいだろう」たいていの人はこう考えていたのだが、やっとこさ勝ち越すには勝ち越した。(「大相撲」昭和三十八年十月号、八三頁)

秋場所七日目、横綱候補の一番手である佐田乃山に切り返しで勝った大豪は、「……エヘヘ……左を差しにいったらそれこそ四十五日(一月半──一突き半)で突き飛ばされちゃうよ(だから右差しにいったと言いたげ)、オレの右足は強いんだ。左足にかけられるとゴトンといっちゃうんだが……。きっと下手投げにいくと思って外掛けにきたんではないか、それをこっちが投げないで切り返し、左で突いたんだ。」と勝ち相撲を気持ちよさそうに語った。捻挫している左足首については、「なんだかむずがゆくてしょうがない。直るのかなあ。このためにけいこができなかったから長い相撲は力が入っちゃう。この一勝は大きいという(五勝二敗となった)が、一番、一番が大きいよ」と大豪にしては珍しくガメツイことを言っていた。(「大相撲」昭和三十八年十月号、五八頁)

東富士錦一(TBS解説者)「ここのところ、大関の下が何かかけ離れちゃってるわね。(笑)いまの関脇の大豪にしても、また若秩父にしても物足りないし……。やっぱりこれで、秋場所辛うじて関脇の地位を維持した大豪、これなんかいちおう、大関以下としては期待されるひとりじゃないですかね。」

秀の山勝一（相撲協会理事）「大豪も非常によくなってきて、ここ二、三場所で大関を望めるという期待を持ったんですが、もう秋場所の相撲から見ましたら、何かそこで定着したような感じを受けるんですよ。三役としての力士であって、大関を望む期待はちょっとかけにくいような気がしますね。」（「相撲」昭和三十八年十一月号、六五〜六六頁「九州場所展望座談会」）

いままでは遊び過ぎた。ネオン街に灯がはいるとじっとしておれない。おまけにハシゴが好きときている。不摂生のかたまりみたいな生活だった。だから朝起きたら、体がだるいし、二日酔いで頭がガンガンする。とてもじゃないがけいこする気になれないし、はたからやかましく言われてけいこをやっても身が入らなかった。いつまでたっても相撲が不細工なのは、そのためだった。しかし、いつまでもデレッとしておれない。知らぬ間に歳を取っていくのだ。関脇を続けるようになって、最近欲も出てきたことだし、このへんでがんばらなければ……と思っている。（「相撲」昭和三十八年十一月号、一二〇頁「わしは九州場所をこう戦う」）

きょうの博多の街は寒かった。スポーツセンター前ののぼりが寒風に吹かれてはためいている。その下を人の波が続々とつめかけてくる。十四日目の土俵を見ようと、館内は満員。三度目である。仕度部屋も寒かった。その寒い仕度部屋で一人だけ汗びっしょりになっていた男。言わずと知れた大豪である。四場所連続関脇の座を守るべく四股を踏み続けていた。汗が胸に三すじ流れ続けていた。三分二〇秒の大相撲の末、（先場所同様）佐田乃山を切り返しに破って帰ってきた大豪、「風邪をひいているので力が入らなかった。でも八番勝ったからね。アハハ……」大豪はごきげんに笑ってから報道陣に、「どうも……」と言って立ち上がった。北葉山が大声をあげて、「なんだお前は、まるで軽業師みたいじゃないか」北葉山は笑う。大豪も笑った。(「相撲」昭和三十八年十二月号、九三〜九四頁「仕度部屋だけが知っている」)

鈴木治彦「親方、場所前からご覧になって(大豪が)変わったと思うことありますか。」

花籠寿孝「精神面がよくなったね。一番一番研究して取ろうという意欲が出てきたよ。それが土俵によくあらわれていたな。いままでは、それが欠けていたからね。いままでは、誰でも彼でも考えなく同じ相撲を取ってた。それを、自分の体を生かして相撲を取ろうという気になってきた。とくに立ち合いだな。けいこ場で(鉄砲)柱に向かって立ち合いの研究をした。そういうことが、危なくてもガッチリ残せるという相撲ができるようになった原因じゃないかと思うね。」

鈴木「大豪関が初めて親方のところに来たのは……。誰かの紹介?」

花籠「前に、瀬戸ノ海という相撲取りがおったですよ。それが、東京に相撲を見に来んかと親たちもだまして連れてきた。そして親たちに交渉してね。親たちは最後には納得して本人もやるというんでやったんですよ。はじめこれは、学校で柔道をやるという希望だったらしい。でも柔道より相撲のほうが出世が早いじゃないか、というわけで引っ張ってきた。」

鈴木「丸亀高校のころ、柔道は何段だった?」

大豪久照「二段です。」

花籠「背はもう六尺(一八一センチ)くらいあったし、体重も二十三貫(八六キロ)かな。立派だったよ。どれを見てもほれぼれするような体だったな。色も白くって……（笑）。」

大豪「柔道で県下の大会に出てはしょっちゅう負けていて、全国大会など一度も出られなかった。（笑）」

花籠「柔道をやっていたせいか、どうも小技を使いたがるね。あれを大技にしなければいかんのだ。」

鈴木「小技というと、たとえばどんな……」

花籠「たとえば足払いとかね。これは柔道も相撲もいっしょだからね。柔道は子供の時から高校一年までやってきているから、すっかり身についてしまって、どうしてもちょいちょい出るんだ。」

鈴木「大豪関らしい体を生かした相撲が身についたのはいつごろですか。」

花籠「ここ二場所くらいだね。」

鈴木「若三杉時代に優勝しましたね。あのころはよく突っ張って……」

花籠「あの突っ張りを生かせるといいんだが、上位陣はそう突っ張れないからね。むしろ突っ張りより、体があるんだから十分四つになっていったほうが安定感がつくと思うけども。」

ライバルは若秩父

花籠部屋ではすっかり最高位を占めるようになった大豪だが、ライバルは同部屋の若秩父だった。

大豪「ぼくの入った（入門した）とき心臓が悪かったんですよ。だからあまり無理ができなかったということもあるんです。」

鈴木「大豪関は、入ったときからどんどん上がって関取になるまでライバルを意識してますか。」

大豪「ぼくは入ったときから若秩父関ね、あの人の上にいこうと、そればかり考えてきましたね。」

鈴木「入ったとき、若秩父関は？」

大豪「もう序二段だった。」

鈴木「ほかの部屋の人ではとくにありませんか。」

大豪「別に……。やっぱり、直接のライバルは若秩父関、あの人、パッパッと小結まで上がったからね。関脇になって、初めてあの人の上に上がったわけですよ。」

鈴木「ことしはじめごろ、一人が三役に上がると一人が下がるということを繰り返していましたね。名古屋場所かな、初めていっしょになったのは……」〔二人が同時に三役になったのは夏場所である。若秩父が小結から昇格し二人が関脇になったのは翌名古屋場所である〕

（「相撲」昭和三十八年十二月号、一〇三〜一〇六頁）

若乃花の実妹と婚約

昭和三十九年（一九六四）初場所七日目、大豪が婚約した。相手は二子山親方（元横綱若乃花）の実妹花田ちえ子さん（二十三歳）。大豪が東の仕度部屋に入ってくるなり、報道陣に、「どうも出足がいいと思った」「横綱（柏戸）に二本差して勝つなんて……」と冷やかされっぱなし。（「相撲」昭和三十九年二月号、九三頁）

この日も明武谷を出足よく一気に持っていき、五勝目を上げた。

婚約を発表した大豪は気分を一新した。七日目の明武谷戦には左差し、右からおっつけて一気に勝負をつける気力を見せ、富士錦には土俵際うまく叩いて快勝した。そしてくせ者岩風には右差しから攻め込み、右からの強烈な下手投げで圧倒、九日目にして七勝である。大関へ足固めである十一勝ラインを目前にひかえた。しかし十日目、それまで全敗の羽黒花に不覚を取ったのが命取りとなった。「おれは強きをくじき、弱きを助けるっていうやつだよ。負ければ仕方ない」といっていながらいかにも残念そうだった。

給金直しにあと一勝と迫った気分的なゆるみもあるが、大豪の最も悪い面をさらけ出してしまった。大豪にこのムードがいまだに残っていることは、彼の前途に大きな障害となる。大豪になにが強敵かといえば豊山でも、栃ノ海でもない、安易な気持ちが一番の難敵ということになる。（「相撲」昭和三十九年二月号、一四頁）

二回目の殊勲賞受賞

昭和三十九年（一九六四）初場所、二回目の殊勲賞を受賞して、

「目標の十勝突破はできなかったけど、いちおう給金を直せたのでまああの場所だ。七番勝ってから四連敗ともたついたのはまずかったな。」

「（五日目に）柏戸関に勝った相撲が一番印象に残っている。あんなにいい相撲初めて取ったからな（笑）しかし六日目の栃ノ海関に負けた相撲は残念だったよ」「きょう（千秋楽）は硬くなったな。下の人（東前頭十三枚目で勝ちっぱなしていた清國）に負けたら恰好がつかんものな。負けられないと思っていた

から硬くなったんだよ。取り組んでいたときは、とにかくぶざまな負け方はしないようにと、それればっかり考えていた。だから思い切ったことができなかったよ」（「相撲」昭和三十九年二月号、七一頁）

春場所後の座談会で、

北出清五郎（司会・NHK）「大豪が東の関脇の地位を確保して、当人の気持ちも大関の座を目指してだいぶ意欲的になってきていますね。」

尾車貞雄（元大関琴ヶ浜）「確かに意欲もあったし、それに立ち合いの踏み込みがよくなりましたね。いままでは勝とう、勝とうという意欲が過剰になって廻しを取れば勝てるんだという頭で、足が出ないのに手ばっかり出していた。だから、下に入られてバンザイのようなかっこうになっていた。それが今場所は、片足でも踏み込んで、左を差すとか上手を取るとかしていたでしょう。これが続けばバンザイというのはなくなるし、いい相撲が取れるんじゃないですか。」

北出「そうですね。ほんとにバンザイも、あんまり目立たなくなってきましたね。」

尾車「それと、いままでは自分の体と身長を利用して土俵をぐるぐる回ってきめ出しとか小手投げにいくような相撲で三番か、多いときは四番くらい勝っていた。それをこんどはあまりやらずに、左の上手を取って、体力を生かして攻めて出るような感じだったでしょう。やはり立ち合いの踏み込みがよくなったからですね。相撲自体はそんなに、左四つで変わっていないと思う。」

北出「これで大関という見通しはどうでしょうかね。いっぺんにということはもちろん無理だと思いますが、関脇六場所で、相撲もよくなってきたし……」

神風正一（ＮＨＫ解説者）「今場所は立ち合いが比較的一定してきましたね。これがよかったと思います。よく踏み込むようになったし、それから左をすくって差すようになってきたですね。それである程度相撲が安定して見られるようになったということです。あとは一本差したとき半身にならなかったら、大関になれると思います。」（「相撲」昭和三十九年四月号、六八〜六九頁「総評座談会」）

「関脇在位の記録は（連続）八場所（若乃花）っていうじゃないか。わしは夏場所で七場所になるから思い切って記録でもねらうか。なんでも記録を作ればいいというか、優勝記録は無理だからせめて関脇在位の記録でも……」

「これだけ関脇に長くいれば当たる相手は大関と同じだ。でも大関は負け越しても二場所は大丈夫だが、関脇なら一場所でダウンする。だからがんばらなきゃいかん。夏場所でもまず下の者に負けないことだ。わしは、よくポカをするからな。反面何でもやるんだよ。（春場所十四日目）豊山を内掛けで倒したように器用なんだ。それなのに負けるときは自分でも情けないくらい、悪い相撲だ。それをなくすることだ。第二に横綱、大関を二、三人食わないと持たない。今度も少しいただくかな。」（「相撲」昭和三十九年五月号、六八頁）

二子山親方が語る大豪

二子山親方（元横綱若乃花）は、

「（大豪は）これで関脇は六場所連続務めたわけか。まあ、これも弱くちゃ、務まらんからな。しかしまだ〝これだ〟という強さがないな。それは確かに、上手廻しを取れば投げがあるが、その上手廻しを取らしてくれなければどうしょうもないのだから……」「これから上位に上がっていこうと思うには、どんな不利な体勢でも、自然に自分の得意の型にはめていくような相撲を取らなければダメだ。それでなくても相手は横綱、大関だ。十分になられてはと死に物狂いでこっちの得意を封じてくるからな。その点、杉山はまだ甘い。わしも相撲はうまいほうではなかった。だからよく引っ張り込むことはあったが、杉山の引っ張り込み方と違うだろう。それに気力も違っていたと思うよ。とにかくわしは小さかったから……」

「本当はわしがいうのもおかしいのだ。杉山だって関脇を何場所も務めている。だからすべては自分で解決していかなければいけない。引っ張り込むにしても、わしは肩を落とし、相手の差し手をきめつけていた。杉山の場合は相手の差し手をかかえているだけだ。これというのもわしはけいこを十分やっていたおかげで二本差されても心にゆとりがあった。逆に杉山の場合は、まだまだけいこが足りない。けいこしていれば、無意識のうちに相手の差し手をきめることができるように、心に、そして取り口にゆとりが身についてくるものだ……」

「せんじつめれば、〝けいこ〟につきるわけだが、このところ杉山の相撲ぶりは確かによくなってきている。わしの口からいうのもなんだが、春場所といい、初場所といい、バンザイがほとんどなくなったもの……。それに頭からよく突っ込んでいる。勝ち負けはそのときの運があるがないかできまるが、相撲がよくなれば勝つ可能性が多くなるというものだ……」(「相撲」昭和三十九年五月号、七四〜七五頁)

昭和三十九年（一九六四）五月二日、大豪は婚約中の花田ちえ子さん（二十三歳）と東京・丸の内のパレスホテルで挙式を上げた。津島寿一参議院議員（後援会長）夫妻の媒酌で、披露宴には石田博英元労相、安西浩東京ガス副社長ら、政財界をはじめ横綱柏戸、大鵬ら一門の関取衆など約三〇〇人が列席、二人の前途を祝った。（「相撲」昭和三十九年六月号、一一〇頁）

新婚で迎えた夏場所初日、大豪は清國に勝った。取り口について記者団から質問が飛ぶ。「清國はいい当たりをしているなあ。あまりいい相撲じゃなかったよ。勝ったからいいけどね。」汗かきの大豪、真っ赤な顔、体、汗がまるで滝のように流れ出していた。帰りぎわに、「女房がね、『負けてもいいからけがをしないように』って言ったよ……」早くも堂々たるおのろけだった。（「相撲」昭和三十九年六月号、一四九頁）

ここまでは良かった。まさか、二日目から八連敗するとは……

「まさかこんなことになろうとは。トンネルはすぐ抜け出せると思ったが、もぐりっぱなしだ。しまいには硬くなってしまって体が思うように動かない」日ごろはわりあいのんきな大豪も、めったにないチャンス（十一勝以上で大関昇進）を逃したとあって、負け越し決定の日などはいまにも泣き出しそうな表情だった。（「相撲」昭和三十九年六月号、七八頁）

「入ったトンネルはすぐ出られると思ったのに、入りっぱなしとはひどい。最後のほうで、やっと抜け出て調子が出てきたと思ったらもう場所が終わりさ。なんだか、もがき苦しんでいる間にすんでしまったという感じで自分の力を出せずじまいだった。」とすっかりしょげ返っていた。（「相撲」昭和三十九年七月号、七二頁）

小坂秀二（TBS）「大豪の大関問題なんですが、これはどうも、全く期待外れに終わってしまいましたね。」

楯山邦七郎（元関脇幡瀬川）「そんなの言うのが間違っている。言って重荷をくれたりしないで、大関になってからほめてやったらいいんだ。」

神風正一（NHK解説者）「しかし本人だって、それはわかっていたでしょう。十一番勝ったら（大関に）上がるって（笑）」

楯山「とにかく大豪は、もっと正攻法で相撲を取らなければうそですよ。あの体で変な芸が多いんだ。ぼくは大豪に非常に興味を持っていたんだ。ところが変な小細工やり出したんで、魅力がなくなっちゃった。それから体が大きくなればいいんだけれど、ついに大きくならずだね。」

小坂「今場所はちょっと小さくなったんじゃないかという感じさえしましたね。」

楯山「そうでしょう。これは不思議だね。なぜだろう。大きくさえなれば相手はどうにもならないよ。体が柔らかいんだから。それで人に自分の重みをくれるという点では、持って生まれたものがあるんだし、太れば横綱にだってなれると思うんだがな。」

春日野清隆（元横綱栃錦）「大豪には私も一つ苦言を呈したいことがあるんだ。けいこ量が少し足らないね。」

楯山「それが一番の根本だよ。」

春日野「巡業へ行っても土俵でけいこしている姿を見ないもの。あれで土俵を多く務めるようになったら強くなるし、大関にもなれる人です。相手は幕下だっていいんですよ。とにかく土俵で少しけいこやったら、必ず大関になる人だと思うね。」（「相撲」昭和三十九年六月号、七二〜七三頁「夏場所総評座談会」）

大豪は、序ノ口から一度も休場していなかった。岩風、青ノ里、明武谷、若秩父に次いで連続出場を着々と続けている。幕内での連続出場は岩風の六七〇に次いで、五一〇（ともに夏場所現在）の大豪は第二位である。（「相撲」昭和三十九年六月号、八八頁）

北出清五郎「大豪ですが、もう関脇で安定して、そろそろ大関という声が出ていたのに、すっかり崩れましたね。」

秀の山勝一「確かに関脇として数場所務めました。[*] しかし相撲の取り方からいけば、大関の相撲じゃないです。最近は非常によくなったとはいっても、ただ取り方が変わったというだけで、相撲の技術的にはよくなっていない。そこを大豪自身が反省していない。目覚めていないわけです。だから立ち合いに頭さえ下げていけばいい、というようないき方で、脇はあけっぱなしだ。けっきょく大関になるべき体力、素質のうち、体力だけしか持っていないということです。」（「相撲」一九六四年七月号、六〇頁「名古屋場所展望座談会」）

＊若三杉→大豪の当時の関脇在位通算場所数は九（最終的には十）で、名寄岩（最高位大関）の十五場所、戦後入幕力士としては安念山（最高位関脇、後の羽黒山）の十四場所に次ぐ場所数だった。↓コラム1参照

大豪の身長は一八八センチ、体重一三〇キロ。(八頭身でハンサム。)この恵まれた体は大鵬、柏戸、豊山の天才型と肩を並べても劣らない。ところが一方では、三役に出入りすること四回で、これからまた上がってくると五回目、この面はだんだん努力型に似てきている。しかし、そこには北葉山の根性も栃光の努力も感じられない。

義兄の二子山親方(若乃花)は、土俵の鬼と一世を風靡したかつての名横綱である。この義兄のあの気迫の何分の一でもあったなら、その恵まれた体で、大関などとうに卒業していただろう。これから、はたして大関になれるのかなれないのか、よく言えば大器晩成型、悪く言えば坊ちゃん気質の気まぐれ型だ。(「相撲」昭和三十九年七月号、一二五頁、高永武敏『大相撲街道案内図』)

昭和三十九年(一九六四)名古屋場所五日目、大豪は結びの一番で横綱栃ノ海をすくい投げで破った。土俵際での栃ノ海の左上手投げと大豪の右すくい投げの投げの打ち合い、栃ノ海の体が一瞬早く落ちた。大豪は、「強さは同じくらいだったと思うが、おれのほうが足が長いからね……、横綱のほうが早く手をついたんだろう。」と勝因を語った。(「相撲」昭和三十九年八月号、一五六~一五七頁)

部屋別総当たりが始まった昭和四〇年(一九六五)初場所六日目、大鵬と対戦し、新入幕の長谷川を除いて対戦する同門力士すべてに当たり終えた大豪は、「土俵に上がってしまえば、もう同じだ。横綱は強い。片手片足をしばってちょうどいいよ。(四日目の)玉乃島には廻しを与えずに攻めたのがよかったな。一番緊張したのは(初日の)琴櫻かな。初めての同門力士、しかも初日だったからね。まあこれで良かったよ。」とホッとした顔つきだった。(「大相撲」昭和四十年二月号、五九頁)

横綱大鵬は、太刀持ちの大豪、露払いの若秩父とも対戦した。(「大相撲」昭和四十年二月号、九四頁)大豪は、横綱、大関、関脇を破っての快調で〝三役返り咲き〟を楽しませた。大豪は荒っぽい取り口が売り物だが、初場所はその荒っぽさをいかんなく発揮した。大関栃光もそうだし、横綱栃ノ海を破ったのも小手投げ（決まり手は寄り切りになった）だ。

先の九州場所でも、初日に小手投げいっせん栃ノ海をふり飛ばして、栃ノ海の自信を打ち砕き、休場に追いやっている。初場所八日目に栃ノ海を破った大豪は、「仕切っているうちも、飛ぼうかどうか迷っていた。時間いっぱいで最後の仕切りにはいるまで決まらなかったが、立った瞬間に無意識に飛んでいた」そうだが、どうりで栃ノ海も「小手投げは予想もしていなかった」とすっかり意表を突かれたことを認める言葉をはいていた。（「大相撲」昭和四十年二月号、九五頁）

翌九日目は、前場所まで九勝九敗と互角で、大豪を苦手としていた大関佐田の山に、「立ち合い（大豪が逃げると思っていましたので」とよく見て取られ、両はずで押し出された。負けた大豪は、（この場所優勝を果たす）佐田の山のあまりの強さにちょっとあきれ顔だった。（「相撲」昭和四十年二月号、一六九頁）

下半身がもろくなった。もっと以前は粘りがあって、腰のいいのが身上ともいわれた大豪。勝っても負けても淡々としているあたり、大物の風格十分だが、そのおおらかな性格が、土俵にがめつさをもたらすことができず、成長がストップしてしまった。それでも地力は三役級。（「相撲」昭和四十年三月号、八六頁）

復活の兆し

昭和四十年（一九六五）春場所十日目横綱栃ノ海に三連勝した大豪、東前頭筆頭で九勝を上げ敢闘賞を受賞した。（「相撲」昭和四十年四月号「巻頭グラビア」）

北出清五郎（司会・NHK）「九勝六敗で敢闘賞を受賞した東筆頭の大豪について何かございませんか。これは今場所粘りも出てきたし、何かもう一度考えてもいいようなものが出てきたと思うんですが。（笑）」

秀の山勝一（協会理事）「いや、ほかに人がいなければ技能賞をやってもいいと思ったですよ（技能賞は清國が三度目の受賞）。見違えました。必ず左は差しているし、一、二番両差しになられたことはあるけれども、その場合でも必ず自分の得意を生かすような取り口に持っていったですからね。大進歩ですよ。幕内全体を通して一番進歩しているんじゃないですか。」

高島敬輔（検査役）「ほんとに大したものです。左を差しても起こしていますしね。」

（「相撲」昭和四十年四月号、七三頁「春場所総評座談会」）

七日目に対戦した新横綱の佐田の山も「大豪関は大きくなった。気迫もいままでとは違う。大関をねらっているんじゃないかな」とその好調を認めていた。大豪は佐田の山の突き、押しに一歩も後退せず、土俵中央で押し合ったのだ。過去の対戦成績（前場所までは大豪の九勝十敗）の自信のほどを示したものだった。

義兄の二子山親方も、大豪にはなかなか辛い点しかくれないが、佐田の山に善戦し打っ棄りで敗れはしたが、その相撲ぶりを、「佐田の山が両差しになっても簡単に寄れなかった。大豪が左から抱えながら、小手投げを打って寄ったあたり、大したものだ。小手投げを打って体勢を入れ替えたとき、一呼吸入れて、

上手を取ってからじっくり攻めるべきだった。」（「相撲」昭和四十年五月号、八六〜八九頁）

「ひいき目じゃないが、たしかに大豪は変わった。やる気になった。脇の甘さもなくなったし、立ち合いの突っ込みもすばらしい。一本とはいかないが半本ぐらい芯が通った感じだな。」と珍しくほめていた。

（『相撲』昭和四十年四月号、八二頁）

「いままでの大豪は、ただ頭だけを下げた消極的な立ち合いだったが、この場所はよく踏み込んで、取り口そのものが積極的になっている。それに差し身もよい」とは東富士の言葉。（「相撲」昭和四十年五月号、八六〜八九頁）

小結の清國には三日目に対戦し、切り返しに破って初日以来三連勝とした。大豪は「清國に上手を取られて出られたときは、しまったと思ったが、あの切り返しは相手が自分からかかってきたようなものだよ。エッへへへ……」と大きな声で笑っていた。（「相撲」昭和四十年四月号、一五七頁）

敢闘賞を受賞した大豪、「敢闘賞とは拾い物だ。きょう勝たなくてはもらえないと思っていた。ほんとうは技能賞が欲しかった。（笑）」（「相撲」昭和四十年五月号、八六頁）

「好調の原因、やはり出足があったことだろうな。自分では別に感じなかったけど。」（「相撲」昭和四十年四月号、一八一頁）「来場所は三役になれそうだから、再び大関を目指してがんばる」と、まんざらでない口ぶり。ひところの大豪（若三杉のころ）なら、技能賞が欲しいなどといえば、周囲の者の爆笑を呼んだものだ。ところが、いまや技能賞が欲しいといっても笑いを誘わなくなっている。この春場所など、殊勲、敢闘の二つの賞の候補になったが、本人がいうように、技能賞の候補になってもよい相撲ぶりだった。（「相撲」昭和四十年五月号、八六頁）

何度も大関を目前にしながら一進一退を繰り返してきた。専門家もファンも、「もう大豪の大関は期待できぬ」とそろそろ見放しかけていたこの春場所、大豪はすばらしい内容を見せて再び大関戦線へ躍り出てきたわけだ。夏場所は当然小結にカムバックする。最後のチャンスをつかみかけてきていると見ていい。

神風氏は「春場所の大豪はよかった。第一に突っ張られて守勢に回っても引っぱり込まないで自分も突っ張ってはね返している。これには感心した。立ち合いも下から突っ込んで鋭いものを見せたし、差しても必ず起こして出るようになった。また相手に両差しを許しても、自分の得意を生かすような取り方をしていた。大進歩といっていい。」しきりに感心する。玉の海氏は「二、三年前にこれが出ていれば……。でもまだ遅くはない。春場所の相撲にはこれまでのように、いい加減な相撲は一番もなかった。精神面もできている。また望みが出てきたね」。東富士氏も「春場所の取り口を忘れなければ有望。もともとこれだけの素質は持っている力士なのだから」と〝大いに脈あり〟を強調する。(「相撲」昭和四十年五月号、六五頁)

義兄の二子山親方も、「ひさしぶりにいい相撲を取った。もともと体もあるのだから地力はあるんだ。ただ、今までは欲がなかっただけで、不振が続いたが、このところやる気になったからね。大関昇進は今からでも遅くない。ぜひ実現してもらいたいね。」と目を覚ました大豪をほめたたえていた。(「相撲」昭和四十年五月号、八二頁)

二子山親方が現役若乃花のころ、「相撲に立ち合いがなく土俵の真ん中でお互いに廻しを引き合い、一、二の三で始めたら、若三杉はとっくに横綱だ」と言ったことがある。二子山親方が言う通り、大豪の相撲は典型的な四つ相撲だ。柔道をやっていたためか、投げを決め手にすることが多く、したがって上手廻しをほしがる、そのため相手を引っ張り込むくせがある。かつて天竜は〝柔道着を着て相撲を取る〟といみじくも表現した。かくして、それからの五年間は一進一退、とうとうバンザイ若三杉の異名をとった次第。（「相撲」昭和四十年五月号、八八頁）

神風正一（ＮＨＫ解説者）「大豪はよくなりましたね。あのガバガバがなくなったですもの。」

楯山邦七郎（協会理事）「だけどあんまり細か過ぎるところもあるよ。（笑）だから大豪は、あんまりガバガバ直し過ぎたんじゃないかと思うんだ。中間にしておけばよかったんだけれども。」

神風「しかし、ひところから見たらほんとによくなりましたよ。突っ張ってもいくようになったし、それと左を差すのが非常に早くなりました。」

一柳和正（東京タイムス）「そして自分が十分になれなくても、がまんするようになりましたからね。」

楯山「結婚してやっぱり、人間がしっかりして落ち着いてきたんだ。」

（「相撲」昭和四十年六月号、八一頁「夏場所総評座談会」）

昭和四十年（一九六五）夏場所、小結に返り咲いた大豪、義兄の二子山親方は、「アゴが下がるようになった。人間アゴが上がってしまえばおしまいだ。相撲だってアゴを引くことは基本だが、大豪はできなかった。だが最近それが直ってきた。欲の出てきたこともあるが、取り口は一本芯が通ったという感じだ」とほめている。大豪自身「ワシもそろそろやらなきゃ、若い人に追い越されるよ」と真剣な顔つき。

近々、待望の二世が誕生するとあって、ボヤボヤしてはいられない心境なのだろう。（「相撲」昭和四十年六月号、九〇頁）

大豪は、大鵬、柏戸、佐田の山、豊山の上位の四人に勝つ要素がない。これを大豪と四強の差といってしまえばそれまでだが、大関を狙う立場からすれば、なんとか一工夫してもらいたいものである。豊山は、昭和四十年夏場所前まで十四勝三敗と大豪をカモにしていた。（「相撲」昭和四十年六月号、八五頁）「オレは、玉乃島のようにいろいろできないからなあ」と大豪は言う。だが同じ〝まともなタイプ〟でも清國は現にその難関の壁を、一つずつ突き破っているのではないか。体のある大豪に、それができないはずはない。（「相撲」昭和四十年八月号、八九〜九〇頁）

優勝した当時の馬力がちょっとなくなってきていることと、突っ張りが影を潜めている。大豪が調子に乗ったときのかちあげ気味の突っ張りはかなり効果がある。もちろん突っ張る力士ではないので、突っ張り切れないが相手を追い込む意味では貴重な武器だ。体も大きいだけになおさら効果がある。また四つ身は右四つでも左四つでもこなせる器用さがあり、さらに切り返し、内掛けという足癖も持っている。一見、相撲が下手なようだが、大豪の技のレパートリーは比較的広い。自分の非力を計算に入れて立ち合いを工夫すれば、まだまだ大関をあきらめるには早い。（「相撲」一九六五年九月号、八七〜八八頁）

八月上旬、大豪に女の子が誕生した。ソ連巡業から帰る船の中でしきりに心配していた大豪だったが、帰った翌日の誕生に、「オレを待っていてくれた」と大喜び。直美ちゃんと名付け、たいへんなかわいがりよう。以後、外出はプッツリやめ、「部屋でけいこが終わると急いで帰宅、外へはまったく足を運ばず、まるで人が変わったみたい」（付け人の話）の生活が続いている。

この変化に喜んだのは花籠親方。伸び悩みに常々、「なにかきっかけさえつかめば、体力があるのだから三役定着も夢ではない」と言っていただけに、関脇に八場所ぶりに返り咲いた秋場所は、大いに奮起するだろうと期待を高めた。

長女誕生で大いに奮起するであろうと期待された大豪だが、秋場所ふたを開けてみると、初日から七連敗、二勝十三敗の自己ワースト記録。だが、神風氏は、「腰が不安定のところをつかれた逆転負けが多かった。が、相撲自体は積極的になり、前より意欲がうかがえた」と見ており、成績はともかく、遅ればせながら大豪の心にも、何か芽生えたものがあったようだ。(「大相撲」昭和四十年十月号、八九頁)

玉ノ海も「大豪は負けたが、内容のない負け方でなかっただけに、悲観的な見方をするのは間違いだ。この相撲が伸びれば必ず好成績となって報われるときがくる」と言っていた。(「相撲」昭和四十年十二月号、八七頁)

神風、玉ノ海の見立ては正しく、翌九州場所は、西前頭六枚目で十二勝三敗、三回目の敢闘賞を受賞した。三敗のうちの二敗は十二日目佐田の山、十三日目大鵬の二横綱に喫したものだった。

花籠部屋の昭錦若者頭も「今場所の大豪は元気だし、充実している。大活躍するぞ」と太鼓判を押していたが、昭錦の予言はズバリ的中したのである。(「相撲」昭和四十年十二月号、八七頁)

北出清五郎(NHKアナウンサー)「十二勝をあげ敢闘賞に輝いた大豪ですけれども、これがまた、差し身のうまさでは定評のある鶴ヶ嶺に両差しになってみたり、楽な地位とはいえ、なかなか――まあ最後のほうで横綱とも合わされましたけれども――見るべきものがあったんじゃないですか。」

浅香山泰範（元若瀬川、検査役）「この人の場合これだけやれた原因は、出足がついたという一言に尽きる。」

間垣光男（元清水川、ＮＴＶ解説者）「左の前みつを取るのが速かったです」

浅香山「けっきょく踏み込みがいいから、前みつが近くなるんですよ。」

間垣「左からよく攻めていたですね。それで佐田の山に左四つから両差しになるまでのあれでも、右からおっつけ差していたですもの」

神風正一（ＮＨＫ解説者）「しかしこれは惜しい相撲取りやな。」

間垣「これだけよくなってきたということは、やっぱり大したものですよ。」

北出「これはおそらく、元来楽天的な人なのが、子供ができたということで一種の責任感みたいなものを感じて、相撲を取り出したんじゃないかと思いますけど。」

浅香山「けっきょくプロ意識に徹してきたということでしょうね。」

（「相撲」昭和四十年十二月号二月号、七五頁）

神風正一氏は「今場所の大豪の相撲は、内容が非常にいい。第一に立ち合いが鋭い。思い切って踏み込んでいち早く左前みつを取っている。第二は休まずにすぐ速攻をかけている。出足も実にスムーズで文句なし。大豪には相手不足の下位力士のためもあるが、全く強く、うまい相撲を取る大豪だ」と大いにほめる。

一例は、七日目のそれまで〝いぶし銀〟の巧技を発揮して全勝だった鶴ヶ嶺戦。大豪は目にもとまらぬものすごいダッシュで、鶴ヶ嶺の懐に飛び込み、すばやく左前みつを取ると右を差し、立ち合いのスピードのまま、出足一気に東土俵へ寄り切ったのだ。（「相撲」昭和四十年十二月号、八六頁）仕度部屋に戻った鶴ヶ嶺は、北葉山の前を通りながら「お株を奪われたよ」と技術的に負けたことを自ら認めた。（「相撲」昭和四十年十二月号、一六五頁）

対戦相手の研究もしていた。後輩の若乃洲や花光に「福の花はどんな相撲を取るの」などと聞きまわっていた。（「相撲」昭和四十年十二月号、八七頁）

野瀬四郎（司会、NHK）「大豪関、先場所とは全く別人のような活躍ぶりですけれども、今場所好調の原因というのはなんだと思いますか。」

大豪久照（花籠部屋）「自分では先場所と変わらんように思うんですけれどもね。」

鶴ヶ嶺昭男（井筒部屋）「大豪関の相撲なんだけれども、立ち合いの突っ込みがものすごくよさそうだね。やっぱり立ち合いの突っ込みというのは大事なんですなあ。いままで踏み込みというものがあんまりなかったですよ。」

野瀬「大豪関が（昭和）三十五年夏場所に平幕優勝されたときには、前廻しを取るのが、とても速かったですよ。今場所は非常に相撲が巧いですよ。」

――（中略）――

大豪「僕が一番苦手だったのは、いまけがして下がっている羽黒花関*。あの人だけにはだめだったですね。」

鶴ヶ嶺「それであんまり勝ってないの。」

大豪「勝ってないですね。初めは五分五分にいったんですけれども、途中から全然だめになってしまった。」

＊北海道出身。立浪部屋。幕内在位二十八場所で、最高位は関脇。敢闘賞一回。羽黒川と改名したこともある。左四つ、右上手からの投げ、つりは力感にあふれていた。関脇に四回上がったが、右肩の固疾に加え、右ひざを痛めたことで大関にはなれなかった。引退後、年寄玉垣を襲名したが、昭和四十七年（一九七二）九月に廃業した。

——（中略）——

野瀬「しかし今場所は、鶴関がもしいなかったら、あなたは技能賞候補ですよ。」

大豪「早くやめてもらわにゃいかん。（笑）」

（「相撲」昭和四十年十二月号、九七〜九九頁、九州場所十三日目の対談）

九州場所十二日目、一敗の大豪は、二敗で大鵬と大豪を追う横綱佐田の山と対戦、打っ棄りで敗れた。勝った佐田の山は「あの人は相撲うまいね。二日分取るから、いいけいこになるよ。」負けた大豪は「やっぱり強いや。先場所も打っ棄られて負けたな。あれで精いっぱいだよ。でもいい相撲だったからまあ、いいや」（「相撲」昭和四十年十二月号、一七五頁）

波多野亮（朝日新聞記者）「（大豪が）またこんど、（大関）候補の一員として加わるわけですけれども。」

伊勢ケ浜万蔵（元横綱照国、協会理事）「しかし変わってきましたよ」

東富士錦一（元横綱東富士、ＴＢＳ解説者）「九州なんか驚いたもの。このままいったら、技能賞でも取るんじゃないかと思った。だから二、三年前に何であれが出なかったかということだな。でも現在の状態だったらおそくないよ。」

伊勢ケ浜「おそくない。絶対おそくはありませんよ。」

（「相撲」昭和四十一年一月号、一〇九頁「座談会「強く立派な大関を！」）

九州では敢闘賞に雷電賞、おまけに準優勝で三役カムバックの切符まで手に入れてすっかりごきげんの大豪、「オレは人の思うほど不器用でもないんだよ。でもね、一つとして〝これだ〟と自信をもっているものもないんだな。勝負事にしてもそうさ。麻雀、花札、碁、将棋、ポーカー、なんでもこい、スポーツもたいていのものには興味があるし、自分でもやる。ところが何でも知って一応はこなすけど〝これなら強い〟ってものがない。一事が万事で相撲も同じさ」「ハハハハ、笑わせるなよ。もうロートルのオレがいまさら大関なんて……」。「もう一度生まれ変わって十年前からやり直せば、チャンスがあるかもしれないけどな。今場所はまた上位が相手。いつだかみたいにコッテリいかれるよ。景気のいい話は若い連中にまかせておくさ。オレはもうじき三十だぜ。」（「相撲」昭和四十一年一月号、一一二頁）

「大豪の大まかのようでのうま味」とは相撲評論家相馬基の表現（「相撲」昭和四十一年一月号、一一五頁）

昭和四十一年（一九六六）初場所九日目、大豪は水入り大相撲の末、横綱佐田の山を上手投げで破った。

「横綱の（右）上手を切って（右上手）投げを打ったんだよ。でも立ち合い突っ張りをまともに顔に受けたので参った。目の前が一瞬真っ暗になったよ。鼻血も出たし口の中も切れたしで、キズだらけだ。」（「相撲」昭和四十一年二月号、一六八頁）

相撲の巧い相手には大きく取れというセオリーがある。（「相撲」昭和三十八年七月号、一一二頁）

大豪は相撲巧者に強い不思議さを持っている。相撲の巧い力士は、大技の力士に弱いということであろう。北の冨士がまだ駆け出しのころ、大豪を苦手としていた。北の冨士はスピードで一気に勝負したいのだが、大豪の体がフワフワしているために、「力が吸い取られちゃう」と嘆いていた。

大豪には懐の深さ、上手廻しを取って相手の出足を利しての投げ技もあり、さらに足癖、切り返しと意外に器用なさばき手を持っており、相手の出方次第でいくらでも変化できる。北の冨士にとってはやりにくい相手だった。ところが「北の冨士関はいい相撲取りだね。差し身がいいからわしはやりにくい。そのうちに追い越されちゃうよ。」と大豪が言っていた通りになった。（「相撲」昭和四十一年三月号、八一頁）

大豪の横綱、大関との対戦成績は、〈対横綱〉大鵬には〇勝九敗、柏戸には四勝十四敗、栃ノ海には五勝六敗、佐田の山には一勝六敗で、合計すると十勝三十五敗、勝率は・二二二である。

〈対大関〉豊山には三勝一七敗、北葉山には十勝十六敗で、合計すると十三勝三十三敗、勝率・二八三である。（「相撲」昭和四十一年三月号、八七〜八八頁をもとに作成）

大豪の大関候補同士との対戦

明武谷には十勝六敗（→十一勝七敗*）。大豪は四つになるや先に仕掛けて、明武谷に吊るチャンスを与えない。明武谷は先手を取られては吊るどころか、大豪の投げの強さに吹っ飛ばされる。柔道で鍛えた大豪の投げ技は定評があるし、足技を使っての攻めも大型な割には機敏だ。

＊昭和四十一年（一九六六）春場所までの成績（→最終成績）

長谷川には二勝一敗（→二勝四敗）。長谷川は左差しから二本差しと、うまい攻めを持っているが、大豪には通じない。懐の深さと体力的な差から大豪に分がいい。うまくもぐれば、長谷川の歯切れのいい相撲に軍配が上がる。

琴櫻には三勝四敗（→三勝五敗）。琴櫻の猛牛的な突進に震えていた大豪だが、最近は驚かない。むしろ琴櫻のガムシャラな突っ込みを利用するようになった。

北の冨士には五勝五敗（→五勝七敗）。大豪の懐の深さを利しての投げ技では、もう北の冨士には勝てない。このところ北の冨士が三連勝。

玉乃島には二勝三敗（→三勝四敗）。のろい大豪に対して若さと速さに物を言わせる玉乃島の攻めが一枚上。

清國には七勝四敗（→七勝五敗）。相撲下手の大豪に、巧者の清國がこうも対戦成績が悪いとは〝角界七不思議〟の一つ。清國が型にはめて攻めようとするのだが、ノラリクラリの大豪が逃げてしまって対処できない。

若見山には四勝四敗（→四勝七敗）。左四つが得意な大豪が若見山の好きな右四つに組む。「そんなこといったって、おっつけられちゃうから、しょうがないだろう」と大豪はいう。（「相撲」昭和四十一年五月号、一一〇～一一三頁）

義兄である若乃花は二十七歳で大関になり、三十で横綱になった。二十八歳の大豪が老け込むのはまだ早い。(「相撲」昭和四十一年五月号、一三八頁、「幕内全力士への注文帖」)

哀れな晩年

大豪、若天龍が巡業を休んでいる。昭和四十一年(一九六六)春場所、最後の三役となった西小結で七勝八敗と負け越した大豪は、その後下降の一途だった。名古屋場所にはろっ骨を痛め、外科に通院する日々が続いた。(「相撲」昭和四十一年九月号、七八頁)

大関候補といわれた大豪は、連続四場所負け越して、候補の候の字も消え去った。花籠部屋のトップとなり、部屋再建の機関車の役は、若天龍にかかってきた。(「相撲」昭和四十一年一一月号、一二〇頁)九州場所、東前頭十一枚目で十日目から六連勝し、どうにか八勝したのが最後の勝ち越しとなった。

龍虎*は土俵歴の古いのに比例して、花籠部屋の古い関取にはほとんど付き人として仕えてきた。かつての若乃花に始まって若ノ海にも付いいたし、大豪、若秩父にも付いた。(「相撲」昭和四十二年二月号、八八頁)

*東京都(大田区)出身。本名は鈴木忠清。幕内在位三十六場所で最高位は東小結。殊勲賞二回、敢闘賞四回。出世は遅れたが、美男でもあり人気力士となった。廃業後はタレントに転向した。

コラム1　大関になれなかった（最高位が関脇で終わった）優勝経験者、優勝できなかった大関昇進者

若三杉（大豪）が幕内に在位していた昭和三十三年（一九五八）九州場所から昭和四十二年（一九六七）春場所までの期間に、幕内だった力士を対象に抽出してみると、前者に、時津山、安念山（後に羽黒山）、玉乃海、若三杉（後に大豪）、栃東、長谷川の六人が挙げられる。この六人を一二四頁の表で整理してみる。後者に、松登、琴ヶ濱、栃光、豊山、前乃山、大麒麟の六人が挙げられる。琴ヶ濱は昇進直前の昭和三十三年春場所、朝潮と優勝決定戦をやったことがある。以上の六人を一二五頁の表で整理してみる。

力士名	優勝した場所	地位	成績	年齢
時津山	昭和28年夏場所	東前頭6	15勝0敗	28
安念山	昭和32年夏場所	西小結	13勝2敗	23
玉乃海	昭和32年九州場所	東前頭14	15勝0敗	34
若三杉	昭和35年夏場所	西前頭4	14勝1敗	22
栃　東	昭和47年初場所	西前頭5	11勝4敗	27
長谷川	昭和47年春場所	東関脇	12勝3敗	27

力士名	通算関脇在位場所数	関脇での成績
時津山	10（連続4）	79勝71敗（.527）
安念山	14（連続4）	101勝107敗2休（.514）
玉乃海	5（連続3）	35勝29敗11休（.547）
若三杉	10（連続7）	70勝80敗（.467）
栃　東	1	7勝8敗（.467）
長谷川	21（連続8が2回）	164勝151敗（.521）

＊力士名、地位、成績、年齢は優勝した場所でのものである。

力士名	大関に昇進した場所	年齢	大関在位場所数	大関での成績
松　登	昭和31年初場所	31	15	99勝102敗24休（.493）
琴ヶ濱	昭和33年夏場所	30	28	185勝152敗83休（.549）
栃　光	昭和37年名古屋場所	28	22	188勝131敗11休（.589）
豊　山	昭和38年春場所	25	34	301勝201敗8休（.599）
前乃山	昭和45年秋場所	25	10	67勝56敗27休（.544）
大麒麟	昭和45年九州場所	28	25	189勝132敗54休（.589）

＊力士名、年齢は大関に昇進した場所でのものである。

＊松登は昭和 34 年初場所に大関から陥落し、最終場所となった昭和 36 年九州場所は東前頭 11 枚目だった。前乃山は昭和 47 年夏場所に大関から陥落し、最終場所となった昭和 49 年春場所は西前頭 8 枚目だった。他の力士の最終場所は大関の地位だった。

コラム2　大豪の実家を訪ね同級生と姪御さんに会う

二〇二三年三月三十日、好天に恵まれ、道すがら今を盛りと咲き誇る桜の花を窓越しに眺めながら、国道沿いに車を西へ走らせた。六力士最後の取材は同郷香川県出身の大豪である。大豪の実家は丸亀市、前日に県立図書館でコピーした古い住宅地図で場所はつかんでいる。車を土居町の東汐入川緑道公園脇の路肩に止め、狭い路地を入って果たしてその場所に、一度は見過ごしたが、引き返したところ、確かに「杉山」の表札がかかっている。親族の方がまだ住んでいられるのであろうか。インターホンを押したが応答はない。近所の人に聞いてみようと、昭和四十七年（一九七二）の住宅地図に姓が載っている住居を選んで、インターホンを押してみた。Oさん宅がインターホン越しに応じてくれた。大豪の兄の「しげちゃん」の家で、しげちゃんは亡くなられたが、その奥さんがいるとのことで、昔はやはり（下調べしてきた通り）金魚屋だったと教えてくれた。

もう一度引き返し、今度は路地を出たところの東西の通りを西へ進むと、左（南）側に米屋さんがあり、店主であろうか、扉を開けちょうど出てこようとしていたところをつかまえて聞いてみると、東隣の自転車屋に入り、その店の店主に話をして、二人の相談の結果、斜め向かいの竹森さんがよく知っているだろうからと、竹森さん宅のインターホンを押すように勧めてくれた。促されてインターホンを押すと応答があった。表に出てきてくれた竹森輝馬さんから話を聞くことができた。

大豪のお母さんは女の子が欲しかったようで、お祭りの時などには女の子の着物を着せたりしていたとのことだった。三人男が続いたので、それは当然の希望であったろう。大豪は子供のころから大きかったが、顔は色白だった。他の兄弟は特別大きくなかったが、二十歳くらいで病死した長男は体格が良かったと、大豪より二歳年上の竹森さんが教えてくれた。大豪の家は、夏になると縁台などを出して、たまり場みたいになっていたそうだ。大豪のお母さんは裁縫が達者で、よそのを預かって縫っていたとのことだ。竹森さんは、大豪と学年が同じだった、丸亀市役所で定年まで勤務していたという三木昇さんを紹介してくれた。

そこで、土居町から北隣の瓦町へと足を延ばし三木さん宅に出向き、部屋に上げてもらって一時間近く話を聞かせてもらった。

三木さんも大豪も城北小学校から丸亀第一中学校（後に組合立の丸亀東中学校になり、現在は市立丸亀東中学校）、丸亀高校へと進んだ。もっとも大豪は、家族とともに満州にわたり、小学校四年の時に引き上げてきたので、城北小学校にいたのはそれ以降のことである。大豪の家の北側、今は幼稚園になっているところはレンコン畑だったらしい。

中学校時代のエピソードとして、大豪がよく来ていた城北温泉という銭湯で、ずば抜けて大きかった大豪が面白半分に同級生を湯船に沈めて、沈められた同級生は、「あいつにやられたー」と言っていたという。大豪は面白い性格でお茶目な感じだったらしい。大豪の両親のことも記憶されており、いい両親で、大豪のおおらかな性格は母親似、父親は真面目な人だったと話してくれた。

大豪の性格も良かった。おおらかで、つかみどころがなかったとも話された。母親の性格を受け継いだのと、満州で過ごしていたことで鷹揚な性格になったのではと語られた。欲のない性格もあり、相撲

大豪の実家

大豪の実家近くを流れる土器川後ろにそびえるのは飯野山（讃岐富士）

でなかなか勝てなかったのは足が長かったせいかなとも語られた。大豪は、丸亀高校では柔道部で、柔道でもかなりいけたのではと三木さんは言われた。

三木さんは高校卒業後、航空自衛隊に入って昭和三十三年（一九五八）から二年弱青森県の大湊（現むつ市）にいたとき、たまたまテレビで初めて大豪を見て、「彼が（幕内で）優勝した」ことを知ってたいへん嬉しかったと話してくれた。引退し親方になっていた大豪が帰省し、同級生と一緒に酒を飲みながら食事をしていたときに、「三木が近くにおるな」と電話をかけてきてくれたようだが、不在にしていたので会えなかったらしい。その三～四か月後に大豪が亡くなったと聞いた。亡くなる直前に会えなかったので、その時の話ができないのが残念だとおっしゃられた。十年ほど前に七十五歳で亡くなられた同級生からは、大豪はあのときもボトル二本だったかよく酒を飲んでいたと聞かされていたとのことだった。

大豪の顔は、今の天皇陛下の娘の愛子様に似ていたのではと言ってみたところ、三木さんは、「そういえば確かに」と同感してくれた。

十四時前に三木さん宅をお暇し、その後再び、杉山さん宅の前へ出向き、インターホンを押してみたが、やはり応答はなく、大豪の義姉（昭和十年生まれと竹森さんから聞いた）から話を伺うことは出来なかった。

後日、大豪の実家を再訪したところ、大豪の姪御さんであるという松林道子さんが、ちょうど庭にゴミ出しをされていたところで、大豪の義姉は入院されていると教えてくれた。また、若乃花が何の連絡もなく、仏壇に参ってくれたことがあり、道子さんの母（大豪の義姉）が、「珍客が来た」とびっくりしたというエピソードを聞かせてもらった。

第八章　若天龍裕三

本名は中川(後に粥川《かゆかわ》)辰夫。初土俵は昭和三十年(一九五五)春場所。番付に入った翌夏場所から若天龍、名前を裕三から賢一に変えたことはあるが、若天龍を改名することはなかった。

幕内在位二十九場所(連続十九場所)、最高位は東前頭筆頭。幕内での成績は一九五勝(不戦勝二を含む)二三八敗(不戦敗一を含む)二休(勝率・四五〇)だった。十両在位は二十五場所(連続六場所が二回)。幕下十七場所、三段目五場所、序二段五場所、新序一場所。初土俵は昭和三十年春、十両に上がるまでに、優勝同点の好成績を二回あげてはいるが、土俵の鬼、若乃花の胸を借りて育ったわりにはいささか下積み時代が長いほうだった。

十両入りが昭和三十五年(一九六〇)秋場所で、一年たって三十六年秋場所に新入幕、だが三場所で十両に逆戻り、それから、また一年十両で、三十八年春場所再入幕、一場所で十両に落ち、十両五場所、ここまでの十両通算は十七場所、この間優勝二回(三十七年秋、三十九年初)。ひところは、十両力士で満足しているのではないかと思われたが、御大若乃花に気合を入れられて奮起、三十九年春場所に三度目の再入幕を果たし、三度目の正直で幕内に定着した。幕内での最多勝は九勝どまりで、二桁の勝ち越しはなかった。

若天龍裕三

（写真提供：ベースボール・マガジン社）

三役昇進、三賞受賞、どちらもあとわずかのところでなしえなかったが、力士生活全体を通じて堅実な力士、小兵業師（「相撲」昭和四十年五月号、七一頁）だった。立ち合いが乱れに乱れていた当時、両手をつく奇麗な立ち合いを率先して実行し、賞賛の的となったのが無形の勲章であろう。特段の記録は残せなかったが、多くの好角家の記憶に残る力士となったのである。

入門から新入幕まで

昭和三十年（一九五五）春場所が初土俵。入門時、「俺、特別小さかったんですよ。十八貫（貫は尺貫法における質量の単位で、一貫＝三・七五キロ）くらいかな。人の何倍もけいこしなかったら強くなれない。そんなら花籠（部屋）がいいだろうって、そのころの花籠ったらまだ二十～三十人の小部屋だったけど、将来性のある部屋だからっていうんでね。やっぱり当たったな。天竜さんのことば」と、天竜三郎（元関脇）の紹介で角界入りした。四股名の若天龍も「天竜」をもらったものである。

幕下時代は、同部屋の背格好のよく似た若十勝（昭和三十四年秋から三十五年夏場所の五場所、十両に在位した。最高位は十枚目）と競い合った。（「相撲」昭和三十四年九月号、一四四～一四五頁）花籠部屋の力士らしく、土俵度胸はすこぶるいい。体に恵まれないにもかかわらず、引っ張り込んで四つ相撲を取りたがる。それでも足腰がいいので投げ技に活路を見出している。（「相撲」昭和三十四年九月号、五四頁）

幕下のころ、名古屋で肝臓を悪くして日大病院へ二か月入院した。（「相撲」昭和四十年十二月号、一〇五頁）また、昭和三十六年の終わりごろには胆嚢炎を患った（「相撲」昭和三十九年二月号、九九頁）が、どちらの時も本場所の休場はしていない。

一七四センチ、八四・五キロの均整のとれた体躯で順風満帆の昇進を続けていると「幕下有望力士」として紹介された。（「相撲」昭和三十四年十月号、一五〇頁）

一度幕下筆頭まで昇進した技能力士若天龍（東幕下八枚目）は、十両の若十勝のような変化技を持っているが、どうしてもある程度のケレン味が感じられるので、自己の有利な体勢に早く持っていき、立ち合いの素早さを身につけたい。（「相撲」昭和三十五年四月号、九三頁）

学生（相撲出身の）関取大塚（後の豊國）は新十両のころは若天龍を苦手（幕下時代の昭和三十五年名古屋場所で敗れている）としていた。ところが、昭和三十六年（一九六一）初場所初日に若天龍を突き倒したことが大きな自信となり、二日目からはのびのびと自分の相撲を十分に発揮し、十勝五敗の好成績を収めた。（「相撲」昭和三十六年二月号、一〇四頁）

昭和三十六年（一九六一）秋場所、若天龍は同部屋の若駒とともに新入幕を果たし（この二人は新十両も同時だった）、花籠部屋の幕内力士は（なんと）七人となった。花籠の五若（若乃花、若ノ海、若秩父、若三杉、若乃國）時代から七若時代となった。若天龍は新入幕のころから、立ち合い時の手のおろし方の良い力士で、両手をまずまずおろしたのが五日、片手をまずまずおろしたのが三日で、ベスト5の五位だった。因みに一位は栃ノ海で、この場所、両手を完全におろしたことのある幕内力士は房錦、宇多川、宮柱の三人で、いずれも一回ずつしかない。（その分、）「待った」も多かった。七回（作戦的なもの五回）はワースト10（九位）だった。因みにワースト一位は前田川の十四回（作戦的なもの十三回）だった。（「相撲」昭和三十六年十一月号、一三〇〜一三五頁「待ったと立ち会い」）

若天龍評は、「腕力はめっぽう強く、かなりの威力で投げ飛ばす、差してても食い下がってうるさい」というものだった。（「相撲別冊」昭和三十六年十月号、三九頁）しかし、三場所で十両に逆戻りしてしまった。

再入幕、三度目の入幕

昭和三十七年（一九六二）秋場所十両優勝した若天龍は、六日目まですっ飛ばし、七日目、八日目と十四日目に敗れて十二勝三敗だった。七日目若浪に吊り出され、八日目には岡ノ山に突き出された。いずれも軽量を衝かれたものだが、左四つ、右上手を持たせば、兄弟子若乃花（現二子山）張りの豪快な投げをみせた。若天龍は今場所好調の因を、「今場所は非常によく動けた。だから自分十分の相撲が多かった。（あとのグループを二勝リードする）十一勝目はやはり硬くなったが、二本差したのがよかった。それに左の肩にオデキができて痛いので、あまりに強引な相撲はとらなかったが、それもプラスしたでしょう。」と語っていた。（「相撲」昭和三十七年十月号、九二頁）

昭和三十八年春場所後の若天龍評は、「場所前に晴れて結婚式を挙げたし、二度目の入幕なのではりきって働くと思ったのに、四勝しかできなかったのはちょっと意外だった。なんといっても体がないのが苦しい。しかし、筋肉質で力もあり、動きがよければ相当活躍できる力を持っている。それには今のように頭を上げて大きな相撲を取ってはだめ。立ち合いの突っ込みをきかせ、食い下がってかき回すような取り口に変わったらおもしろいのだが。」（「相撲」昭和三十八年五月号、一三四頁）というものだった。

再び十両に陥落し、しばらく低迷していた若天龍は、昭和三十九年（一九六四）初場所で、二度目の十両優勝を果たした。若天龍は、「優勝できた原因ですか。やっぱり頭を低くしてぶつかっていったことじゃないですか。今までは相手によって胸を出すようにして当たっていたんですが、今場所は全部頭が低かったからね。場所前のけいこでも、下の者とやらないようにしていたんです。というのは下の者とやるとどうしても胸を出すようになっちゃいますからね。花籠親方や二子山親方に、おまえは前に出ることだけ考えて相撲を取れ、と言われました。そのことを注意して一番一番思いきっていきました。四日目の（巨漢）義ノ花関との一番で勝てた。これですっかり気持ちよくしちゃってね。ちょっと波にのった感じでした。」（「相撲」昭和三十九年二月号、九七〜九八頁）

神風正一（相撲解説者）は、「優勝した若天龍はたしかによく動いた。攻め手もなかなか厳しかったし、足技も強かった。また若天龍のこれまでの欠陥といわれた勝負に対するあきらめがなくなって、非常に粘り強くなったことも、大活躍の原因だろう。」（「相撲」昭和三十九年二月号、九九頁）と、三度目の入幕を確実にした若天龍を讃えた。初日、清乃森に両差しから吊り気味に寄られ、左外掛けで防ごうとしたが、下手投げをうたれて浴びせ倒された以外、連戦連勝、二日目追手山を肩すかし、三日目松前山を小手投げ、四日目義ノ花を上手投げ、以下北ノ國を突き落とし、淺瀬川を肩すかし、二瀬川を上手投げ、岡ノ山を寄り切り、若杉山を押し出し、天水山を突き落とし、君錦を足取り、河内山を内掛けと快調に飛ばした。決まり手を見てもわかるように、体は小さいが、かいなは強く、また多種多様の決め技を持っているのが強み。賢くて機転がきくうえ、身軽によく動くので、亡くなった花籠夫人にかわいがられたが、いまでは自他ともにゆるす愛妻家である。（「相撲」昭和三十九年二月号、九九頁）

若乃花の現役時代を思わせる動作を、チョクチョクと見かける。とりわけ、上手投げで勝ったときなどはそっくり。小さいながらも大きい相撲、顔つきにも精悍さが十二分にあらわれている。(「相撲」昭和三十九年七月号、一一八頁、由比三次〝土俵の姿〟)

若天龍の新しい年(一九六五)への心構えは、「今年はスタミナをつけたい。わしのように体が小さいと、長い十五日間のうちには必ずバテがくる。負けん気だけは強いつもりだが、バテるとどうにもならないからな。」(「相撲」昭和四十年一月号、九一頁「新しい年への心構え」)

若天龍は、若乃花全盛時代に胸を借りて育ってきただけに、小さい体だが力いっぱいの土俵を展開する。「わしも一度でいいから技能賞を取ってみたいよ」初日から前半戦はいつも調子がいいが、長続きしないのは、やはり体力のないせいだろう。(「相撲」昭和四十年三月号、八八頁)

力士も副業を持っていた時代で、豊中市にアパートを新築した若天龍、「場所後に引っ越しで大変だよ。引越料を稼がなきゃ」とはりきっている。(「相撲」昭和四十年四月号、八二頁)

互いに小兵の松前山と〝三度の勝負〟

昭和四十年(一九六五)春場所の四日目、二回物言いがつき取り直し、三回目に松前山が勝つという珍しい勝負となった。二人とも小兵で動きが非常に早く、変わり身の早い相撲で二回物言いがついた。最初は、松前山が両ハズ押しに押し込んで二本差し、西土俵に寄りたてたが、若天龍は右で内掛け、体を入れ替えどっと倒したかに見えたが、松前山はしぶとく左へ打っ棄るが軍配は若天龍へ。二番目は左四つから投げの打ち合いとなり、若天龍の左からのすくい投げを松前山が上手からうち返し、軍配は松前山に上がった。三回目に松前山は激しく突っ込んで押し勝ち、若天龍が東へ回って残すのを、出足鋭く追い込んで寄り切った。結局は松前山の若さ勝ちだが、ファンは両力士の健闘に惜しみなく拍手を送った。松前山は、「一度目は負けたと思ったので、取り直しになってシメタと思った。二度目には勝ったと思ったがまた物言いがついて、とたんにガッカリした。でも、最後に勝ててよかったよ。これで負けていたら身もふたもない。行司はもっとよく見てもらいたい。」

若天龍は精も根も尽き果てたような顔つきで、「一度目はわしが内掛けでもたれ込んだのだから打っ棄られるはずがない。こんなばかなことはないと思ったね。二度目も相手が手をつくのをはっきりと見たんだ。それからわしが右ひじをついた。絶対にわしの勝ちだった。それにしても三番も取らされてすっかり力が入った（疲れたという意味）。行司はいったい何を見ていたのだろう……」この勝負を務めた行司の式守与之吉は、「体勢と足の動きを見て軍配を上げたのだが……物言いのつくたびに硬くなってしまった。行司になってこんなことは初めてだ。」とぼやいていた。（「相撲」昭和四十年四月号、一五八～一五九頁）

全盛期

神風正一（ＮＨＫ解説者）「ぼくは若天龍（九勝六敗）を認めますね。」

楯山邦七郎（協会理事）「若天龍はあのへんで一番進歩したようだな。だからといって、将来に大きな期待を持てるかというとそんな相撲取りじゃないけれども。相撲はほんとに進歩しましたね。」

北出清五郎（司会・ＮＨＫ）「上手、下手投げが今場所、光っていましたね。」（「相撲」昭和四十年六月号、八二頁「夏場所総評座談会」）

昭和四十年名古屋場所、前頭の中で注目すべきは、東前頭三枚目の長谷川と西前頭四枚目の若天龍の進出である。長谷川のほうは新鋭のホープとして注目されていたから、躍進は当然かもしれぬが、若天龍のほうは、意外と言えば意外、よくがんばったものだと感心する。東の筆頭に上がった海乃山を含めた三人とも、今度の位置が自己最高のもので、横綱、大関と顔が合うのも今度が初めて。（「相撲」昭和四十年七月号、六四頁）

北出清五郎（司会・NHKアナ）「若天龍が八勝しましたね。なかなかおもしろいタイプになってきましたね。」

浅香山泰範（協会検査役）「ああ、動きもいいし」

神風正一（NHK解説者）「うまいよ、出し投げも[*1]」

浅香山「ただ、あれがもう一つ土俵を面白くするには、立ち合いをもう一つ速くしたらいいですよ。[*2]」

（「相撲」昭和四十年八月号、七一頁「総評座談会」）

＊1　神風は夏場所の前、花籠部屋に行ったとき、若天龍に「今場所あたり技能賞を取れ」と言った。

＊2　若天龍「自分も相撲は速いほうだけれど、海乃山関はまだ速い」（「相撲」昭和四十年七月号、一一七頁）若天龍は、自分の倍ほどもある相手を倒すときの技は冴えているが[*3]、小さい相手には弱く（「相撲」昭和四十年七月号、七七頁）、海乃山を苦手としていた。

＊3　小兵若天龍と巨漢若見山の対戦が館内を沸かせた。若天龍の豪快な二枚蹴りからの下手投げが決まっ

たとき、館内の拍手はひときわ大きくなったようだ。汗びっしょりで精も根も尽き果てたような表情の若天龍は、「体が違うんだから、まともにいったって勝てるわけがないんだからね。横から横から攻めるようにしていた。あの二枚蹴りでほとんど決まったようだったけれど、一つの技だけじゃ、なかなか相手は倒れてくれないよ。だからすぐに下手投げを打ったんだ」一方、無念やるかたなしといった表情の若見山は、「いつも、あの人にはうまく取られてしまう」（「相撲」昭和四十年八月号、一六二～一六三頁）

好調の若天龍を二子山親方などは、「技能賞ものだ」とほめているが、若秩父や若天龍が活躍した陰には、部屋で実施してきたサマータイムげいこがものをいったようだ。東京でも行ってきた早朝げいこは、名古屋でも午前三時のけいこ開始。関取衆も七時に始め、終わるのが九時。「夜も早く寝るので遊びには出ないし、しぜん体のためにいいよ」と若者頭も部屋独特のけいこを自慢していた。（「相撲」昭和四十年八月号、七四頁）

名古屋場所十三日目、若天龍は結びの一番で一敗の横綱佐田の山に善戦、土俵際の捨て身の上手投げでぐらつかせた。敗れて悔いなしの表情で、「（仕切り時間を含めて）四分間、楽しませてもらった。」（「相撲」昭和四十年八月号、一七七頁）

若天龍は九八キロの小兵ながら、この三場所、確実に星を残してきた。秋場所は現在までの最高位東前頭四枚目に上がって横綱、大関との対戦に興味がもたれる。（「相撲」昭和四十年九月号、五七頁）

不振の大豪、若秩父に比べ元気だったのは若天龍、入門以来初めての打っ棄りで玉乃島に勝ったり、小さな体で豊國を押し出したりした。この原因は、「ソ連巡業中の留守中にこっそりテッポウを毎日二〇〇回やり肩に肉をつけたことだ」。夏場所九勝中七勝もあげた投げ（上手投げ五、下手投げ一、下手出し投げ一）に頼らなくてよくなったそうだ。（「大相撲」昭和四十年十月号、八九頁）

若天龍が松茸の中毒にかかり、準場所を休場した。ことの起こりは秋場所後の十月初めこと、場所が終わって大阪府豊中市の自宅に帰り、そこで松茸のすき焼きを食べ、中毒にかかったもの。「死ぬか生きるかの大騒ぎだったらしい」とは部屋のある関取の話。（「相撲」昭和四十年十一月号、六六頁）

秋場所後に松茸中毒にかかって、猛烈な下痢に襲われ寝込み、半月もの絶食でげっそりやせた。それが治って四国への巡業のとき、栃ノ海とのけいこで尾てい骨にヒビが入るほどの打撲、そして大熱で寝込んでしまった若天龍は、「いや、たいへんな目にあってしまった。特別な薬もないので、もっぱら自宅で寝ていた」そうである。しかし休んでいても仕方がないので、せめて一番ぐらい勝てればと九州場所に出場したが、おもしろいことに八日目、徳島で負傷したときのけいこ相手の栃ノ海を倒して、入幕以来初の金星をあげた。（「相撲」昭和四十年十二月号、七八頁）

若天龍は、左に変わって栃ノ海の右腕を抱えるようにして小手投げを打ち、栃ノ海の突進をこばんだ。しかし栃ノ海は小手投げを残すと、左から右へと両差しで食い下がって攻めた。若天龍はこれを左右からゆさぶるようにして起こすと左足で内掛け、掛け投げる奇襲に出て、左で栃ノ海の首を巻いて首投げを打つと、栃ノ海はたまらず左肩から土俵中央に横転した。（「相撲」昭和四十年十二月号、一六七頁と「巻頭グラビア」）

十日目は大関豊山を内掛けで破った。見て立った豊山は左で一発張るようにして出たが鋭さがない。手四つのような格好から左四つとなって、豊山が体を寄せると若天龍はすばやく左足を飛ばして内掛けにいき、体をあずけると豊山はずるずると後退した。若天龍は、「上手を取った瞬間、吊りにきた。そこを掛けたんだが、うまくひっかかった。半分ついているんだ。大関は硬くなっていたんだろう。あんな大きな人が小さく見えた」（「相撲」昭和四十年十二月号、一七一頁と「巻頭グラビア」）

千秋楽、初の三役揃い踏みで大関北葉山を上手投げで破った。当たりざま肩すかしで主導権を握った若天龍は北葉山を追い詰め、北葉山が必死で残すところをさらにいなして、肩口をドーンと押した。北葉山は正面土俵から東へ回ってこらえるが反撃の余地はない。若天龍は上手廻しをたぐり込みざま、出し投げを打てば北葉山はたまらず東土俵を飛び出した。（「相撲」昭和四十年十二月号、一八一頁）星は悪くても（五勝十敗）一つの金星と二大関を倒す銀星に「やっぱり出場してよかった」と満足そうだった。（「相撲」昭和四十年十二月号、七八頁）

九州場所、東の筆頭に出世した若天龍は、同門の大豪（西六枚目）、若秩父（西八枚目）を追い抜いて部屋のトップの地位を占めた。秋場所までの勝率も五割四分六厘で、十傑中の五位（栃ノ海、琴櫻と同率）、技能賞候補にあげられたほどだった。（「相撲」昭和四十年十二月号、一〇四頁）

若天龍が最も活躍した年はこの昭和四十年（一九六五）である。この年六場所の幕内での通算成績は、①佐田の山七四勝一六敗（・八二二）②大鵬七十一勝十九敗（・七八九）③豊山五十四勝三十六敗（・六〇〇）④長谷川、琴櫻五十一勝三十九敗（・五六七）⑥明武谷、清國四十九勝四十一敗（・五四四）⑧北の冨士四十八勝四十二敗（・五三三）⑨栃ノ海、若見山、若天龍、大豪、鶴ヶ嶺四十六勝四十四敗（・五一一）で、九位タイであった。（「相撲」昭和四十年十二月号、九一頁）

両手をつく力士に

昭和四十一年（一九六六）初場所の六日目の廣川戦から、若天龍は両手を土俵におろしてから立つようになった。両手をつけて立つというのは基本技だけに、誰でも知っていることだが、それがなかなかできないもの。「前からわかっていることだけど、自分が手をおろすと何だか立ち遅れるような気がして……」若天龍もはじめはそう思ったという。

ところが場所中親しいファンと立ち合いのことで議論した。「よし、それじゃやってみよう」とさっそく実行してみせた。すると効果が現われ十日間で七勝三敗。若天龍は、「まず当たりが違う。手をおろして下から立つと力学的にも強いことが当然。なぜ早くそれに気が付かなかったんだろう。ひとつ来場所まで研究して完全なものにしてみせる」と張り切っている。（「相撲」昭和四十一年二月号、七四頁）

若天龍が立ち合いに両手をつくようになったきっかけを作ったのは、相撲記者大滝譲治（デイリー運動部）との花籠部屋での会話だったようだ。初場所六日目の朝、大滝が花籠部屋をのぞいたとき若天龍がいたので話しかけた。

大滝「調子はどう？」

若天龍「あまりパッとしないね。九州の場所前にやった尾てい骨がまだ痛むよ。この二～三日は寒いんでどうも具合が悪い」

五日目まで若天龍は二勝三敗の成績。大滝はその日の新聞に立ち合いについて書いていたので、力士の意見を聞いてみようと話題を変えて〝立ち合い〟について質問した。

大滝「解説者の玉の海（梅吉）さんや小坂（秀二）さんが〝両手をついて立つべきだ〟と言っているが、関取はどう思う？」

若天龍「たしかに両手をついて立てば効果はあると思うね。いま出している力の倍は出ると思うよ。力学的にみてもそれは確かだ。当たりも鋭くなるだろう」

大滝「わかっているのに、なぜやらないの？」

若天龍「前からそれは考えているんだ。実行しようと思ってるんだが……なにしろ、みんなが早く立ってくるだろう。それで、つい自分も遅れないようにと思って、いってしまうんだな。手をついて立てば、その分だけ遅れるからね。やろう、やろうと思いながら、実行できないのは、その辺に理由があるんだ」

大滝「でも、やれば効果はあるんだから……」

若天龍「ただ手をつくだけではダメだな。よく研究して、自分のものにしないと……。先輩にもたびたび言われるし、自分もやってみようという気は十分にあるから、来場所までに研究して、実行するように努力するよ」

研究熱心な若天龍のことだから、春場所の土俵で、その成果が見られるかもしれないと大滝は秘かに期待しながら部屋を出た。

ところがそれから数時間後、すなわち六日目の土俵で大滝はびっくりした。若天龍が〝両手をついて〟立ったからである。相手が廣川だったが、若天龍はしっかりと両手をついて立ち、廣川の当たりを食い止めたのだ。それだけではなかった。翌七日目の開隆山戦でも若天龍はちゃんと両手をついて立った。そして以後千秋楽までの毎日、若天龍はこれをやり通したのである。

実行した若天龍は、「前からやろうと思っていたし、きょうの相手、廣川関の当たりは強いから、朝稽古のときもいろいろ考えて、手をついて立とうかなと考えていたんだ。それで放駒親方（元十両照錦）に意見を聞いたら適切なアドバイスをしてくれたし、新聞を読んだら玉の海さんなどの意見が出ていたので、思い切って実行する気持ちになったんだ。やってみたら、自分が考えていた以上の効果があった。これからもやり通してみる」

「六日目からいろいろ研究しながらやってみたが、失敗したのは（十三日目の）豊國関との一番だけだ。最初の二、三日は、ちょっと立ちにくかったが、後半は大体コツを飲み込んだ。七勝三敗の星の数以上に、大きなプラスになった。相手は中腰で早く立ってくるので、手をつく自分はやや遅くなるが、低く下からいけるために、自分の有利な体勢に早くなれる。前廻を下からパッと取れるし、かりに押されても、腰が下りているので、残すことができる。これまで嫌いだった突っ張りや押しの相手も、そう怖くなくなった」

「体の小さい自分が、みなと同じようにやっていたんではダメだ。やはり人のやらないことを研究しなければと思った。だから両手をついて立ったのも、人にほめられたいためにやったのではないし、注目を浴びたいためにやったのでもない。あくまで自分のためだ。手をつかないで立つと、持っている力の半分も出せないということが、やってみてよくわかったよ。とにかく、いいことばかりだ。押されないし、飛ばれても相手の動きがよくわかるのであわてない。手をつく反動だけで、こっちの当たりもグンと鋭さを増す。ほんとうにやってよかった。この成功で自信をつけたので、今後はなお研究して、完全なものを身につけたい。」

若天龍の正しい立ち合いは絶賛を浴びた。要望していた玉の海梅吉氏は「本当に偉い。両手をつけて立つことが、どれだけプラスになるか、それがどんなに相撲を有利に展開させるか、これまでもたびたび注意してきたが、だれひとりこれをやろうとする力士はいなかった。立ち合いは乱れる一方、そのため、相撲の迫力は薄れてしまった。そんな中で、若天龍が率先して実行したのは立派で、私も非常にうれしい。十日間を見てみると、研究の跡がよくわかる。突っ張りや押しに弱かった若天龍が、両手をつきだしてから、そんな相手を少しも苦にしなくなった。ひとり実行したことだけでも拍手を惜しまないが、今後も彼がそれを続け、そのために全体の立ち合いがよくなれば、それこそ若天龍の大変な功績だ」

同じくTBS解説員の小坂秀二氏は、「今場所の大きな収穫だ。若天龍の研究熱心さと根性に脱帽する。私はこれまで、特定の力士の好成績を願ったことはないが、今場所の若天龍だけは別だった。六日目に彼が両手をつきはじめてから、毎日彼の相撲が気になった。なんとしても勝ち越してくれ、と祈るような気持ちにさえなった。若天龍が勇気をもってやりはじめたこの立ち合いが、もし悪い成績になって現れたら、彼自身も自信を失うだろうし、他の力士も〝やはり手をついてもダメだ〟という観念を持つようになるだろう。だから若天龍が九勝をあげたときは、とてもうれしかった。立派な力士だ。」

東富士錦一氏は、「立ち合いをよくすることが、相撲の内容を充実させることに通じる。だが近頃の力士は、ただ早く立とうとするだけで、ひとつも立ち合いに〝実〟がない。そんなとき、ひとりでも正しい立ち合いを実行する力士が出てきたことは、非常に喜ばしい」

天竜三郎氏は、「若天龍に言いたいのは、相手が何回突っかけてこようと、何回でも〝待った〟してやれということ。相手が手をつかなかったら、遠慮なく〝待った〟しろと言いたい」とエールを送る。

前述の小坂氏も、「合わせてこない相撲が悪いんだ。だからそんなとき、若天龍は〝待った〟を気にせず自分が納得いくまで仕切ったらいい。正しいことをしているんだから、少しも悪びれる必要はない」

当の若天龍は、「こんなことというのは失礼かもしれないが、ほかの人がいかに立ち合いを合わせようとしないか、今場所ぐらいわかったことはない。自分がいうのもおこがましいが、みんなが手をついて立つようになれば、もっと存分に力が出し切れるようになり、相撲の迫力が出てくると思う。とくに若手の人でこれを実行すれば〝大関が近くなる〟人もいるんじゃないかと思う」と他力士へ呼びかける。

神風正一氏が、「いまこの立ち合いをして、もっとも効果が上がるのは琴櫻と明武谷だろう。琴櫻は、いまの立ち腰の当たりでも相当の力を持っているが、もし両手をついて当たったら、三倍の威力を発揮できる。相手に逃げられてバッタリということもなくなる。すぐ大関になること請け合いだ。明武谷も大変な強さをみせるだろう。下からいけば得意の右上手はグッと近くなる。まず、十五日間のうち十二日は十分の左四つになれる」と同調（後押し）する。（「相撲」昭和四十一年三月号、一三〇～一三二頁、大滝譲二『見習うべき若天竜《ママ》の立合い』）

大阪在住の若天龍

春場所前、若天龍の後援会が京都で発足する。（「相撲」昭和四十一年二月号、七四頁）

大阪を〝オラが場所〟と自宅から通ってご機嫌なのが若天龍と若乃國だ。若天龍は大阪近郊の豊中市でアパートを経営しているし、若乃國も奥さんが大阪北の繁華街でバーを経営している。どちらも自宅から場所入りということで、若天龍は「タクシー代が高くつく」とこぼしながらも、まんざらではなさそうだ。（「相撲」昭和四十一年四月号、七六頁）

夏場所の若天龍は部屋住の一人、自宅が大阪の豊中市にあるので、東京場所は若天龍にとって、出張というわけだ。「ときどき子供に会いたいと思うが、これも商売じゃしかたない。辛抱しなくちゃ」（「相撲」昭和四十一年六月号、七四頁）

小兵業師としての存在

若天龍の欠点が「相撲」の編集部からであろうか、次のように指摘された。気の強さと根性の現われだろうが、相手に見境なく、がっぷりになるのは少々身分不相応だ。体が小さいのに相撲が大きすぎる。ワザは鋭いが、そのワザを効果的にかける状態に持っていく工夫が足りない。苦戦をするのはそのためだ。（「相撲」昭和四十一年五月号、一三九頁「幕内全力士への注文帖」）

体のなさから、一時は十両力士で満足していた？ が、二子山親方にほめられてから奮起、小さいが相撲力が強く、変化技がうまい。スパッと右四つになると、投げ、捻り、足癖、さらに肩すかしと、多彩なワザを見せる。このような力士が少ない折から貴重な存在だ。（「相撲」昭和四十一年七月号、七八頁「幕内全力士総まくり」）

昭和四十一年（一九六六）名古屋場所五日目、若天龍は大関を狙う北の冨士を突き落としで破った。若天龍は「アッハッハ！ たまには、ああいうこともある」と豪傑笑い。「立ち合いよかったな。前みつ取ったものの、まさか決まるとは思わなかった。やはり硬くなっていたよ。大関、大関と騒ぎ立てるから——」と北の冨士に同情もしていた。ライバル北の冨士に星一つ差をつけた玉乃島は、「巡業中、若天龍さんによう巻き落としを食ったもんだよ。うまいね。北の冨士関、あんなにきれいに投げられたのは珍しいな……」(「相撲」昭和四十一年八月号、一六〇頁と「巻頭グラビア」)

立ち合いの問題

高島敬嗣(検査役、元三根山)「立ち合いにまず腰を割ること。それから必ず片手をつくこと。(名古屋場所中の中日に協会が開いた研修会で)この二つの意見が出て、どちらかといえば立ち合いにまず腰を割るという意見のほうが強かったと聞きましたが」

藤島秀一(検査役、元出羽湊)「手をつくだけではだめですからね。」

北出清五郎(NHKアナ)「腰を割らないで手だけつくお相撲さんが最近……」

神風正一(NHK解説者)「若天龍がそうですよ。(笑)あれではたいして意味がないんです。ぼくはとにかく、いまの腰を落とさなきゃ立つなということに大賛成ですね。」(「相撲」昭和四十一年八月号、七五頁「総評座談会」)

神風正一「若天龍はいましばしばみんなが挙げているような人たち(清國、長谷川、琴櫻、麒麟児など)とは違って三役に上がって定着するとか大関を望むというような素材じゃないですがね。とにかくこの体力でここらの位置でガンととまって負け越さない。負け越しても一番くらいという形できているでしょう。相撲のおもしろさというものはやっぱり、こういう小兵力士が自分の体力を補う技量を発揮するところにあるんですから、そういう面では大いに推奨されるべき力士ですね。特に感心されるのは、一番最近問題になる立ち合いですね。これを常に立派に手をおろしたら絶対待ったしない。立ち遅れても立っていますから、これは立派だと思います。相撲そのものもひじを使う、あごを使うというふうに、なかなか味のある相撲ですよ。」(「相撲」昭和四十一年十月号、七九頁「秋場所総評座談会」)

昭和四十一年(一九六六)秋場所幕内全力士の十五日間の立ち合い

両手をつく……十四日の若天龍が一位、十三日の廣川が二位、片手をつく……十四日の義ノ花が一位、腰を割る(土俵上に手はつかない)……十一日の冨士錦が一位、六日の大鵬、佐田の山、玉乃島、若二瀬の四人が二位。若天龍は一日。逆に立ち合いの悪いのは、立ち腰で立つ……十日の青ノ里が一位、七日の琴櫻と海乃山の二人が二位、中腰で立つ……十二日の若鳴門と開隆山の二人が一位、十一日の豊山、麒麟児、明武谷、追風山、北ノ國の五人が三位。待ったは五回の大心がトップ。若天龍は二回(うち一回はやむを得ずの待った)。

伊勢ケ浜理事「若天龍は、二、三場所くらい前までは、手をついたためにだいぶ損をしているところがあったですね。むりに手をついていこうとして、ずいぶん不利な相撲がありました。しかしここ二場所あたりは手のつき方、手をおろすタイミングが非常にうまくなりました。それが今度勝ち越した原因ですね。前は腰を割らずに何でもかんでも手をおろしていったけれども、いまはちゃんとある程度腰を割ってから手をおろすから少しくらい立ち遅れても、ちょうどうまい具合におっつけられますしね。」

北出清五郎アナウンサー「そういう意味では技能賞ものですね。」(「相撲」昭和四十一年十月号、九七～九九頁)

秀の山親方は、こう語る。「いまの相撲では、なんとかして相手をだまそうと、仕切りに入らないのに立ったりする傾向になっている。戦後の世相が土俵にまで影響してきた一面だ。力士もみんな戦後の力士であって、戦前行われた正しい立ち合いを知らない。ただ早ければよいという立ち方が習慣になっているので、腰を割り、手をついて立つことが、どれだけ有利であるかわからないのである。相撲の立ち合いは、一〇〇mのスタートに似ている。一〇〇mのスタートは、なぜ手をつくか……それは、一歩目のダッシュが鋭いし、二歩目からはさらに速力がつくからである。この秋場所、立ち合いの良い例をあげると、まず若天龍。若天龍は前場所から率先して手をおろし、その実利性を証明したが、今度はさらに、それを上回る効果を見せたものだ。」

惜しくも技能賞を逸す

若天龍は小兵だが、その取り口はキビキビした激しい動きで、変化技がうまい。左四つになると、投げあり、捻りあり、足癖あり、肩すかしありと多彩な技能派だ。ただこれまでは、廻しに手がかからねば相撲にならない、と言われていたのが欠点だったが、それもなくなりそう。秋場所九日目相撲巧者の若天龍は、新入幕の禊鳳《みそぎどり》に寄り倒しで敗れた。好調の禊鳳は七勝目を上げ、その後も麒麟児に敗れただけで白星を連ね十二勝を上げ敢闘賞を受賞した。(「相撲」昭和四十一年十月号、一六九頁)

十四日目、それまで〇勝三敗の明武谷と対戦した若天龍は、頭で当たって押し上げた。明武谷は右から引っ張り込もうとしたが、若天龍はこれをはずして両はず。低い体勢で、はず押しに押し出している。

その秋場所、若天龍は技能賞候補に上がった。千秋楽、相撲協会役員室で行われた三賞選考委員会は、技能賞力士を麒麟児（西前頭四枚目で十四日目までに十勝を上げていた）にするか、若天龍（西前頭七枚目で十四日目までに九勝）にするかでもめにもめた。横綱、大関との対戦圏内で、横綱佐田の山から金星をあげている麒麟児の活躍は目ざましいものがあったが、その相撲はお世辞にも巧いとはいえず、技能賞力士としては、まだまだ疑問があった。時折、二本差しを見せることはあるが、前へ出るという取り口ではなく、残念ながら打っ棄り専門といった感じのほうが強かった。

そこへいくと、若天龍の相撲は巧かった。臨機応変、実に相撲をよく知っており、麒麟児よりもはるかに技能派力士の素質を持っているように思われた。決選投票の結果は、麒麟児九票対若天龍八票、一票差で麒麟児に決まった。

「まだ技能力士として高い評価はできないが、今後の将来性を十分に加味して、若い麒麟児に与えます」

これが三賞選考委員会の意向であった。（「相撲」昭和四十一年十一月号、一一九～一二〇、一三五～一三六頁）

一票の差で、技能賞を麒麟児に持っていかれた若天龍。両手をおろして仕切ることに先鞭をつけ、ついにそれを自分のものにした努力も高く買ってやらなければいけなかったのではなかろうか。

散々な九州場所

翌九州場所、若天龍は持病の腰椎ヘルニア（腰椎分離症）が再発し散々な成績に終わった。「寒いのは苦手だ。腰が動かないもの。ヘルニアのために負けたわけでもあるまいが……。元気な時でも本場所は負け続けると、何をやってもうまくいかないものだ。明日は勝つだろう、明日は勝つだろうと思って土俵に上がるんだが」と言っていたが……とうとう十三日目から休場してしまい、一勝することもできなかった。場所が終わってから、大阪の家で二日休養、東京の花籠部屋に帰った。そこから金井外科に通って治療している。（「相撲」昭和四十二年一月号、八二頁）

幕内若天龍は九州場所では勝ち越せない？ 昭和三十六年（一九六一）は東前頭九枚目で七勝八敗、三度目の再入幕以降、三十九年は東八枚目で六勝九敗、四十年は東筆頭で五勝十敗、四十一年は東三枚目で〇勝十三敗二休と三年連続の負け越し、やっと勝ち越したのは五度目の再入幕を果たした四十三年西十二枚目での八勝七敗だった。（「相撲」昭和四十三年十一月号、八七頁）

〝機関車*〟を務めることに

幕内のドンジリ（東前頭十五枚目）で迎える昭和四十二年（一九六七）初場所前に若天龍は二度も体に故障を起こした。番付発表日の直前に大腸カタルにかかり、激しい下痢に見舞われた。四日間ほどけいこができず、やっと土俵におりられるようになったら、初日にあと三日というときに、今度は右足太ももにやけどを負った。新弟子のけいこを見ていたとき、体が飛んできたので、とっさに右によけたら、そこにストーブがあって、もろに右太ももを焼けた鉄板に接触させてしまったのである。その翌日はけいこはできないばかりか、患部が腫れて三十九度近い高熱が出て、一日間寝たきり。ようやく熱が下がったのが初日の前日だった。（「相撲」昭和四十二年二月号、九六～九七頁）

＊土俵入りの際の先頭の力士を指す言葉。幕内最下位の者が先頭になることから機関車に例えられた。

相手のつっかけが早いので、待ったをしては手をおろすように苦労している。そのため手をつくだけに気を取られて損な立ち合いをすることがある。腰椎に軟骨ができており、目下その痛みで元気がない。（「相撲」昭和四十二年三月号、八一頁）案の定、十日目まで三勝七敗と、十両陥落の瀬戸際に追い込まれたが、十一日目から五連勝、かろうじて勝ち越し、幕内残留を決めた。

初場所後の二月五日、双葉建設社長が世話人となり、京都で新しい組織の若天龍の後援会が発足した。（「相撲」昭和四十二年二月号、一〇〇頁）

コラム3　京都で若天龍の中学の同級生にお聞きした逸話

二〇二二年五月下旬、思い立って京都へと向かった。高松から神戸・三宮まで高速バス、三宮から新快速で京都まで、京都から嵯峨野線で二条まで乗車した。二条駅で下車し、徒歩で左馬寮町の方へと向かった。

たまたま路地で出会ったご婦人が、若天龍と中学三年の時の同級生だったK氏の奥様であった。実はこの時K氏は入院しておられ、明日が退院の日とのことであった。私が他を回っている間に奥様が病院にいるご主人、つまりK氏に電話してくれたのであろう、「主人が若天龍、懐かしい。前頭筆頭まで上がった」とおっしゃられたそうだ。「間違いない」確信を持った私に、「明日退院するので、明日電話してもらってもいい」と言ってくださり、ご自宅の電話番号を教えてもらった。

翌日、十五時過ぎにその番号に発信すると、K氏直々に出てくださった。まずは退院をお祝いする言葉を伝え、それからヒアリングに入った。最初にわかったのは、若天龍（一家）は中学三年の年の途中に、三重県（伊賀上野あたり）から親戚（叔父、叔母）を頼って京都に転居し、転校してきた京都市立西ノ京中学校で同級であったということ。

当時の若天龍は、背が高いとか大きいとかではなく、いかにも頑健そうで馬力もあった。運動ができ、走り幅跳びの距離にも驚かされた。走っても速かった。（若天龍が雑誌のインタビューで答えていた）野球をしていたということは知らない。西ノ京中学には野球部がなかった。身体的な特徴のうち、特筆されるのは足の横幅の広さで、新しい靴を買ってもらっても甲の部分がすぐに裂けてしまうという有様だった。大相撲で成功できた要因の一つには、この「足の幅の広さ」があったのではないかといったことを聞かせていただいた。

興味をそそられたのは、同窓生に、やがてミドル級のチャンピオンになる権藤正雄がいて、権藤と若天龍が仲が良かったということだった。権藤正雄について、知り合いの葛城明彦氏の著した『「ジョー」のモデルと呼ばれた男』で調べてみると、かなり素行の悪いボクサーで日本ボクシングコミッションを除名処分になっているといったことがわかった。早速葛城氏に問い合わせてみると、むしろ葛城氏の方が、権藤情報を得たいとのことだったので、翌日再度K氏に電話を掛けることとなった。

若天龍が住んでいた中川家のあった場所の現状（京都市中京区西ノ京左馬寮町）

粥川工業のあった場所は駐車場になっていた（兵庫県西宮市瓦林町）

二回目の電話で知ることが出来たのは、ある日、若天龍と権藤の二人がそろってK氏の自宅に来て、大変な剣幕で「ヒロちゃん（K氏の愛称）、けんかしよう」と言ったということである。しばらくの間の話し合いで無事帰ってもらったが、二人が怒った理由も、K氏のどんな言葉がK氏を無傷のままに収めることができたのか、今では思い出せないということであった。とはいっても、二人とも決して札付きというのではなく、悪知恵を働かせるような連中ではなく、普通のまじめな中学生だったとK氏は付け加えられた。

在日韓国人だった権藤正雄と若天龍の仲が良かったのは、ご近所のNさん（Kさんの二学年上だったとKさんからお聞きした）というご婦人からお聞きした話で、若天龍の姉（Kさんは、若天龍に姉がいたことは全く知らなかったそうである）の再婚相手がコリアンだったらしく、同級ではなかった二人が親しくなったきっかけは、このあたりが要因となったのではと筆者は推測した。

それにしても、京都という土地柄、やはり「おもてなし」の精神が自然としみ込んでいるのであろう、どの人も丁寧な応対をしてくれた。また、昔から当地に住み続けている人が多かったのも幸運であった。以前、若天龍が引退後に経営していた粥川《かゆかわ》工業を探して、西宮を二度にわたり訪ねた際は、阪神淡路大震災の影響を再認識させられた。すなわち震災の後、倒壊した住居が立て替えられ、人の大規模な移動が起こったことを知らされたのである。新しく移ってきた人に聞いても、「震災前のことは知らない」と返答されることが二、三度あった。

第九章　扇山民雄

本名は高橋民雄。昭和三十年（一九五五）初場所初土俵。番付に入った春場所は高橋川、翌夏場所に宮ノ花に改名したが、三段目に宮ノ花（二所ノ関部屋）がいたので、取り組み表はもとの高橋川で掲載された。（「相撲」昭和三十五年九月号、一六一頁）翌秋場所から伊達ノ花、昭和三十二年九州場所扇山に改名した。

幕内在位十二場所（連続五場所が二回）、最高位は東前頭五枚目。幕内での成績は七十八勝一〇二敗（勝率・四三三）だった。十両在位は二十六場所（連続十四場所）。幕下二十六場所（十両から陥落後の三場所を含む）、三段目八場所、序二段五場所、新序一場所。

入門まで

扇山は宮城県栗原郡沢辺村字下沢辺（現金成町《かんなりちょう》沢辺）出身。沢辺中学では陸上競技をやっており、一〇〇メートルを十三秒くらいで走っていた（本人談）。中学を卒業後、埼玉県大宮市のパン屋に勤務していた。七五キロと体があったので、ちょうど大宮に住んでいた錣山《しころやま》親方（元若葉山）が見に来た。扇山は、錣山親方が身長も自分より低く大きくなかったので、自分も相撲取りになれると思ったと述懐（「相撲」昭和三十七年十月号、一四〇頁）している。パン屋にいたことから、角界入りしても「パン屋」と呼ばれていた。姉の夫が、宮城野部屋の宇多川と親戚だった。

幕下時代

幕下で七場所負け越すことなく（四場所連続で四勝四敗の五分、その後六勝一敗、二場所連続で五勝三敗）取った後の「幕下進境の力士たち」では、「吊り、突きに勝っていたが、逆に突き負けてもいた。思い切って首投げにいったりする相撲根性もある。」（「相撲」昭和三十四年四月号、一五六頁）と紹介されている。

部屋別にみた「幕下有望力士」、時津風一門では、時浪、宮永（後の天津風）、筑波山、岡ノ山、小林、扇山、牧山、時葉山などが期待される。（「相撲」昭和三十四年十月号、一四六〜一四七頁）

幕下で十七場所（勝ち越し八場所、五分六場所、負け越し三場所）取った後の「幕下のホープ紹介」で紹介された時には、「ぶちかまして一気に押して出るのが得意。しかし四つ身になると、まだこれといった技がないようだ。」と書かれている。（「相撲」昭和三十五年十二月号、四四頁）

幕下十八場所目となる昭和三十六年（一九六一）初場所、幕下東十三枚目の扇山（二十二歳）は五勝二敗と活躍した。「左半身になって小またすくいを見せたり、からだの小さい（一七八センチ、九〇キロ）のを意識してか、うるさい取り口。引退した若葉山*のような存在になると期待される。」（「相撲」昭和三十六年三月号、一五七頁）

＊埼玉県出身。時津風部屋。幕内在位四十三場所で小結が最高位。殊勲賞一回。足取りの名人で、こまたすくい、

扇山民雄

（写真提供：ベースボール・マガジン社）

けたぐり、そとこまた、うちむそう、わたしこみ、したてひねりと技が多彩だった。引退後は年寄錣山を襲名、昭和六十二年十一月に定年退職した。

初場所後には、「扇山は入門（昭和三十年初場所初土俵）以来今年で七年目の大器晩成型であるが、相撲の巧いことには定評がある。一例をあげてみるならば勝ち味はちょっと遅いが差し身がすばらしくい い。ここ四場所四、五番ずつ勝っている（昭和三十五年名古屋、秋、九州、三十六年初と、東二十八枚目、東二十六枚目、東十七枚目、東十三枚目で四場所連続して四勝三敗、五勝二敗、四勝三敗、五勝二敗と勝ち越し）ので、このまま快調なペースをみせれば、十両には近い将来昇進することだろう。幕下上位で負け越した（昭和三十五年初、春、夏と、東十四枚目、西十六枚目、西二十一枚目で三場所連続して三勝五敗）が、まだ若いし、体が柔らかいことからみて、希望が持たれている。俗にいうボケている期間ともいうのであろうが、けいこの虫でファイトもあるようだから、独特の強引な相撲として名をあげることだろう。」（「相撲」昭和三十六年二月号、一七二頁）と書かれている。

幕下上位でジリジリと昇進している扇山は昭和三十六年（一九六一）名古屋場所で、東三枚目で五勝二敗、十両に入れる星だったが、十両からの陥落者が少なく西二枚目どまりだった。（「相撲」昭和三十六年九月号、一四三頁）

扇山は体が小さいのに〝首投げ〟などという大ワザをときおり見せていたため幕下上位の壁をなかなか破ることができなかった。大塚（後の豊國）や内田（後の大関豊山）が同じ時津風部屋に入門（大塚が昭和三十五年五月に、内田が昭和三十六年三月に入門）してからというものは今までののんびりした気持ちから人間が変わったようにけいこした。（「相撲」昭和三十七年一月号、一五六頁）

昭和三十六年九州場所、西幕下二枚目で七戦全勝、幕下優勝を遂げ、翌三十七年初場所、とうとう十両昇進を果たした。

関取時代

新十両の場所は西十一枚目で初日から五連敗、六勝九敗と負け越した。

頭をつけて相手のふところに飛び込み、廻しを欲しがらないでおっつけ、しぼって出ていく型だが、先場所の負け越しに奮起した春場所は、東十両十五枚目で、好調、前によく出、よく動き、九勝六敗の好成績を収めた。そして基本を十分に生かした相撲をとった。が、悲しいかな体に恵まれないから、初日の玉嵐、七日目の東錦にはがっぷりになられて敗れた。しかし三日目に廣川を土俵際突き落したり、五日目に福ノ海を切り返しに仕留めたりなかなかうるさかった。〝第二の若葉山〟といわれ、錣山さんの相撲に似ているが、もう少し肉が欲しい。(「相撲」昭和三十七年四月号、九〇〜九一頁「十両力士の診断書」)

その後、夏場所は東十両七枚目で八勝、名古屋場所は東十両四枚目で十勝と三場所連続の勝ち越し、昭和三十七年(一九六二)秋場所で新入幕を果たした。

新入幕の扇山は、西前頭十五枚目で九勝をあげ見事に勝ち越した。

河原武雄「新入幕の扇山、(前場所新入幕の朝ノ海と同じく)これもあの体で予想外といっては悪いけれどもよくがんばったですね。」

神風正一「よくやりました。この人の相撲もいまの朝ノ海*とちょっと似ていますね。朝ノ海は右から攻める。この人は左から攻める。それだけの違いです。それで扇山のほうが相撲はまた一つうまいな。朝ノ海よりこれのほうがもう少し相撲が上ですよ。パッと左で前廻しを取って出すのもうまいし、立ち合いパッと変わるのもうまいしね。九番勝ったんでしょう。大したものだ。」

＊鹿児島県奄美大島出身。高砂部屋。幕内在位は四場所のみで最高位は前頭九枚目。体は小さかったが、向こう気が強く、腕力に恵まれ、取り口はきびきびと気力にあふれていた。

浅香山泰範「相手に廻しを取らさんところはうまいですね。お尻を振ってフラダンスやっちゃってさ（笑）これからもっと上に上がればあのフラダンスもちょっときかないかもしれないけれども、幕内の下のほうだったら、あの相撲のうまさはちょっと光っていますね。この扇山というのも、けいこが好きでよくやりますすね。」

河原「これから技能派の力士の一人として楽しめますね。」

間垣光男「ええ、十分買えるんじゃないですか。ただ相手によって体が小さいとか、自分と同じくらいに上がってきた人には、前廻しは取るけれども頭を下げていませんね。ここらに気が強いというか、そういうところが出ているけれども、あれが頭をつけるようになったら、もっと勝てるんじゃないですか。」（「相撲」昭和三十七年十月号、七〇〜七一頁「初場所総評座談会」）

勝ってても負けてもニコニコ笑っている扇山。この人はいったい怒ったことがあるのだろうかと思うほどに朗らかな男だ。宮城県の出身であるが、東北人のような印象を受けないほどよくしゃべる。しかも笑いながら……（「相撲」昭和三十七年十月号、一三九頁）

時津風部屋には、鋏山親方（元若葉山）や粂川親方（元双ツ竜）などユーモアに富んだ明るい性格の人が多く、扇山もほがらかな男だ。

扇山は前さばきが非常によい。十両にいるころ、沢光*と比較して、沢光のほうが良いかと思ったが、いまは逆に差がついている。（「相撲」昭和三十七年十一月号、七九頁）

＊北海道出身。時津風部屋。幕内在位は七場所で最高位は小結。殊勲賞、敢闘賞を各一回受賞した。小柄だったが、いつも闘志満々で、張り手を交えた猛烈な突っ張り、立ち合いに当たってから右を差して一気に出ていくきっぷのいい取り口だった。

時津風一門にあって、とかく豊山や豊國の〝両豊〟などの陰に隠れて目立たない扇山は、どちらかというと、優れた運動神経を十分に生かした、いわゆる栃ノ海タイプではなかろうか。技能力士に到達するためにもっとスピードと技の切れ味が大切である。扇山は一見それほど機敏な動きではないが、なによりも前さばきがいい。左右どちらにでも平均した防御と攻撃がある。たいがいの力士は差しみに右四つあるいは左四つというクセがあるように、右、左とどちらか一方にかたよるものだが、扇山はどちらになっても器用にこなしている。扇山は一見筋肉質のように見えるが、体に柔軟性がある。これは今後の鍛え方によってはいろいろな技をこなせるだけの可能性がある。扇山はボクシングでいうウィービング*のように適当に上体をひねり、右から攻められるとすぐ左に重心をかけ、左からこられると右といった具合に相手の力を柳に風と受け流すことを心得ている。そのうえ、おっつけもいいからめったに相手十分にさせるようなことがない。そして、秋場所の十二日目に上背のある明武谷をとっさの変わり身で討ち取ったように、正攻法プラス変化を使い分けている。

＊ボクシングの防御テクニックの一つで、頭や上体を上下左右に動かし、的を絞らせない戦法。

扇山は昭和三十年初場所の初土俵であるから、入幕まで八年近くかかっている。昇進ぶりも序二段を五場所、三段目を八場所、さらに幕下生活二十三場所という厳しい試練に耐えてきている。そして、どうにか好角家の目に留まったのは、昭和三十六年（一九六一）の九州場所で西幕下二枚目で全勝したときではなかろうか。それも一挙に人気を集める派手なものではなく、「こんな力士がいたのか」という程度であった。

十両四場所を通じても絶えず優勝候補にあがるものではなく、新入幕しても関係者の間で「かなりやれる」という期待があったくらいのものだ。部屋でもけいこ熱心な扇山について、立田川親方（元横綱鏡里）は、「実にけいこもやるが、なにをやらせても機転が利く男だ。これは要領がいいということではなくて頭がいいのだろうな。ふだんの態度がよく相撲にあらわれている」と評判がいい。（「相撲」昭和三十七年十一月号、一六二～一六五頁）

下位陣でおもしろいといっては失礼だが扇山の存在が注目される。どこかひょうひょうとした面持ちで、土俵上で闘志といったものが感じられない。この力士実際に弱いのか、強いのかよくわからないといった調子。けいこは熱心でよくやっており、とにかくいろんな技を使って、土俵を楽しくしている。昭和三十八年（一九六三）春場所でも、幕内では珍しい小股すくいで宇田川をひっくり返したり、清勢川をすくい投げ、常錦、若天龍を突き落としたりしたかと思うと押したり、変わったりして相手力士をかく乱している。

上位に進出するにはまだまだ力不足だが、とにかく手取りというか、よく動くし、なにをやるか想像もつかないのだから、見ていて本当に楽しみだ。ここ二、三場所が扇山をこのままにするか、どうかの瀬戸際ともいえるが、先輩に錣山親方（元若葉山）という技巧派がいるだけに、その面で技術的、精神面などの好指導を得て上位に上がってくれれば、おもしろい存在になりそうだ。（「相撲」昭和三十八年五月号、一二二頁）

幕内力士の中にはわずかばかりの技能力士がいるが、十両陣には全く技能力士は見当たらない。わずかに扇山あたりの機敏な動きが目につく程度で寂しい限りだ。（「相撲」昭和三十八年十一月号、一一〇頁「なぜ技能賞は出ないのだろう」）

昭和四十一年（一九六六）夏場所、西十両三枚目で八勝七敗の成績だったが、時津風一門の北葉山の引退により十両筆頭から繰り上がり幕内入りした。昭和三十九年初場所以来十五場所ぶりの返り（三度目）入幕を果たした。名古屋場所での仕度部屋で、「それはもちろんうれしいには違いないけど…。まあ、大関が引退みやげにプレゼントしてくれたみたいなもんですよ。しかし、ワシなんかまたきっとすぐに落ちるでしょう。」

相撲に切れ味がないため幕内と十両を往復（「相撲」昭和四十一年七月号「中グラビア」）、幕内の味を長い間忘れていた扇山が昭和四十一年夏場所では久しぶりに元気な姿を見せた。柏手を打つとき、神に祈って勝負するという変わった力士。負けてもニヤリと笑う淡白な性格が、だいぶ損をしているようだ。（「相撲」昭和四十一年七月号、七九頁「幕内全力士総まくり」）

相撲界広しといえども、扇山ぐらい、しょっちゅう笑顔を見せている力士はいない。それも、決して声には出さないからおもしろい。土俵上でも、勝っても負けてもいつも笑い顔。だから負けた時など、「やる気があるのか、あいつは」などと非難を浴びせる人もいるが本人はいつでも全力を尽くしている。それでなければ、あの小さい体で、時津風部屋の荒げいこに耐え、幕内入りなどできるはずがないではないか。目ざす力士像は、扇山と同じように小さい先輩北葉山。「私生活、土俵態度、相撲ぶり……自分の手本ですよ」(「相撲」昭和四十一年八月号、一三〇頁)

脚光を浴びた大関北の富士戦

そんな扇山が脚光を浴びた一番が、昭和四十二年初場所の三日目の大関北の富士戦である。扇山は北の富士の突っ張りを左前まわしをとってこらえ、左からの引き落としでおびやかし、両差しで前後左右にかき回し、左外掛けから右へ切り返したが、体をあずけられて一瞬早く体が落ちた。物言いがついたが、軍配通り北の富士の勝ちとなった。(「大相撲」一九六七年二月号「巻頭グラビア」)業師が目方に泣いた典型的な一番だった(「相撲」昭和四十二年三月号、七九頁)が、辛勝した北の富士に、「小さな人は苦手だ」と言わしめた。評論家からは、「前みつを取って食い下がり、コツコツ攻める相撲なので上位にはもう一つ通用しない。スピードをつける工夫が望まれる」(「相撲」昭和四十二年三月号、七九頁)と指摘された。しかし、扇山が再び上位と対戦する機会はなかった。

昭和四十二年春場所、幕尻の東前頭十五枚目で七勝八敗と一点の負け越し、扇山は十両に陥落し、以降返り入幕することはできなかった。

コラム4　扇山のいとこ千葉タチ子さんに電話で伺った逸話

二〇二二年一月二十五日、扇山の出身地である宮城県金成町の金成総合支所市民サービス課に電話をかけた。教育委員会に問い合わせて電話をしてくれるとのことであった。やがて、高橋さんという方から電話がかかってきた。すぐにかかってこなかったのは、関係者を調べていてくれていたからであった。親戚筋の千葉さんという人に電話をすればいい、今ならいるはずだからと電話番号を教えてくれた。その時点で正午十分前だったので、お昼時であるから、十三時を過ぎてからかけてみようと考えたのだが、「今ならいる」との言葉が気になり、とりあえずかけてみてお昼時だから午後からかけなおすことを伝えたらいいだろうと考えなおし思い切って電話してみた。

すぐに出てくれたのは女の人だった。扇山のいとこで八十五歳の千葉タチ子さんという方であった。扇山の母が隣家（後ろの家）で、扇山はタチ子さんより一歳年下だったとのことで、「姉《あね》さん」と呼ばれていたらしい。電話で、しかも東北弁で聞きづらく、何を言われているのかわからず何度か聞き直すこともかなりあった（結局わからなかったこともあった）のだが、結構長い時間お話を伺うことが出来た。午後からかけなおすからと最初に申し出たのだが、出かけるからと、そのまま応じてくれた。

扇山は、東京・青山の一人娘と結婚、子供もできたが障害児だったとのこと、扇山が風呂に入ると湯があふれ出したこと、布団は一枚では足りず二枚使わなければならなかったこと、町長さん（後援会長だった？）から廻し（化粧廻しであろう）をもらったことなど逸話を聞かせてくれた。

扇山はとっくの昔に亡くなられたとのことで、最後に会ったのは巡業の時で、その時、タチ子さんを「姉さん」、タチ子さんのご主人（金成町役場に勤めていて、アルツハイマーを患い六十七歳で亡くなった）を「兄《あに》さん」と呼んでいたらしい。

扇山が前頭四枚目（五枚目が正しい）まで上がり、佐田の山と対戦したことを覚えておられた。今の力士では照ノ富士が好きとのことであった。つい先日終わった初場所では千秋楽に御嶽海に敗れ優勝決定戦に持ち込むことが出来なかったので「残念でしたね」と言ってあげた。運転免許証は返納し、今は自転車で一日に二回、三十分ほど散歩をされているとのこと。二年後に、私の本が出版されたなら連絡するから、元気でいて欲しいと伝えた。

高橋さんといい、千葉さんといい、東北の田舎（山間部）の人の好さ、素朴さがありがたかった。

コラム5　扇山の生地を訪ねて

二〇二二年九月十五日、JR仙台駅から東北本線で小牛田駅までは問題なかったが、乗換駅の小牛田から石越駅へ行く列車の便が少なく、一時間以上の待ちぼうけを余儀なくされた。おまけに、小牛田駅のホーム上の階段を下りる際、革靴のソールの前部がベロンとめくれるというアクシデント発生、改札から出してもらって、美里町総合案内所で「近くに靴の修理をしてくれる所はないですか？」と聞いたが、「靴屋そのものがないので」とのことだった。

仕方がないので時刻表掲示板前のベンチに腰掛け時間を費やしていた。案内所前に地元の新聞である河北新報が置かれてあったので、それを購入するために再び案内所に入り、輪ゴムをもらって靴の甲とソールのめくれた部分を輪留めする単純な応急処置を施した。

JR石越駅前には運よくタクシーが一台止まっていた。金成町沢辺の中華料理店清華までお願いした。昭和二十八年《ニッパチ！》生まれの運転手から元関脇の「高望山」の名前が出てきた。地元出身とのことであった。仙台出身の青葉城、青葉山は把握していたが、高望山はノーマークだった。

清華で情報収集がてらの昼食（中華そばと餃子三個のセット）をとる。だが、ちょうど昼時で繁盛しており、店主や店主の娘さんであろう配膳担当の女性もせわしく動き回っており、十分なヒアリングはできそうになかった。代わりに向こう側のテーブルに座っていた年配の男性客に聞いてみたが、千葉タチ子さんは知らないとのことで、その人に「(店の人に) 聞いてみたら」と促されて、支払い時に配膳の

扇山の生家跡地（宮城県栗原市金成町沢辺）

女性に聞いてみたが、「ここは木戸口だから……」と、地区が違うのでわからないというような返答であった。

店を出て、まずは三迫川《さんはさまがわ》の堤の道に上がり、誰かいないかと下方の様子をうかがっていたところ、車でご自宅であろう、帰って来られ運転席から降りた男性を見つけた。すぐに駆け降り、道を回り込んでその男性をつかまえて、「千葉タチ子さんのお宅はこのあたりでしょうか?」と尋ねたところ、怪訝そうな表情だったので、コピーし持参していた「相撲」誌に掲載されているグラビアの扇山の写真を見せると、ピンと来たようで途端に「それは下沢辺や。(ここじゃない。)」と言われた。この男性、坂田進さんのおかげで千葉さんにお会いすることができたのである。

場所を教えてもらおうとすると、かなり距離があるので歩いたら三十分くらいかかるとのことで、車に乗せて連れて行ってあげるとのことで、早速今しがた突っ込んだ軽自動車をバックさせて前の車道まで出す途中に助手席に乗せてもらい、車道を東の方向へ車を走らせてくれた。

なるほど、電話で千葉さんに「沢辺」の番地だけ聞いていたのだが、沢辺でも三迫川の少し下流側の「下沢辺」のほうだったようだ。清華の女性が知らなかったのも無理はない。「ここは木戸口だから……」の返答の中には、それは「下沢辺」のほうでしょうとの内容が含まれていたのかもしれない。

坂田進さんは、東西に一直線の道を東へ一キロ少し車を走らせ、左側の民家の庭へ入れた。坂田さんはすぐに車を降り、玄関を開けたかと思うと大声で家人を呼んでいた。坂田さんは、こちらを振り返り、遅れて車を降りた私を手招きしてくれた。どうやら、ここが千葉タチ子さんのお家で、千葉さんがご在宅のようであった。

居間に面した玄関の上がり口に正座すわりされていたご婦人が千葉タチ子さんその人だった。歩行中倒れて体調を崩し、寝ていたとのことで、左側の部屋にはベッドが見えた。そういえば、前日、仙台駅前から電話を入れた際には、「役場で聞いたほうが……」とつれない口調であった。その日も帰りがけ、坂田さんが先に出られ二人だけになった時に、「三木さんだけだったらお断りしていた」と言われた。坂田さんが同行してくれたことで、今回のヒアリングが叶えられたわけである。

千葉さんから聞かせてもらった扇山の逸話をまとめて

三迫川の広い河川敷

扇山の生家跡地裏側の水路

みる。扇山のお骨がどこにあるのかわからない、扇山の実姉は「スンダ（死んだ）」とのこと。千葉さんは。二十歳の時に栗駒のほうから嫁いできたとのことで、「民雄さん（扇山）と主人が従兄弟だった」「若いときは相撲は嫌いだった」と話された。扇山のしこ名の由来を知りたくて、「近くに扇山という山はあるのですか」と聞いたが知らないようであった。

玄関でおいとまし、裏（西）側へ回り、扇山の生家跡地の写真を撮った。今は畑になっており、手前の道路側にはピンク色のコスモスがたくさん咲いていた。奥（北側）に、残されているのだろうか納屋があった。撮影後、坂田さんが市役所（役場、正確には栗原市金成総合支所）まで送ってくれた。車を出す際、立ち上がっていた千葉さんが見送ってくれた。出てすぐのところに「千葉」の表札の家があり、「この辺は千葉姓が多い」と坂田さんが教えてくれた。

さて、市役所で問い合わせをしたが、扇山に関する情報は得られなかった。市役所前から仙台駅前までの高速バスが出ており、十四時十五分発のバスがあったが、戻るには早過ぎると徒歩で再び千葉さん宅まで向かい、付近の写真も撮っておこうと決めた。市役所前に、源氏蛍煎餅の店があったので土産に千円の箱詰めを購入した。くだんの車道上に「沢辺ゲンジボタル発生地」との案内板があった。昭和十五年に集団発生北限の地として国の天然記念物指定を受けたと紹介されている。

千葉さん宅の前から、道路を横切って三迫川の堤防上の舗装道に上がった。結構広い河川敷の写真を撮り、扇山も子供のころ、この光景を見ていたのだなあと思いをはせた。少し東へ歩き、三迫川に姫越橋を架けて南北に延びている道を北側へ左折し、すぐ下の交差点を左折し千葉さん宅のほうへと戻った。千葉さん宅前に差し掛かった時、道端に千葉さんが立っていた。「（土手のほうに）三木さんらしい姿が見えたので」と心配してくれたようで出てきてくれていたのだ。時間がまだあったのでもう一度戻ってきたことを説明し、坂田さんのお名前と住所を知りたかったので、一緒に道を横切り、向かいのお宅の横で草刈りをしている人に聞いてもらった。道を渡り帰し、またまたの別れを告げた。

そのあと、扇山の生家跡の裏側に回り、かつてはゲンジボタルが多く飛び交っていたという水路の写真を撮った。三面コンクリート張りされ、これではホタルは住めないなあと思いながらも、扇山も子供のころ、ここでホタルを見ていたんだなあとその様子を頭に浮かべてみた。

第十章　若鳴門清海

本名は居内徳夫《いうちとくお》。番付に入った昭和三十年（一九五五）春場所から居内、昭和三十一年九州場所若鳴門に改名した。幕内在位二十場所（連続十場所）、最高位は西前頭六枚目。幕内での成績は一三四勝（不戦勝一を含む）一六六敗（勝率・四四七）だった。十両在位は三十二場所（連続七場所が二回）。幕下二十七場所、三段目五場所、序二段三場所、新序一場所。

入門まで

若鳴門は兵庫県淡路島の裕福な中農、居内家の末っ子として育った。三原高校では相撲選手（国体相撲三位。同期に天津風などがいる（「相撲」昭和四十年六月号、一〇四～一〇五頁））をしており、相撲界に入りたい一心で、出身地の近い鳴門海（当時の竹縄親方）に直接出した手紙がきっかけで、近くに巡業のあった折、鳴門海が学校を訪れ、若鳴門の春日野部屋入門が決定した。（「相撲」昭和三十六年十一月号、一七五頁「幕下優勝を飾った若鳴門」）

その時のことを若鳴門は、

「うちのいなかのほうで鳴門海関が出たでしょう。それでわしもやっぱり、子供のころから相撲が好き

若鳴門清海
（写真提供：ベースボール・マガジン社）

だったんですね。成山関にあこがれたり、鳴門海関の相撲が好きだったりしたんですよ。テレビを見て、自分もあんなになりたいと思ってね。あれは高校でちょうど生物の時間でしたけれどね、授業中に鳴門海関から電話がかかってきたんです。あれは大阪で王座決定戦*があったときで、鳴門海関が学校まで迎えに来てくれたわけですよ。うちのほうでは鳴門海関といったらたいへんですからね。電話がきたというんで、もうみんな授業なんかそっちのけですよ。**それから関取が学校へ来まして、廻しをつけてけいこをつけてもらったんです。相撲部の者みんなつけてもらったんです。それがすんで夜、関取のうちへ自転車で送っていったんです。わしら通学するのにみんな自転車でしょう。それでわしの自転車の後ろへ関取を乗っけて、うちまで送っていったんですけれど、そのときに関取から相撲（取り）になるようにってすすめられたんですよ。男だったらやってみないか。東京へ出て俺と一遍いっしょに苦労してみないかというようなことを言われたものですからね。自分もその気になったわけです。（兄は）泣いて反対したですけれどね。うちは四人兄弟で男が二人だったから、相撲相手としていなかにいてほしかったんですね。」と述懐している。（「相撲」昭和三十七年十月号、一五〇～一五四頁）

＊昭和二十九年から大阪で開催された相撲大会。大相撲王座決定戦リーグ戦・トーナメント戦の勝ち抜き戦で、協会の主催ではなく三～四回で終わったと思う。（谷口公逸氏、私信）

＊＊高校の生物教員だった筆者としては見過ごせない箇所であるが……（笑）

長かった幕下時代

昭和三十年（一九五五）初場所の初土俵以来有望視された。同期の一門の出羽海部屋の有田山（幕下止まり）と仲が良かった。故春日野親方（栃木山）に入門当時からかわいがられたという若鳴門の取り口は、キビキビした早い動きの春日野部屋の伝統をいかんなく発揮した。粘り強く、また差し身も巧かった。（「相撲」昭和三十五年十一月号、一五五頁）序二段時代は真面目一方で朴訥な人柄で、大器晩成型とみられていた。（「相撲」昭和三十七年八月号、九二〜九三頁）

幕下まではトントン拍子に出世したが、幕下上位で、昭和三十二年（一九五七）春、夏、秋と三場所続けて（名古屋場所はまだ開催されておらず、年五場所だった）四勝四敗の五分、それまでの本名の居内から、同郷で付け人も務めていた鳴門海のしこ名をもらい、後援会の和歌森太郎東京教育大学教授が付けてくれた若鳴門と改名した。（「相撲」昭和三十五年一月号、一六四〜一六五頁）

改名したものの、九州、三十三年初、春とやはり三場所続けて四勝四敗で、六場所連続四勝四敗とも たついた。「右四つ寄り切りを得意としており（「相撲」昭和三十四年十月号、一四八頁「幕下有望力士」）、一八二センチ、九〇キロの体で、気合のいい相撲を取るのだが、やや腰が軽い。右足の親指が悪く、*そのためふんばりがきかないのかもしれない。（「相撲」昭和三十六年年六月号、一四〇頁）」というのが幕下時代の若鳴門評であった。

＊高校へ入って間もなくのころ、破傷風に罹り右足親指切断の手術を受けていた。医者は膝から切ると言ったが、若鳴門がどうしてもいやだと受け入れず、親指（の爪のところ）だけにしてもらった。助かったのを医者がびっくりしたくらいだった。（「相撲」昭和三十七年十月号、一五〇〜一五四頁）

幕下時代の長かった（実に二十七場所）若鳴門、昭和三十六年（一九六一）秋場所七戦全勝で優勝し、翌九州場所待望の十両入りを果たした。（「相撲」昭和四十二年十一月号、一三六頁）

新入幕まで

新十両の場所は七勝八敗と負け越したが、二場所目、三場所目と勝ち越し、十両四場所目の昭和三十七年夏場所、自己最高位の西十両六枚目で六勝九敗と負け越した。東十両八枚目に下がった翌名古屋場所は初日からよく前へ攻めて出た。この積極さが十一勝の好成績を招いた。立ち合いからよく突っ込み、当たってからの出足も良かった。右利きで右四つになることが多いが、左四つでも結構取れるし、両差しになっての寄りが得意。一門の先輩から栃ノ海と栃光が夏場所後に大関に同時昇進したので、けいこも十分であり、精神面でも随分教育された。

それが好結果を呼び、負けている相撲も粘って逆転するなど実力以上の働きをみせた。琴櫻、宮ノ花、東錦との四人による優勝決定戦で優勝した琴櫻に準決勝戦で押し出しで敗れたが十一勝は立派な星だった。（「相撲」昭和三十七年八月号、九二～九三頁、伊沢辰雄『十両力士の採点書』を改）

東十両三枚目に上がった翌秋場所でも九勝し、コンスタントに星をあげられるようになってきた。けいこは好きだし、相撲っぷりもキビキビしているし、入幕してもその位置を維持できるだろうと評価された。（「相撲」昭和三十七年十月号、九三頁）次の九州場所は番付運が悪く、東十両二枚目にとどめられたものの、九勝をあげ、昭和三十八年初場所新入幕を果たした。

親方からは、「お前は四つ相撲は下手なんだから突っ張っていけ。ただ当たって前に出るように」と言われていた。下手で通っているから、「突っ張っていけ。突っ張りでなしにパチャパチャでいいから、とにかく四つにならないように」といつも言われていたが、なかなかうまくいかず、四つになるんだった

らまだいいが、引っ張り込んでいたようである。(「相撲」昭和三十七年十月号、一五五頁)

東富士錦一「私は若鳴門がよくなるんじゃないかと思うんです。」

秀の山勝一「若鳴門は私、一門だからよく知っているけれども、天分のある力士じゃないですよ。」

新山善一「努力型ですね。」

秀の山「努力精進型です。足腰もそれほどいいわけじゃないんだけれども、とにかくよくけいこしますわ。」

新山「春日野さんも目をかけていますね、非常に。ぼくが感心するのは、あれだけかわいがられるというか鍛えられても、泣きながらでもなおかつけいこをやっているんだな。あれは立派なものですね。」

秀の山「そうなんです。」(「相撲」昭和三十七年十一月号、五九頁「九州場所展望座談会」)

若鳴門は鳴門海の付き人となって幕下まではトントン拍子で上がったが、その後頭打ち、しかし竹縄親方の指導と家族の熱心な応援でけいこに励み、弟弟子栃王山の躍進にも刺激されて昭和三十八年(一九六三)初場所で入幕を果たした。しかし、いささか家賃が高かったのか五勝十敗に終わり一場所で十両に陥落した。全体にキビキビした取り口だが決め手のないのが難。同じく新入幕の場所五勝十敗と負け越し十両に陥落した栃王山とともに再度の入幕を目指している。(「相撲」昭和三十八年年五月号、一三二頁)

千秋楽三役揃い踏みに登場

昭和三十九年（一九六四）初場所に一年ぶりの再入幕を果たして二場所連続の勝ち越し、三場所目となる夏場所、西前頭七枚目に躍進していた若鳴門は、「柏戸関の休場で、千秋楽に北葉山関と対戦することになった。大関との対戦は覚悟していたが、十四日目あたりと思っていたのに……。千秋楽には、三役揃い踏みをやらなければいけない。喜んでいいのか困っていいのかよくわからない。でもこんな光栄のことはないと思う。」（『相撲』昭和三十九年六月号、一七二頁）

一方、十四日目に一敗だった横綱栃ノ海に勝ち十一勝三敗とし、優勝圏内にとどまり、優勝も頭にチラついてくる北葉山は、「相手が横綱ならともかく、よりによって平幕が相手だ。硬くなってしまう。いやになる。」（『相撲』昭和三十九年六月号、一七四頁）

是より三役、結び前の一番、若鳴門は北葉山に善戦した。もしもこの一番に北葉山を倒せば、自動的に同部屋の栃ノ海の優勝が決まるから、「よーし、うちの横綱のためにも……」と闘志を燃やしていたからだった。仕切りのときから若鳴門の顔は紅潮していた。だが、もうちょっとのところで涙をのんだ。北葉山の上手出し投げで土俵に倒れた、支度部屋に帰ってきた若鳴門は、「ちきしょう。もう少しのところだったのにな」と悔しがっていた。

「徳（若鳴門の愛称）、よくやったよ。大関を相手にあれだけやれば立派なもんだ。」とやはり同部屋の大関栃光がなだめた。（『相撲』昭和三十九年六月号、一七七頁）若鳴門の思いも伝わったか、栃ノ海はその直後の結びの一番で、大鵬に下手投げで勝ち、自力優勝を遂げた。

若鳴門は、目を細くしている。お年寄りが針の穴に糸を通すときのように、目を細くして仕切っている。だから眉間にしわが寄る。色が黒く、たくましさを出している。(「相撲」昭和三十九年七月号、一一六頁、由比三次『土俵の姿』)

翌名古屋場所八日目、若鳴門は大関北葉山を吊り出しで破った。右四つとなり、北葉山が左から上手ひねりをみせたが残した若鳴門は、北葉山が西へ出ると、左に振るように北葉山を吊って大関を破った。若鳴門は、「タイミングがよかった」とご機嫌だった。(「相撲」昭和三十九年七月号「巻頭グラフ」)

家庭を持った若鳴門

昭和四十年(一九六五)初場所後の一月二十六日、若鳴門は、かねてから婚約中の小菅英子(二十一歳)と東京教育大学の和歌森太郎教授夫妻の媒酌で挙式を上げた。(「相撲」昭和四十年二月号、八一頁)式場のパレスホテルで佐田の山の横綱推薦の知らせがあり、若鳴門は、「こんなに嬉しいことはない。おめでたい知らせを受けて……」と披露宴に出席していた佐田の山に握手を求めた。(「相撲」昭和四十年三月号、七一頁)

十七時半より開かれた披露宴には、出羽海親方夫妻はじめ、師匠の春日野親方、兄弟子の横綱栃ノ海、大関栃光、佐田の山ら関係者約二〇〇人が出席した。(「相撲」昭和四十年三月号、七五頁)結婚後の若鳴門は、夫人の実家、国電阿佐ヶ谷駅近くの新居から、サラリーマンよろしく、電車に乗って場所入りしていた。

昭和四十年(一九六五)広島準本場所は四月七日から十一日間にわたって広島県立体育館で行われた。若鳴門は十両西一枚目で十一戦全勝で十両優勝した。(「相撲」昭和四十年六月号、一四五頁)

突き、押し、右四つからの投げ、吊り、立ち合いの変化、とったり、土俵際粘っての打っ棄りと、とにかくなんでもやるが、何か一つ売り物を作れ。これなら絶対というヤツを。(「相撲」昭和四十一年五月号、一三九頁「幕内全力士への注文帖」)

五月七日の番付発表の日、若鳴門に女の子が誕生した。大喜びの若鳴門はさっそく〝隆子〟と名前を付けたが、これは師匠春日野親方の名前〝清隆〟の一字をもらったもの。若鳴門は場所中市川の自宅に帰らず、ずっと両国の部屋で暮らした。「別に子供ができたからという理由ではない。これは、女房をもらうときからの約束なんで、場所中は若い者の指導もあるので泊っている」と電車で三〇分程度で帰れる自宅に戻らず、張り切っている。(「相撲」昭和四十一年六月号、七三頁)

若鳴門の土俵上での顔つきは、苦虫をかみつぶしたように、いつもすごい顔をしている。しかし、実際はやさしい、神経の細かい力士だ。(「相撲」昭和四十一年七月号、七八頁「幕内全力士総まくり」)

栃ノ海も完調とはいかず、栃王山は病いいえず*、期待の新人臼井はひざの故障で治療中。若鳴門ただ一人が孤軍奮闘、「皆が元気でないと力が出ないですよ。やはり寂しいです」と言っているが、巡業では毎日のように関取を相手に激しいけいこ、いつも砂が背中についていた。「ワシみたいに体がないとけいこしなければもたんです。けいこ場で負けても、なんとも思わない」(「相撲」昭和四十一年九月号、七七頁)

*右目の眼球の膜が破れ出血、物がかすんで見えるようになり入院、網膜剥離が疑われたが、その心配はなかった。

栃ノ海が引退したので若鳴門が春日野部屋の部屋頭となった。(「相撲」昭和四十二年一月号、八一頁)

新旧交代

昭和四十二年(一九六七)初場所初日、新入幕の戸田は激しい相撲の若鳴門をかまわずに寄り立てて、

右を差すと出足一気に寄り倒した。（「相撲」昭和四十二年二月号、一五二頁）

栃光去り、栃ノ海引退し、栃王山が目を痛めて十両に落ちた春日野部屋で、ただ一人の幕内力士となった若鳴門、これといった決め手がなく、体も上背はともかく目方に恵まれないが、とにかく、よく動いてつねに全力投球する敢闘型、それで幕内を保っている。立ち合いに小手投げを打つかと思えば、右四つに組むと自分から下がっていって打っ棄るなどいわば半端相撲。（「相撲」昭和四十二年三月号、八一頁）

「まあ、初場所はなんとか終わったものの、責任感をひしひしと身に感じてやりきれない気持ち、大関（栃光）の引退にはまだ横綱がいたので、それほどではなかったが、横綱（栃ノ海）が引退してからは急に青くなった。もうよりかかってた人もいなくなり寂しくてたまらない。早く幕内に一人でも二人でも上がってくれないと、自分一人じゃたまらない」盛んにため息をついていたが、幸い十両の栃東が好成績を収めたので春場所の入幕が確実となり、若鳴門もいささかほっとしたことだろう。（「大相撲」昭和四十二年三月号、七九頁）

コラム6　若鳴門の生家で姪御さんからお聞きした逸話

二〇二三年三月二日、前日のポカポカ陽気から一転し、北西からの風がやや強い日だった。

九時過ぎに車で自宅を出発、高松中央インターから高速に乗り、時折小雨もぱらつく中、淡路島へと向かった。十一時前にはナビで指定した目的地に到着、車を止める場所を探しながら、細い道を東の方向へ直進していると、左側に「居内」の表札が掲げられた間口の広い家があり、「ここがそうかな」と思いつつ、しばらくそのまま直進、南北の道と交差する向こう側に神社があり、鳥居の前にスペースを見つけ、駐車した。

早速引き返し、「居内」邸のインターホンを押したが応答がない。ふと鼻に牛糞の臭いを感じた。かつて乳牛を飼っていた若鳴門の生家との確証が高まってきた。もう一度インターホンを押しても、やはり応答がなく、東側の通路を奥へ進んでみた、案の定、牛舎があった。人はいなかった。仕方がないので、近隣の人に尋ねようと、いったん道に出て、西側、東側の表札を順次見ていくと、東隣の家がやはり居内さん宅であった。

前庭にバスケットボールのゴールが立っている。その前庭の前側と後ろ側に二軒建っている。本家とみられる奥側の家のインターホンを押すと、今度はすぐに年配の女性の声が返ってきた。「相撲の取材に来ている」と伝えたところ、若鳴門の生家であるとのことで、若鳴門の姪御さんとの初老の女性が、玄関の右側の応接間に招き入れてくれた。「遠くから来られているので何か熱いものを」と、わざわざコーヒーを運んできてくれた。

姪御さんは居内恵子さんといい、若鳴門の兄源作さんの娘で七〇歳とのことだった。父親の源作さんは昭和五年十一月二日生まれで、七十七歳で肺がんでなくなったとのことである。恵子さんは阿万《あま》から養子を迎え、生家でそのまま住んでいるとのことで、前側の家には長男夫妻と二人のお孫さんがいるとのことで、バスケットボールのゴールはお孫さんが使っているものだった。

若鳴門は、兄源作さんとその下に二人の姉、四人兄弟の末っ子だった。

若鳴門の生家の現状

恵子さんは、若鳴門のことを「おっちゃん」と呼び、いろいろとエピソードを聞かせてくれた。

道の端に牛舎があり、ほとんどの家が牛を飼っていたが、乳牛は皆やめた。高品質が求められ出荷が難しくなったとのことである。隣の隠居家で飼っているのは肉牛用の黒牛とのことであった。牛乳をたっぷり飲んで子供のころから大きかった若鳴門であるが、弱い者いじめは絶対しなかった。性格が良かったと人から聞いていたと言われた。

人一倍体が大きく、普通の仕事に就けば目立ってしまうので、相撲の道に進むしかないと、早くから角界入りを決めていたようだ。恵子さんが小学生から中学生のころのことであろう、父親（若鳴門の兄の源作さん）から、電光掲示板を見といてくれと言われ、毎日テレビでドキドキしながら、若鳴門の勝敗を見ていた。（右足の親）指があれば、どんなにか変わっていたのにと思うことがある。

若鳴門の成績が悪かった時に、父が方々のお守りを集めて届けに行ったときに、一緒に春日野部屋に行き、栃錦（当時は春日野親方）に会ったことがある。顔が大きい人だった。寿司の入った大きな桶を出してくれ、東京は違うなと思ったらしい。

佐田の山さんには大事にしてもらったと若鳴門が言っていたという。お下がりではあるが着るものを頂いていてすごく助かっていたとのことだった。若鳴門には三人の子供（長女・長男・次男）がいて、長女は医者に嫁いだとのこと。

叔父は優しい人だった。よくしてくれた。九州に行けば明太子を送ってくれたり、どこかに行ったときは必ず何か送ってくれた。横綱栃ノ海の土俵入りの露払いをしていた。太刀持ちは北の冨士で、三人が写った写真があった。若鳴門の葬儀には叔母二人（若鳴門の姉二人）と（上の叔母が大阪に嫁いでいたので）神戸で待ち合わせ、新幹線で行かれたとのこと。

「おっちゃんのことをいいように書いて欲しい。こんな関係の人を身内に持って良かったと思う」と、最後に言われた。時間は正午を過ぎていた。

第十一章　若乃洲敏㳽

本名は鈴木敏㳽。昭和三十二年（一九五七）夏場所から九《く》州《す》若《わか》、昭和三十七年秋場所若乃洲《しま》に改名した。幕内在位十一場所（連続八場所）、最高位は西前頭五枚目。幕内での成績は七十一勝九十四敗（勝率・四三〇）だった。十両在位は十一場所（連続九場所）。幕下三十九場所（十両から陥落後の十五場所を含む）、三段目八場所、序二段五場所、序の口一場所。

長かった新入幕まで

若乃洲は福岡市の出身。実家はパン屋だった。舞鶴中学では柔道をやり、段をとるところまではいかなかったものの二年の時に福岡市の大会で少年部門で優勝している。（「相撲」昭和三十八年十二月号、一四四頁）福岡市に花籠親方の親戚がいて、その人の紹介で入門した。

昭和三十二年（一九五七）初場所初土俵。同期は北の冨士（後の横綱）、龍虎（最高位東小結）昭光、熊乃浦、津軽國、（以上十両）。（「相撲」昭和三十八年十二月号、一四四頁）出世は割合に順調だったが十両までに六年、そして十両から幕内までに二年かかり、昭和四十年（一九六五）夏場所、初土俵以来五十場所目での新入幕は当時二位*の長い記録だった。

＊当時、同じ場所に新入幕した天水山の五十二場所目に次ぐもの。なお、昭和三十二年春場所新入幕の小野錦と、昭和三十二年名古屋場所新入幕の大田山も応召中の場所数を含めば五十場所目になるが、実数としては四十四場所目、四十八場所目である。（「大相撲」昭和三十八年三月号、八四頁改）

若三杉の付き人をしたこともある。（「相撲」昭和三十三年六月号、一九九頁）昭和三十二年初場所に一緒に初土俵を踏んだ龍虎が若乃洲の付き人を務めたことがある。（「相撲」昭和四十二年二月号、八八〜八九頁）

幕下時代

二十歳の九州若（後の若乃洲）は技能派の四つ相撲の多い花籠部屋で珍しい押し相撲。一七三センチ、一〇〇キロのアンコ型の体格で、左ハズで頭をつけて押して出る。ただ立ち合いに逃げたり（昭和三十六年名古屋場所三日目の富永戦）、右で上手を取って投げにいったりするのは考えものだ。六日目、同じ九州出身の有望力士川内（鹿児島県・井筒部屋）と熱戦を展開し、頭をつけて有利な体勢になりながら右からの投げにこだわったため負けている。体力はあるのだから出足をつけるようにけいこをすれば、ものになりそう。

一門の放駒親方（元十両の照錦）も、「うちの幕下では一番ものになりそうだ」と期待している。（「相撲昭和三十六年八月号、一五八頁）幕下当時は「ダンボ（小象の名）ちゃん」と呼ばれていた。（「相撲」昭和四十一年三月号、一四頁）

このところ御大若乃花の引退いらいさっぱり意気あがらぬ花籠部屋も花光が十両入りしてやっとまた上向きになってきたが、幕下上位では一進一退している〔昨秋まで九州若を名乗っていた〕若乃洲など

若乃洲敏弥

（写真提供：ベースボール・マガジン社）

きっかけさえつかめば、十両入りしてぐっと伸びる力士といえよう。左ハズで頭をつけるようになればいいのだが、もともと右四つなのと組む四つ相撲が多いため、けいこでもそうなるのでつい組んでしまい投げに頼るようだ。いま少し立ち合いを研究し、当たりを鋭くすることと、出足を生かすように努めるべきだ。そうなればもっと働けるはずである。(「相撲」昭和三十八年一月号、一六五〜一六六頁)

体力に恵まれ〝関取〟になるのはすぐとみられていたがどうも伸び悩んでしまった。しかし(昭和三十八年)名古屋場所で勝ち越したのだから、これをきっかけに一挙に突進してもらいたい。(「相撲」昭和三十八年九月号、一一九頁)

いま花籠部屋で期待されているのは十両入り確実の若乃洲。毎日、若秩父、大豪相手の猛げいこだが、それだけに彼に対する期待は大きいわけである。若乃洲は、「地元なので硬くなって動けなくなるんではー」と心配しているが、「あいつは勝負度胸があるので勝ち越しは間違いない」と一門の誰もが安心している。(「相撲」昭和三十八年十一月号、一三九頁)

昭和三十八年(一九六三)秋場所、東幕下十枚目で七戦全勝優勝したときの若乃洲は一一二・五キロだった。ところがそれから一か月あまり、若乃洲の体は、そのときに新調した紋付が着れないほどに大きくなってしまった。一か月あまりで一一・二五キロも増えて一二三・七五キロになった。

関取時代

ようやく十両に昇進した若乃洲、「つらかったことは、けがをしたときですね。幕下の上位にきた昨年の大阪準場所のときですが、右足をけがしましてね、それまでは幕下で一回だけ負け越したが、トントンときたですからね。それから今年の春場所〔初場所が正しい〕も三枚目までできながら、二勝五敗で負け越し、八枚目〔十枚目が正しい〕に下がってまた二勝五敗と負けたときは、ショックでした。しかし、わしも入門して六年目、石にかじりついてもと思いましたよ。秋場所優勝できた原因は、廻しを欲しがらずに押しに徹したことだと思っています。だからこれからも廻しをつかんではいけない。押しに徹しねばと思っています。得意は右ですが、とにかく一押し、二押しですよ。」（「相撲」昭和三十八年十二月号、一四四頁）

昭和四十年（一九六五）夏場所、新入幕の若乃洲は目立ちはしないけれど地味に、確実に勝ち進んできた。そんなところは、若乃洲の人柄に共通しているようだ。「ほんとにおとなしい静かな人ですね」と部屋の人は言う。まじめで、けいこはよくやる。優等生だ。また、たいへんな母親思いでもある。「月に一度は手紙をくれる」とは母の高子さん。

若乃洲の取り口は、どちらかといえば〝押し〟のタイプに属するだろう。恵まれた体を生かしての押し、寄り身は威力がある。若乃洲自身も、「やはり、廻しを欲しがらずに押す相撲を取っていきたい。得意は右だけれど、そんなことにこだわらず、一に押し、二にも押しです。」と言っている。

解説者の神風正一氏もこれには賛成のようだ。「いくら体が大きくたって、まだまだ相撲は甘い。幕内の力士とガップリ四つに渡り合っては勝ち目はない。廻しを欲しがらず押しに徹すれば、ある程度の期待は持てるのでは……」（「相撲」昭和四十年五月号、七九頁）

中学時代、柔道の選手だった若乃洲、その柔道の技が相撲にも現れた。掛け投げである。部屋には、掛け投げの名人と言われた若ノ海〔当時は音羽山親方〕がいた。「いや、若ノ海関の感化を受けたわけではありません。悪いクセなんです。」という若乃洲はアンコ型の力士。体つきが似ているからというわけではあるまいが、同じアンコ型の若秩父にかわいがられて力をつけてきた。その若秩父は、若乃洲にいつも同じ注意をするそうだ。「おまえは上背がない。組んだらだめだ。押しに徹しろ。まして掛け投げなんてするものじゃない。」と。

若乃洲は聞かれたことは正直に答え、忠告されたことは素直に受け入れ、実行しようと努力する。そんなまじめな力士なのだ。(「相撲」昭和四十年六月号、九四頁)

新入幕の若乃洲は八勝七敗とめでたく勝ち越したが、「自分では四つ相撲は避けようと思っても、なかなか注文どおりにいかなかった」と、連日激しいけいこを積んでいる。(「相撲」昭和四十年七月号、八六頁)

若乃洲は花籠部屋で一番のけいこ好き、ところが、けいこ場ではぶちかまして出るも、いざ本番ではガラリと消極相撲。「琴櫻と同じように気が弱いのか、けいこの半分の力が出ない。どうもうちの一門は内弁慶ばかり多くて……」とは部屋関係者のボヤキ。(「相撲」昭和四十年八月、七四頁) 若乃國もそうだったか。

昭和四十年(一九六五)九州場所十四日目、若乃洲は、二敗で一敗の大鵬を追走していた鶴ヶ嶺を下手投げで破った。結びの一番で、大鵬は栃光を送り出しで破り、千秋楽を待たずに十八回目の優勝を決めた。若乃洲は、「左からいなして攻めたのがよかった。相手に不足はないから、はじめから倒してやろうと思って精一杯やりました。勝ったけど、(鶴ヶ嶺に)悪いことをしたようであんまりいい気持ではないです。」(「相撲」昭和四十年十二月号、一七九頁)

花籠部屋の九州場所の宿ピオネ荘のけいこ場では、若乃洲が大豪の胸を借りて猛げいこ。「こいつ、また大きくなりゃーがった」と大豪がいうように、若乃洲はまた一段と横に大きくなった。アンコ型力士によくある横に対してのもろさも、若乃洲にはそれほど見られない。「あれだけの体があるのだから、立ち合い思い切って当たって、休まず攻め立てれば、かなりの星があげられるのではないか」と親方は言っていた。（「相撲」昭和四十年十二月号、一一三頁）

幕内力士になってからの若乃洲は、部屋で若手にけいこをつける態度も、大豪や若秩父も及ばないほど貫禄がついた。アンコ型に似ず器用で、内掛け、掛け投げが得意、ただこれは親方の忠告で、「もうやめた」と言っている。（「相撲」昭和四十一年三月号、一一四頁）

大きな体をしながら飛んで上手投げの悪い癖を、どうしても捨てきれない。組んでも投げに頼りすぎるのは感心できぬ。前みつを取って頭をつけるような相撲を取るより、当たって、突き放して、押す相撲をマスターしたら勝ち星は倍増するはずだ。早く直さないと半端で終わってしまう。（「相撲」昭和四十一年五月号、一三九頁「幕内全力士への注文帖」）

アンコ型力士のくせに掛け投げ、内掛けと、小器用なところがあるのは珍しいタイプだ。顔はまるであんころ餅のように丸くって、性格もその通り円満そのもの。（「相撲」昭和四十一年七月号、七八〜七九頁「幕内全力士総まくり」）

体も若秩父より大きくなり、今後期待される。（「相撲」昭和四十一年七月号「中グラビア」）

昭和四十一年（一九六六）九州場所、再入幕の若乃洲は勝ち越して幕内の座を保った。若乃洲の出身校である舞鶴中学校は福岡スポーツセンターから近いので毎日一〇〇人ぐらいの後輩が校旗や「先輩若乃洲がんばれ」と書かれたのぼりを持って応援に来ていた。「ワーッと騒ぐから来ているのはわかります。

応援に来てくれるのはすごく嬉しいけど、かえって硬くなっちゃう」そのせいか四日目から黒星が続いてしまい苦戦した。（「相撲」昭和四十二年一月号、八二頁）

若手のわりに、何かくすんだ感じで、もうひとつパッとしない。重心が低く、腰が重いのだから押しにもってこいのタイプなのだが、身についた四つ相撲のくせがどうしても抜けきらない。それも前に出ないで、相手の出足を利用して投げを打つので、見た目も活気が乏しいし、若さが感じられない。性格的にそうなのだろうか、このままではどう見ても幕内下位のお相撲さんで終わってしまいそうで惜しい。（「相撲」昭和四十二年三月号、八〇頁）

コラム7　若乃洲の実家「黄金堂」はどこにあったの？

二〇二二年十一月三十日の正午過ぎ、私は海からの北風も吹きつけ寒くなった福岡の西公園の近くにいた。どんよりと曇った冬空が余計肌寒く感じさせた。

地下鉄の大濠公園駅で下車し、北風を正面に受けながら、「相撲」誌に書かれていた「西公園二―八」を目指し歩いた。小高い丘の上にある西公園の直下の東側の坂道を上がっていくと、その地番の場所は一〇〇円パークになっていた。ここに、かつてパン（菓子）屋「黄金堂」が建っていたのかと、思いを巡らせながらデジカメで写真を撮った。

ガソリンスタンドの女性従業員に教えてもらった食事処「めん棒」でカツ丼を食べて温まった後、裏付けを取るべく、西公園へ上がる坂道沿いの民家二軒のインターホンを押してみたが反応はなかった。仕方なく下の道まで下りて、一〇〇円パークのすぐ北側の坂の上の民家のインターホンを押すと応答があり、老いた男性が出てきてくれた。黄金堂を知っているようで、「確か鈴木さんという家で、女の子が一人いたなあ」と言われたものの、肝心の場所となると、私が持参していた付近の地図のコピーを見ながら二転三転した。

ただ、一つ西側の筋の道であることには間違いなさそうだったので、坂道を少し下ったところから右に曲がり、その道に入った。しかし、期待する旧家風の一軒家がなく、行き止まりまで達し再び西公園に上がった。西側に神社があることがわかったので、宮司さんに聞いてみようと境内に入った。御守り

若乃洲の実家・黄金堂があった場所には７階建てのマンション（１階はテナント）が建っていた。

売り場にいた宮司さんとその奥さんかと思える女性に聞いてみたところ、女性の方が昔のことをかなり知っており、黄金堂はずっと下のほうの光安整形外科の向かいだったようで、宮司さんが「そこはコンビニになっている」と教えてくれた。

ようやくはっきりとした場所がわかり、参道を下り、「西公園下」の交差点に確かに光安整形外科があり、道を挟んで北側にファミリーマートがあった。ここがそうだったのかと、またデジカメで写真を撮った。しかし、やはり確証を得たくて、西公園桜参道を引き返し北のほうへ歩いていると「古いお茶道具あります」の張り紙をしている店を見つけ、ここならと期待を抱き左側の階段を上がり、インターホンを押すと店主が出てきてくれた。黄金堂を知っており、階段を降り参道まで出て南側を指さし場所を教えてくれた。ファミリーマートの場所でなく、光安整形外科の道を挟んで西向かいのところだった。店主は若乃洲のことも知っており、「(若乃洲は自分より)五歳くらい上だった」と言われた。

参道を再び南下し、教えてもらった場所には七階建てのマンションが建っていた、一階がテナントで、店主が指さしてくれた緑色の看板はテナントに入っている「健康館」という整骨鍼灸院のものであった。三度デジカメを取り出し、西公園下の信号とそのマンションが入る角度で写真を撮った。

翌十二月一日の午前、福岡県立図書館に出向き、古い住宅地図の閲覧を求めた。出してくれた昭和四十一年（一九六六）の住宅地図で、前日行き着いた場所は地図にも「黄金堂」と表記されていた。

これで間違いない。正しい場所を教えてくれた店主に感謝した次第である。因みに、「相撲」誌では、若乃洲の出身地は、福岡市中央区西公園二―八（or三八、or二一八）となっているが、黄金堂のあったところは、昭和四十一年度版福岡地典区分図市内版では荒戸三丁目になっており、現在の住所では中央区荒戸三丁目三―六五である。

第十二章　大文字研二

本名は田村研二。番付入りした昭和三十一年（一九五六）夏場所から大文字で、改名することはなかった。幕内在位七場所（連続四場所）、最高位は西前頭五枚目。幕内での成績は四十三勝六十二敗（勝率・四一〇）だった。十両在位は五十一場所*（連続十八場所が二回）。幕下三十四場所（連続二十三場所。十両から陥落後の二場所を含む）、三段目三場所、序二段二場所、序の口一場所。

*栃勇に更新されるまで一位の記録だった。（佐竹『戦後新入幕力士物語』第三巻八四頁）

入門まで

大文字は京都市出身。洛南中学校三年のときに一七六センチ、七〇キロの体格で、中学卒業後、大阪市の山口利夫プロレス道場（ミスター珍や元十両の天山などがいた）に入った。その後、中村部屋の竹中さん（元幕下甲潟）の紹介で角界入り、中村部屋に入門し、昭和三十一年（一九五六）春場所初土俵、同期には開隆山（元関脇）、栗家山（元幕内）、天山がいた。当時の中村部屋は、関取は楯甲一人、若い者も五、六人という小部屋で、けいこは近くの佐渡ヶ嶽部屋か本家の二所ノ関部屋で、佐渡ヶ嶽部屋の琴ヶ濱に鍛えられ、同じころに二所ノ関部屋に入門した大鵬、玉嵐、雲仙山らと真剣に申し合った。（「相撲」

大文字研二
（写真提供：ベースボール・マガジン社）

昭和三十七年十二月号、一八二～一八三頁）

新十両まで

昭和三十二年（一九五七）初場所の序二段優勝（八戦全勝）いらい好調を続け、昭和三十二年九州場所に早くも幕下に昇進した。ところが新幕下で足のけがをして十二日目まで休場、十三日目から出場したが一勝一敗で、一場所で三段目に陥落した。そこから相撲が変わった。それまでの突っ張りで突っ張り切れなかったときには一気に寄る相撲から、出足が弱くなったぶん、投げ（特に左からの強引な投げ）に頼るようになった。（「相撲」昭和三十五年三月号、一六五頁、昭和三十六年六月号、一四一頁）昭和三十三年夏場所に幕下に復帰したものの、同年九州場所で二度目の三段目陥落、翌昭和三十四年初場所で三度目となる幕下に復帰したが、その後の幕下時代は長かった。

「二、三年前には有望力士として随分騒がれた人だけに、ここ二、三場所の成績には涙が出ます。マゲを切ったりとかく話題をまき散らす研ちゃん。同期生はずーっとあなたを追い越して一足お先に栄光の地位に昇ってしまいました。心機一転、もう一花咲かせてください。」（「相撲」昭和三十六年八月号、二二〇～二二一頁、兵庫県幕下狂からの投稿）

堤（後の大関大麒麟）に次ぐ二所ノ関部屋のホープは、やはり大文字である。早くから有望視されながら、なかなか幕下上位の壁を破れずにいるが、中村部屋から二所へ移って（中村親方の都合で昭和三十六年九州場所から二所ノ関部屋に合併された。ちょうど大鵬が新横綱として登場した場所で、大文字は三瓶山《さんべやま》や天山らとともに二所ノ関部屋に預けられた）、急激に強くなった。本人の心機一転がその原因であることはいうまでもない。最近は巡業でもよくけいこをするし、とくに突っ張ることに徹しているのは立派だ。足腰が抜群なのだから、もう少し肉が付けば〔当時の体格は一八二センチ、八六キロ〕文句ない関取になれよう。性格は明るく冗談が巧い。そんなわけで趣味はマネごと、酒も強く、一門の海山（当時の熊ヶ谷親方）に次ぐ酒豪でもある。しかも酔っぱらったことが一度もなく、上手投げが強烈なところも、海山に似ている。数少ない京都出身の力士だけに、地元では若天龍とともに期待している。（「相撲」昭和三十七年七月号、一五八頁「これが金の卵だ」）

いつもニコニコしている好青年。関西育ちの人当たりの柔らかさ（世馴れ?している）、明るくユーモアに富み、チャップリンのものまねなどが得意、万事に如才がない。末っ子（兄二人、姉二人）丸出しの甘えん坊的な面が背中合わせしている。「廻し取ってもやれんことはない（上手投げは強烈）が、突っ張りに徹したいな。残られたら左差しからすばやく攻めるっていうふうに取りたいね。」（「相撲」昭和三十七年八月号、一六〇～一六一頁「あすのお関取（五）」）

京都出身という都会育ちのためか、気分的な甘さもあって伸び悩んでいた。しかし昭和三十七年（一九六二）になってからは調子を上げ、初、夏、名古屋の三場所は五勝二敗、春場所は六勝一敗の好成績だった。東幕下二枚目で迎えた秋場所は初日洋の海にうまく取られてしまったが、二日目十両の福山を寄り切ってから立ち直り、九日目代官山、十日目にはまた十両の荒波を浴びせ倒して早くも四勝一敗と勝ち越しを決め、最終的には六勝一敗、十両力士に二勝しているので、文句なしに九州場所での十両入りを果たした。京都からは、昭和以降では若天龍に次ぐ二人目の関取の誕生だった。（「相撲」昭和三十七年十月号、一六五頁）

再十両、そして新入幕へ

ところが、幕下に昇進した場所と同様、またしてもけがにつまずいてしまった。十月の大阪準本場所、十日目の朝げいこで右足大腿部を打撲、筋を痛め、けいこ不足のまま、右足に大きなサポーターをして本場所に登場したが、やはり無理だった。(「相撲」昭和三十七年十二月号、九三頁) 十両一場所で幕下に陥落した。

大文字の相撲内容は、立ち合いの激しい突っ張りから左四つに組み、そのまま差したほうへグイグイと寄る。そして吊り上げる。これが幕下を卒業するころの二、三場所前からきわだって強くなり、型にはまれば宮柱、宮ノ花(二人とも二所ノ関部屋所属の十両力士だった。宮ノ花は昭和三十七年秋場所のみ幕内力士) すらかなわないほどになっていた。

再十両を果たしたのは、一年後の昭和三十八年(一九六三) 九州場所。二度目の十両時代は長く、大事なところで三度ケガをしているから、「あまり無理をしないで取りたい」「来場所も十両で取れますよ」が口癖となっていた。

しかし、再十両十八場所目の場所となる昭和四十一年(一九六六) 秋場所、「一度でいいから幕内へ上がりたい」と意欲的で、「四日目ごろから今場所はやれるんじゃないかと考えた」「体重もいままでになく増えてきたし、体が小さいので、前へ出ることを心がけていた」「悪いとはわかっているんですが、何とかして勝とうと思うとつい出てしまう」という投げで勝った相撲が十二勝中の五番だった。(「相撲」昭和四十一年十月号、八五頁)

昭和四十年（一九六五）初場所後、黒獅子が廃業したので、春場所から十両の大文字が大鵬の参謀役となった。黒獅子と同じように毎日大鵬に取り口のアドバイスをしたりし、大鵬も熱心に耳を傾けている。（「相撲」昭和四十年四月号、八二頁）

大文字は大鵬の面倒をよくみた。昭和四十一年（一九六六）秋場所、十両優勝し、新入幕が確実となったいまでも自分の相撲が終われば必ず大鵬の開荷のところへいって世話をしている。それだけに大鵬自身もよくかわいがってけいこをつけてくれる。「相撲は長く取っているものだね……こんないいことがあるんだから……」その胸中には、九州場所で大鵬の横綱土俵入りに自分が露払いをつとめる豪華絢爛の図がはっきりと浮かび上がっているようだ。（「相撲」昭和四十一年十月号、八五頁）

ともすれば十両の吹き溜まりにはまりがちだった大文字を、大鵬はおりをみては励まし、忠告を与え、なんとか一人前にしようと陰ながら努力した。大文字も、面倒を見てくれる大鵬に一生懸命になって尽くした。十両とはいえ、自分の相撲が終われば、必ず大鵬のところにいって、身の回りの世話をしたり、まるで付き人頭のようになっていた。九州場所では露払いとして表面的に大鵬に尽くせることになった。今までは、太刀持ちに玉乃島、琴櫻、長谷川という人たちを頼んでやってきたが、その人たちとは場所中（取り組みで）必ず顔を合わす。そうなれば大鵬にとっても相手にとっても負担は重い。こんど〝自前〟でやれるようになればこうしたことも解消される。（「相撲」昭和四十一年十一月号、八三頁）

伊勢ノ海部屋の横綱柏戸が、「早く、自分たちの部屋から関取が出て、土俵入りを内輪で水入らずでやりないなあ――」と洩らしていたことがあった。ようやく大文字と同じ昭和四十一年（一九六六）九州場所で藤ノ川が入幕。これで柏梁《はくりょう》あたりが上昇してくれれば、柏戸の願いも達成される、二所ノ関部屋の大鵬は、大文字の入幕を機に、太刀持ち麒麟児、露払い大文字と、柏戸より先に、自前の土俵入りが可能になった。佐渡ヶ嶽部屋から琴櫻や長谷川の出馬を願って気を遣うことなく土俵入りができるようになった。（「相撲」昭和四十一年十一月号、七五頁）

「お金をくれるのは幕内の給料でいいから、相撲は十両で取らしてくれないかな」と虫のいいことを言っているのは、巡業中の大文字。「十両のほうがいいね。割り（取り組み）がすんだらすぐに帰れるし……幕内は待つ時間が長くていやだな」（「相撲」昭和四十二年一月号、八一頁）

昭和四十二年（一九六七）初場所六日目、左半身になって足技、投げ技とうるさい大文字に、いいかっこうになった青ノ里も、うかつに出られなかった。テレビで大文字のことを〝しぶとさの塊り〟と言ったが、まさにその通り。この日の一番は〝しぶとさ勝ち〟。

入幕二場所目だが、昭和三十一年春の初土俵は三十一年秋の大鵬よりも半年ほど早い。初土俵以来六十二場所目の新入幕という遅い記録の持ち主でもある（当時は第一位であったが、昭和四十三年（一九六八）春に入幕した龍虎の六十三場所に更新された（「大相撲」昭和四十三年三月号、八四頁））。仕度部屋ではいつも朗らかな大文字には、苦労人の暗さは見られない。年は取っても気は若い。（「相撲」昭和四十二年二月号、一六二頁）

大文字はとても愉快な力士。幕内といってもへんに気取らず、部屋では若い者と大声で笑い合ったり、とぼけた話でいつも爆笑の中心になっている。ところが、この大文字に生け花とお茶の趣味があるといえばだれもが驚く。（「大相撲」昭和四十二年二月号、八二頁）

腰と左ひじを痛めて病院通いの大文字、「あっちこっちとケガばっかしや。ひじは（初場所）千秋楽の相撲（相手は若二瀬）でやっちゃったんだよ。その晩はたいしたことがなかったが、翌朝になったら急に痛みが出てきてね。こうして曲げると痛いんだよ」（「相撲」昭和四十二年三月号、七一頁）

年季が入っているので土俵上のかけひきは一流だし、度胸負けはしない。左四つに組むと右上手からの投げがよいし、河津掛けという思い切ったこともやる。欲を出せばもっとうるさい相撲取りになれる。（「相撲」昭和四十二年三月号、八〇頁）

軍師・大文字

昭和四十二年（一九六七）春場所二日目、横綱大鵬の対戦相手は初顔合わせの、入幕三場所目で幕内最年少の藤ノ川。こういうときには大文字が軍師格で横綱の質問にいろいろと答える。だから大文字は自分の取り組みが終わっても帰らないで横綱のそばにピッタリと寄り添っている。

「〝きょうはどういくんだい〟と聞かれるから、こんな具合にいったらいいんじゃないですか、というと〝うん、自分もそう思う〟といった調子ですね。だいたい意見が一致するが、割れたときは、もちろん横綱が決めます。」「まあ気休めみたいなもんですよ。自分はあれこれと横綱に言える立場じゃないですから、横綱の気休めになれば、それでいいんだと思っています。横綱がよく取り口を知らない下の者とは、自分が取り組んでいることが多いから、そういうときは、自分の体験を参考にしてくれるようです。だから、自分の相撲がすんでも、横綱の相撲が終わるまで帰れないんですよ。」（二人の意見がピッタリ合って、その通りになって勝ったときは）「仕度部屋に帰ってくると、目と目を合わせて、横綱がニコッと笑うんです。いい気分ですよ」（「相撲」昭和四十二年四月号、六八頁）

コラム8　大文字の実家を探して秋の京都の町を歩く

二〇二二年十月十五日、十月中旬というのに汗ばむ陽気の午後、大文字の実家（生家？）を探して、京都の町を歩いた。

インターネットで探索しても出てこなかった「御所ノ内」を「御領町」のことだろうと思い違いをし、御領町を訪ねたのだが、二～三人の住民に聞いたところ、御領町とは別に「御所ノ内」という地名の場所が確かにあるようだった。そこで、御前通を南へ歩き、七条御前の交差点を渡り、さらに南へ進んだところで自転車に乗っていた中年の男性に尋ねたところ、しばらく考えて、「そこの酒屋で聞けばわかるのでは」と答えてくれた。これが大正解であった。確かに七条御前の交差点の南西側に酒屋があったと思い、その酒屋まで引き返した。

店内で常連客であろう四～五人が飲食しており、酔っているのか上機嫌、「相撲取りの取材をしているんですが」と声を掛けると、男性客の一人が少しグラマラスな女性を指して、「相撲取りならここにおる」と言うような始末、おかげで女主人がすぐに主人を呼んでくれ、年配のご主人が住宅地図を持ってきて、「この二軒のうちのどちらかだと思う」と、「田村」と上下に表記された所を示してくれ、道順についても地図で示しながら教えてくれた。その地図をスマホで撮影させてもらった。これで間違いなく「御所ノ内」に行き着けつけると確信できた。

田村家の前まで着いたとき、北側の田村家から男性が出てきて自転車にまたがった。声を掛けると、

「（まさに）ここがそう」と、大文字の実家であると教えてくれた。新築されているので、生家そのものではないが、場所は合っていることが判った。後でこの男性は大文字の長兄（大文字とは十一歳違いですでに他界）の次男（つまりは大文字の甥御さん）であることがわかった。話を聞きたかったが、ちょうど出かけるところで急いでいるようだったので、名刺だけ渡し、「連絡してくれたらありがたい」と伝えた。

そのあと、来客を送り終えた路地向かいのお宅の田中さんという初老の女性に声を掛けた。間違いなく大文字の生家とのことだった。大文字の長兄の年の離れた奥さんがすぐそこに住んでいるからと案内してくれた。

大文字の実家があった場所の現状

そこで大文字の義理の姉さんと会うことができ、話をお聞きすることができた。亡くなったご主人（大文字の長兄）とは十一歳年が違うとのことで、生まれ年は大文字と同じ（学年は早生まれの大文字が一つ上）とのこと。大文字が相撲取りだったことは知っていたが、以前にプロレスにいたとは知らなかった。

本当の田村家の者は皆亡くなった。大文字は去年、大阪で亡くなった。大阪にいることは知らなかった。知らぬ間に引っ越していた。東京には大文字の娘が、どちらも結婚して姓は変わっているが二人おり、次女が大文字が住んでいた家にいる。大文字の奥さんは早くに亡くなった。

生前時の大文字が帰ってきたとき、次男（先刻会った男性）が缶ビールを飲んでいたのを、「そんなんじゃなく、瓶ビールを飲め」と言ったとかで、それ以来次男は大瓶のビールを飲むようになったとのこと。辛口の日本酒を好んでいた（元大竜の大嶽親方によると十二〇の「雪の松島」が大のお気に入りだった）大文字らしいエピソードである。

大文字の相撲は、やはり勝敗が気になったようで、テレビで見ていたらしい。大鵬の名を口に出され、「大鵬さんがいる間は良かった。大鵬さんがいる間は安心しておられた。いい人だった」と、大鵬は大文字の結婚式にも、大文字の奥さんの葬儀（このときは奥さんも娘さんも連れてきたとのこと）にも来てくれたらしく、しきりに大鵬の人柄をほめていた。大文字とは兄弟弟子で、横綱大鵬の露払いを大文字がしており、二人は普段から非常に仲が良かったようである。同じく二所ノ関部屋だった麒麟児（後の大関大麒麟）の名前も挙げられた。

途中、話に加わってもらった（長兄の）長男の茂さんは東隣の家に住んでおり、私と同い年（その時六十三歳）であることがわかった。大文字の相撲をやはりテレビで見ており、「手あげたり」とか、プロレス的な動きを見ていたようで、私も、片方の肩をいからせるようなしぐさを見ていたので同感だった。十両の主だったと私が言うと、茂さんも笑って、「一番年寄りで引退した」と言われた。

第十三章　陥落後の六力士の命運

この章では、昭和四十二年（一九六七）春場所後の番付削減で幕内から十両へ陥落した六力士の「その後」を記す。

大豪は夏場所全休したのち引退、若乃洲は名古屋場所では幕下へ陥落、その後の十両復帰さえかなわず廃業、扇山はしばらく十両で再入幕を目指して頑張ったが、かなわず廃業。以下に、陥落後の六力士の様子を引退（もしくは廃業）した順に時系列で述べていく。

大豪

十両に落ちて夏場所を全休した大豪は引退し、特別功労金一五〇万円が支給された。（「相撲」昭和四十二年七月号、七八頁）同前田川、小城ノ花には一〇〇万円。（「相撲」昭和四十二年七月号、八一頁）

大豪の引退断髪式は、昭和四十二年十月一日、蔵前国技館で行われ、館内には約六〇〇〇人のファンが詰めかけた。後援会長の大平正芳元外相、義兄の二子山親方（元横綱若乃花）、玉乃島、柏戸、大鵬ら七十人がハサミを入れ、最後に師匠の花籠親方によって大タブサが切り落とされた。（「相撲」昭和四十二年十一月号「巻頭グラビア」）

花籠部屋には年寄りの空き株がなく、〝困っている……〟ことを聞いた親友の柏戸が、「困っているときはお互い……」と自分の持ち株の荒磯を大豪に貸すことになり、大豪は年寄荒磯を正式に襲名することになった。（「大相撲」昭和四十二年七月号、八五頁）

扇山

扇山（二十九歳）の結婚式が昭和四十二年（一九六七）六月八日、十五時から東京・丸ノ内の東京会館で行われた。媒酌人はアラスカパルプ社長笹山氏夫妻、花嫁は渋谷区青山に住む山本幸代さん、学習院短期大学を春に卒業したばかりの二十歳のお嬢さんだった。付き合いは、幸代さんが高校時代から五年越しの恋が実ったものだった。（「相撲」昭和四十二年六月号、八二頁）続いて十七時から同会館で披露宴が行われ、時津風理事長をはじめ、柏戸、豊山、鶴ヶ嶺らの一門力士、同期生の若鳴門らが姿を見せた。（「相撲」昭和四十二年七月号、一二五頁）（「大相撲」昭和四十二年七月号、八四頁）

昭和四十二年名古屋場所十一日目、十両のジェシー高見山がうるさい扇山を三発で土俵の外へ突き出した。――扇山はもぐるとうるさいということを知っていたか？「うん、知っていた」（「相撲」昭和四十二年八月号、一七二～一七三頁）

秋場所、十両の扇山が四連勝のあと八連敗と元気がなかった。不調の原因は〝痔〟ということで「仕切っていても痛い」（「相撲」昭和四十二年十月号、七八頁）連勝中の二日目の大竜川戦には珍手「つまどり」で勝った。大竜川の出てくるところを扇山は左上手から出し投げを打った。これがきいて、大竜川は思わず後ろを向いた。大竜川があわてて向き直ろうとしたとき、扇山は左から突きつけながら、右で流し込む格好で、大竜川の左足首を後ろからつかんで持ち上げたので、大竜川はたまらず前へつんのめるように倒れた。勝った扇山は、「偶然ですよ。右で渡し込もうと思ったのがああなったのです。」「新婚だからツマドリ？」と言われて照れていた。（「大相撲」昭和四十二年十月号、七八頁）

連敗中の九日目に対戦した高見山は、「相手は小さい扇山さん。何をやるかわからないので、とても怖かったが、そうはいっていられないので、一度にもっていってやろうと思った。だから顔から低く当たって両手で思い切って突っ張ったら、はっきり手ごたえがあった。そこで出足一気に出たんだ。」（「相撲」昭和四十二年十月号、一〇〇頁）

「来場所は十両の尻だ。はやく〝左扇〟じゃなく左うちわでのんびり構えていられるところまで上がらなけりゃ」（「相撲」昭和四十三年一月号、一三四頁）

扇山が民郎から本名の民雄に改名（読み方は同じ）した。「いまさら変えたってどうってことないのだがね（笑）本音？　へへヘッ、夏の仙台巡業までに再入幕でもしたいと思って……。まだまだやる気十分なんだぜ（笑）」（「相撲」昭和四十三年四月号、七八頁）

昭和四十三年（一九六八）秋場所後、時津風部屋の豊山が引退したが、この場所休場していた扇山も廃業を決意、何か商売を行うとのことだった。ユーモア・マンが去って、また一つ寂しくなった……。（「相撲」昭和四十三年十月号、七二頁）

扇山が国際プロレス入りしたことがT紙に報じられた。（「相撲」昭和四十四年四月号、七六頁）

扇山は、昭和四十三年夏場所、幕下に落ち、夏場所は東幕下三枚目で四勝三敗と勝ち越したが、翌名古屋場所、東幕下筆頭で二勝五敗と負け越し、東幕下十枚目まで落ちた秋場所を全休して廃業、その後、

国際プロレスに所属した。（「大相撲」昭和四十五年二月号、一一三頁）

若天龍

昭和四十二年（一九六七）夏場所、ついに十両に落ちることになった若天龍は、「腰の痛みはだいぶよくなった。なんといっても暖かくなればいいんだ」と気候待ち。だから再入幕もすぐ可能。若天龍は最近まで、大阪近郊の豊中市に居を構えていたが、このほど宝塚市の花屋敷へ移転したそうだ。付近にはゴルフ場もあり、高台にある新居はながめもよく、「家にいると長生きするような気がする」（「大相撲」昭和四十二年五月号、八三頁）

非常に物知りな力士。最近は内臓を悪くしたりで、ちょっとパッとしない。（「相撲」昭和四十二年九月号、一二〇頁）

昭和四十二年秋場所不振の花籠部屋にあって一人気を吐いていたのが若天龍。久しぶりに元気な土俵を務めていた。「（二日目の）若鳴門戦で腰を痛めたり、手首が悪かったりで体調は決してベストとはいえなかったが、場所前、十番ぐらいは勝ちたいと思っていた。十両優勝は逸した（十三日目から三連敗で九勝六敗。十二勝三敗の栃東が優勝した）が、ここら辺（西十両七枚目）まで落ちてくれば、さすがに相撲の格の違いを見せつけていた。

若天龍は幕内を二十三場所務めているので、あと二場所幕内を務めれば幕内の養老年金*がつくことになる。（「相撲」昭和四十二年十月号、八〇頁）

＊関取の退職金のこと（「相撲」昭和四十四年三月号、一九三頁）

八日目、若天龍と対戦した高見山は「あまり調子がいいので思い切ってもっていこうとしたら、若天龍さんに土俵際で突き落とされてしまった。気負い過ぎでもないね。若天龍さん、うまいなあ」(「相撲」昭和四十二年十月号、一〇〇頁)

昭和四十二年九州場所、十日目にして給金を直した東十両四枚目の若天龍、「場所前に柏戸関の胸を借りてけいこしたのが自信になっているのかもしれないな。たまにはがんばらないと忘れられちゃうよ(笑)」(「相撲」昭和四十二年十二月号、一七一頁)

「世帯じみたなどと、まだまだ言われたくないから、先場所張り切ったんだ。ワシも返り入幕、頑張るからな」(「相撲」昭和四十三年一月号、一三六頁)

近代力士の典型だね。頭はいいし、弁舌は立つ。裸稼業をさせとくにはもったいないと誰かが言った。あの小さな体で、立派に位置を保つのは、けいこや精進だけじゃない。ヘッド・ワークがものをいうんじゃ。(「相撲」昭和四十三年二月号、六五頁)

養老年金の幕内資格者は三役を一場所か幕内を連続二十場所、通算なら二十五場所つとめなければならないが、昭和四十三年(一九六八)初場所で五場所ぶりに返り入幕を果たした若天龍が通算二十五場所に達した。若天龍は「気になっていたといったらおかしいが、やはりホッとしたよ。まあこれからは思い切っていくさ」とまんざらでもなさそう。(「相撲」昭和四十三年二月号、八〇頁)

昭和四十三年初場所二日目、若天龍は高見山への幕内初白星の献上者となった。若天龍はうまく左を入れて左四つに組んだが、高見山も両廻しを引く。若天龍は左内掛けを二度見せたが決まらない。そこで若天龍は内掛けから河津掛けにいこうとしたが、高見山は引きつけると体を浴びせて西へ浴びせ倒し

た。(「相撲」昭和四十三年二月号、一五四頁)

一七五センチ、九八キロ(「相撲」昭和四十三年七月号「中グラビア」)ながらうるさい相撲を取って一時は上位陣をおびやかした若天龍だが、最近はもう一つ技にも切れ味が見られなくなったし、以前のような土俵に足が吸いつくようなしぶとさがなくなってきた。この人もまだ老け込む年ではない。やはりけいこが大切。(「相撲」昭和四十三年四月号、六九頁)

「〝まじめにやろう〟というのがワシの趣味」というわけではないが几帳面な力士。両手をついて立つのもその現れ。立ち合いに「うそだよ。あれはルールどおりやっているだけださ。そうだな、趣味は麻雀かな」というように麻雀の腕前は有段者格とか。角界一、二位を争う知識人でもあり、相撲以外のいろんなことをよく知っている。新聞なども政治面、社会面にまず目を通す人である。(昭和四十三年七月号、一二八頁)

名古屋場所は立ち合いの突っ込みが全体に足りなかったとは東富士の若天龍への評定。(「相撲」昭和四十三年八月号、五四頁)

大きい力士に対しての相撲は実にうまい。上手投げの切れ味もすばらしい。(「相撲」昭和四十三年十一月号「中グラビア」)

昭和四十三年九州場所四日目、若天龍は新入幕の同門二子山部屋の花田(後の大関貴ノ花)を上手投げで下した。花田は左を差したが、あごが上がっていた。若天龍は差し手を返したので、花田は上手が取れずあせり気味になった。上手を探ろうと腰が伸びたとき、若天龍はサッと上手投げを放ち、さらに左で首をおさえたので花田は一回転してしまった。若天龍の巧さが目立った。「ミツル(花田)に花持たせ

ようと思ったけどそうはいかん（笑）こっちだって必死だからな」（「相撲」昭和四十三年十二月号、一五九頁）

若天龍は、体力のなさをカバーしようと一番一番考えた立ち合い、取り口を見せた。投げ技、押しと地味ながらいいものを持っているが、押されると、たちまち引き技を見せる欠点がある。（「相撲」昭和四十三年十二月号、五七頁）

若天龍は西鉄ライオンズの永易投手とは、一年前から高木内野手を通じて知り合っていて、ピオネ荘の部屋で一緒に麻雀をするなど、すっかり仲良くなっている。永易は「若天龍さん、強いですよね。頭がいいんだな」（「相撲」昭和四十三年十二月号、一一八頁）

小さい体ながらよくやりぬいている。この力士を支えているのは動きとうま味だが、左右どちらに組んでも相手に両廻しを許さないあたり、すごく巧い。それに小さいものは押されるともろいが、若天龍はたとえ押されても簡単に押されないのがいい面である。（「相撲」昭和四十四年一月号、七一頁「神風正一評」）

若天龍は、祐三から賢一へ改名した。（「相撲」昭和四十四年四月号、一〇七頁）

若天龍は、アパート経営のサイドビジネスを持っている。（「相撲」昭和四十四年八月、八五頁）

昭和四十四年（一九六九）名古屋場所、西十両十一枚目で六勝九敗と負け越し、廃業した若天龍は東京の大日本化成株式会社に、相撲の好きな同社社長の紹介で就職した。役職は営業課長であり、相撲部のコーチも引き受けるとのこと。「大相撲では横綱になれなかったが社の相撲部をアマチュアのチャンピオンにさせてみせる」と話していた。（「相撲」昭和四十四年九月号、七九頁）

「歌の花道」と銘打っての型破りの若天龍の引退相撲、コメディアンの白木みのると仕切りにはいる断髪式では、二子山親方（元若乃花）がハサミを入れた。「長いこと横綱の付け人をやり、教えられたことが多い。実社会に出てもがんばります」（「大相撲」昭和四十五年三月号「巻頭グラビア」）

若乃洲→洲

番付削減の悲劇を一番味わったのは若乃洲ではないだろうか。わずか一場所のクッション（十両）をおいて〝天国〟（幕内）から〝地獄〟（幕下）に急降下してしまった。（「相撲」昭和四十二年七月号、七八頁）

昭和四十二年（一九六七）春場所後の鳥取巡業で若い者とのけいこ中、足首を捻挫して、巡業の途中で東京に帰って病院通い。「大したことはないよ。でも大事をとることにこしたことはないからね」（「相撲」昭和四十二年五月号、七八頁）

しかし……痛めた左足先は骨折しており、十両東十一枚目に落ちて臨んだ夏場所は一勝七敗七休、休場と同時に石川県の片山津温泉に行って療養、名古屋場所には片山津から直行するらしい。（「相撲」昭和四十二年七月号、七八頁）

名古屋場所、幕下へ落ちた若乃洲は惨敗（一勝六敗）を喫した。「一本足じゃ相撲が取れないですよ。骨だけじゃなくアキレス腱もやられているんです。六か月はまずダメでしょうね。」けいこのできる状態ではなく、片山津温泉で療養している。（「相撲」昭和四十二年九月号、七六頁）

翌秋場所は、西幕下三十枚日まで落ち、五勝二敗と久し振りに勝ち越し、東幕下十六枚目まで戻した若乃洲は秋場所後、親方の意見で洲《しま》と改名し、ご当所の九州場所で六勝一敗と二場所連続勝ち越した。再起の見通しがつき、「ケガのほうはまだ治りきってなく、ちょっと気になって、けいこも本格的じゃなかったのですよ。それで土俵に上がるまでは心配だったんですが、おかげさんで……」と嬉しそうだった。（「相

撲」昭和四十二年十二月号、八〇、一六五頁）

アキレス腱を切ってアッという間に幕下に転落した若乃洲。しかし、体力は衰えていず、カムバックを目指してまじめな土俵を続けている。相変わらず右四つ半身になっての上手投げは威力があるが、相撲は単調なので幕下上位では通じない。関取へあと一歩のところにきて後退を繰り返している（昭和四十三年春場所、東幕下二枚目で二勝五敗、同名古屋場所、西幕下六枚目で一勝六敗、昭和四十四年春場所、西幕下四枚目で三勝四敗）が、若手がグングン力をつけてきているだけに、よほどの奮起がないと関取カムバックはむずかしい。（「相撲」昭和四十四年五月号、七八頁）これが的確な指摘となってしまった。昭和四十四年（一九六九）秋場所、東幕下二枚目で二勝五敗、翌九州場所、西幕下十二枚目で一勝三敗の後休場、廃業した。

若鳴門

昭和四十二年（一九六七）春場所後の山陰巡業の四月十二日松江市、本土俵では、幕下の栃富士―臼井の春日野コンビが激しいけいこを続けていた。若鳴門と若者頭の津軽海がつきっきりでコーチ、若鳴門は、「うちの部屋はこの二人にすべてをかけているんだ。どんどんけいこしてもらわねば……」申し合いが終わると、自ら胸を出してぶつからせ、そのあと屈伸運動から四股の指導まで余念がない。

四月十三日倉吉市、最初に土俵に上がった、けいこ熱心で通る若鳴門が太刀光《たちひかり》と巨漢竹内山を狩りだした。ザンバラ髪の竹内山が体ごとぶつかっても、若鳴門の前には手もなくひねられる。太刀光は転がされても転がされても「ごっつあんです」と体当たり。

四月十四日鳥取市、臼井がけいこを終えると、若鳴門が待っていたように引っ張り出して柔軟体操と屈伸運動の特訓。「見かけより体が硬いので、毎日こうして運動させないとダメだ。」若鳴門は、栃ノ海も栃光もいなくなった春日野部屋を盛り上げようと懸命だ。（「大相撲」昭和四十二年五月、四十二〜四十五頁）

昭和四十二年夏場所後、若鳴門は「オレは十二年の間、相撲を取っているが、今場所ほど長く、そして苦しく感じた場所はかつてなかったね。今にして思うと悪夢のようだ」苦戦の十五日間（西十両八枚目で七勝八敗）を振り返って「〝やらなければいけないんだ〟という気持ちが先走って、かえって体が硬くなってしまった。体が動かないんだよ」「絶対にこのままじゃ引き下がれない。なんとしても、もう一度幕内へカムバックしてみせる」（「相撲」昭和四十二年七月号、七七頁）と言った。

九州場所、若鳴門は不振だった。右肩を痛めたのが原因だ。「けいこで強く打ったので動かないんだ。場所に入ってからも、ほとんど使えない状態だから、片方の腕で取っているようなものだ」いつも明るい若鳴門だが、連日の苦しい土俵に渋い表情。「ここで大負けすると、いっぺんに下位へ下がってしまうから、たとえ一番でも、二番でも勝っておかなきゃ」（「大相撲」昭和四十二年十二月号、八二頁）

「どうもワシはボンボン育ちなので、島（淡路島）の人たちや、家族、竹縄親方など、みんなから励まされっぱなしなんだよ。子供も二人いるんだから、なんとかいいとこ見せないと」（「相撲」昭和四十三年一月号、一三五頁）

昭和四十三年（一九六八年）夏場所、ベテランの若鳴門が初土俵から通算五〇〇勝を記録した。「こんどは千回出場を目ざす。千回出場もあるし、もう一度幕内にカムバックして通算二十五場所（現在二十場所）にしたい。」（「相撲」昭和四十四年六月号、七〇頁）

名古屋場所十日目、東十両三枚目の若鳴門は魁罡《かいごう》の強烈な上手捻りを食ったとき、右ひざを痛めた。おかしな倒れ方をし、そのまま土俵上で立てず、呼び出し連中の肩を借りて、やっとのことで土俵下にかつぎ出された。若鳴門の右ひざは前に痛めたことのあるところ。すぐに市内の中日病院で診断を受けたが、右ひざ関節捻挫とわかった。十一日目からの休場も心配されたが（「相撲」昭和四十三年八月号、一七〇～一七一頁）出場したものの、一勝四敗で六勝九敗となり負け越した。

「学生相撲出身力士が伸び悩んでいるのは、学生相撲の癖が抜けないから、（中略）自分も高校でやっていなかったら三役にはいけたと思っている。」（「相撲」昭和四十四年一月号、八九頁）

十両九枚目、三十歳、土俵歴十五年の若鳴門、

「若い人はいくら落ちてもいくらでも取り返せる。オレたちはそうはいかんよ。ガターッと下がったら元に戻すのにどれだけ苦労しているかもしれないよ。体力の衰えを人よりも二倍も三倍もの気力でカバーしなければならんからね。とても相撲を楽しんで取るという心境じゃないね。（中略）死に物狂いなんだ。オレ、年寄株を持っているけどそんなことも関係ないよ。こと土俵の上ではね。（中略）ワシはとにかくこれといった活躍もしていないからね。その点、心残りの気持ちはいまでもある。でもね、体も小さく足も悪い（右足の親指がない）のに相撲界に飛び込んだ。自分なりに一生懸命にやったという満足感はあるよ。それでいいと思っているんだ。これからだってもう一度再入幕を果たしたいと思わぬこともないが、地位の目標とか何か賞をもらうということはあまり考えていない。ただ恥ずかしくない相撲を取ろうということだなあ」

秋場所には千回出場になる。「せめても自分としてはそれが一つのけじめになると思っているよ。自分、

子供二人いるけど、大きくなったとき、父ちゃんは一生懸命やったんだと自慢できる一つの証拠になるかな。ハハハハッ」と子煩悩の若鳴門、最後は屈託のない笑顔を見せて笑った。(「相撲」昭和四十四年八月号、八六頁)

東十両十一枚目、幕下まであと二枚しかない位置の若鳴門が、初場所、まじめな土俵態度で相撲通の拍手を浴びていた。「ワシは三十歳、大文字や海乃山さんの二十九歳より年上。だががんばるぞ。子供が大きくなってオヤジを誇りにして語れる記録を残してやりたいんだ」(「相撲」昭和四十五年二月号、八四頁)

明武谷が引退して、昭和二十年代の初土俵力士がいなくなり、昭和三十年初場所初土俵の若鳴門が、同期の幕下の相内とともに最古参力士となった。(「大相撲」昭和四十五年三月号、八八頁)

若鳴門が引退して年寄千田川を襲名した。十両十二枚目の昭和四十五年(一九七〇)夏場所、二勝十三敗と大きく負け越し引退を決意した。「三役で取った人が幕下でも取るんだから、ワシみたいな名もないしょっぱい力士が幕下で土俵に上がってもおかしくないが、ワシには家族がいる。女房と二人の子供を養っていかなければならないからね。無給の幕下で相撲が取れないと引退を決意したが、いままで精いっぱいやってきたんだし悔いはない。満足な気持ちで土俵を去れたよ。」(「相撲」昭和四十五年七月号、七八頁)

大文字

昭和四十二年(一九六七)夏場所、十両へ落ちた大文字。根が明るい性格だけに、くよくよしていない。「よくもったほうだよ。予定以上だったよ。しかしまたやるよ。この大文字がこれくらいのことで参ってしまう力士かよ。根性、根性、やりまっせえ」相変わらずひょうきんなことを言っては笑わせる。とも

すればシュンとなっている力士の多い中で、大文字だけは面白い存在だ。（「大相撲」昭和四十二年五月号、八二頁）

性格はいたって明朗、ユーモラスでショーマンシップに富んだ力士（「相撲」昭和四十二年九月号、一二一頁）

「どうもワシはひょうきん者でいけないと思っている。もっともっと勝負に執着してたまには大勝ちしなければいかんところだ」（「相撲」昭和四十三年一月号、一三五頁）

大文字（本名田村研二、二十八歳）は昭和四十三年（一九六八）五月三十日、東京パレスホテルで井上勝子さんと結婚した。披露宴には二所ノ関親方をはじめ、夏場所を休場した大鵬も元気な姿を見せて二人を祝福した。勝子さんは大文字のファンだった。（「相撲」昭和四十三年七月号「巻頭グラビア」）

よくあいつは楽しんで相撲取っているというけど、そんなことはないんだよ。一生懸命なんだよ。（笑）（「相撲」昭和四十四年五月号、一二六頁）

昭和四十四年（一九六九）名古屋場所千秋楽の翌日に中日球場で行われた芸能人と力士の野球大会での大文字の背番号は〇〇七。詰めかけたファンを笑わせていた。（「相撲」昭和四十四年八月号、七六頁）

西十両筆頭の大文字、十四日目に給金を直して再入幕を果たしそうだ。（「相撲」昭和四十四年八月号、一八三頁）

秋場所の十五場所ぶりの再入幕を前に大文字は、「けっしてふざけて相撲を取っているわけじゃないよ。力士だってプロなんだからね。お客さんを喜ばせてやるのが一番だ。勝ち負けにこだわってばかりいては息がつまっちゃう」とショーマンシップに徹している。（「相撲」昭和四十四年九月号、六七頁）

昭和四十四年秋場所、十五場所ぶりの再入幕を果たした大文字、「幕内下位が楽しくなるって？ そうだろう。そうだろう。ゼスチャーたっぷり、ユーモアたっぷりだからのう。しかしまあ、それは関係ないでしょう。ワシみたいな体の小さいのが大きいのを投げ飛ばすところに相撲のおもしろみがあるんだ。」（「相撲」昭和四十四年九月号、七八頁）

再入幕したショーマン大文字が、幕内の前半戦で笑いをふりまいている。「土俵入りのあとにすぐ取り組みでバタバタして落ち着かない。その点十両のときはのんびりできた。でも幕内は最高、忙しくても結構楽しいよ」「久しぶりに横綱（大鵬）の土俵入りの露払いをつとめて足が震えちゃったぜ」などと言って笑い飛ばしていた。（「相撲」昭和四十四年十月号、七二頁）

昭和四十五年（一九七〇）初場所、幕内中軸（西前頭五枚目）へ上がった大文字だがサッパリ振るわなかった（四勝十一敗）。「みんな簡単に勝たせてはくれん。」と独特のユーモラスぶりを発揮しているが、寂しさはかくせない。「こう負けが込んでくると、しまいにはどうにでもなれ、といった気持にもなるぜ」半ばやけくそ気味だった。（「相撲」昭和四十五年二月号、八五頁）

初場所の七日目、大文字に待望の女の子が誕生。「女のくせに大きいんだよ。四千グラムもあったかな。それに名前も女房が勝手につけやがってね。〝みつえ〟というんだけど、オレがおやじだなんて、まだピンとこないよ。」（「大相撲」昭和四十五年三月号、八七頁）

大文字、大雄は取り口が若々しく、まだ当分は現役が務まりそうな感じ。現役八十七場所の若鳴門、相内より、むしろこのへん（大文字が八十二場所、大雄が八十一場所）に現役場所数更新（鶴ヶ嶺の九十六場所）が期待される。（「大相撲」昭和四十五年四月号、一一〇頁）

大文字は、昭和四十八年（一九七三）春場所まで十両で取り続け、夏場所に幕下へ陥落、夏場所は東

表19　昭和42年に夏場所十両へ転落した6力士のその後

昭和42年夏場所時の			昭和42年夏場所以降の幕内在位期間（場所数）	最終場所・地位（成績）
四股名	年齢	地位		
大　豪	29歳	西十両 2		42夏・西十両2（全休）→引退
若天龍	27歳	東十両 5	43初～名（4）、43九～44初（2）	44名・西十両11（6勝9敗）→廃業
扇　山	29歳	西十両 5		43秋・東幕下10（全休）→廃業
大文字	27歳	東十両 8	44秋～45春（4）最高位西前頭5	48名・西幕下 3（1勝4敗2休）→引退
若鳴門	28歳	西十両 8	43夏（1）、44春（1）	45夏・東十両12（2勝13敗）→引退
若乃洲	26歳	東十両 11		44九・西幕下12（1勝3敗3休）→廃業

表20　6力士間の全対戦成績

	大　豪（花籠）	若天龍（花籠）	若鳴門（春日野）	扇　山（時津風）	大文字（二所ノ関）	若乃洲（花籠）	勝一負 勝　率
①大　豪		×	2－2	4－1	2－1	×	8－4 0.667
②若天龍	×		16－13	6－7	5－1	×	27－21 0.563
③若鳴門	2－2	13－16		11－8	7－8	7－2	40－36 0.526
④扇　山	1－4	7－6	8－11		10－7	5－5	31－33 0.484
⑤大文字	1－2	1－5	8－7	7－10		3－2	20－26 0.434
⑥若乃洲	×	×	2－7	5－5	2－3		9－15 0.375

幕下五枚目で四勝三敗と勝ち越したが、翌名古屋場所は西幕下三枚目で一勝四敗の後休場、廃業した。現役場所数は一〇一場所を数え、鶴ヶ嶺の記録を更新したが、昭和四十八年夏場所まで取り続けた（翌名古屋場所は全休）〝幕下の主〟相内の一〇五場所には及ばなかった。因みに大雄は九十五場所、若鳴門は八十八場所だった。

表19のように、六力士のうち、幕内に返り咲いたのは、若天龍、若鳴門、大文字の三人だった。そのうち、最高位を更新したのは大文字だけであった。大文字は再入幕してからのほうが在位期間が長いし、好成績となった。

さて、六力士のうちでは誰が一番強かったか、遊び心で六力士間の一三五番の相互の勝敗をリーグ戦よろしく表にまとめてみた（**表20**）。同部屋（花籠部屋）が三人いたり、大豪だけは出世が早く、また、幕内在位のほとんどの場所を上位で取っていたので、対戦数には大きな差があるが、勝率で並べると大豪が一位となり、二位以下も妥当な順になっているのではないだろうか。

第十四章　あまたの〝若〟を輩出した花籠部屋

さて、最終章として、今回焦点を当てた六人中三人（大豪、若天龍、若乃洲）もが所属していた花籠部屋についてページを割くことにする。

昭和四十二年（一九六七）の二〜三年後であったか、梶原一騎原作・辻なおき作画の「タイガーマスク」という漫画が人気を博し、テレビでもアニメーションが放送された。主人公であるタイガーマスクは、悪役レスラーを養成し輩出する〝虎の穴〟の出身のプロレスラーであった。しこ名に〝若〟を冠したあまたの力士を輩出した花籠部屋を虎の穴になぞらえてみた。

花籠部屋の隆盛

神風の廃業、力道山のプロレス転向など波乱続きの二所ノ関部屋の大ノ海（幕内在位十六場所、最高位は前頭三枚目）は、昭和二十六年（一九五一）夏場所、東前頭十八枚目で五勝八敗二休、十両への陥落が確定的となり、部屋建設の資金稼ぎを目的に、アメリカに相撲を紹介する訪米団に加わり八月に渡米、秋場所を全休、昭和二十七年夏場所後に引退し芝田山を継ぐ。

翌年若乃花以下大ノ浦、若椿などの若い者十人足らずを引き連れて二所ノ関部屋から独立、部屋経営に乗り出し、二十八年秋場所、芝田山から十一代花籠を襲名することになり、興した部屋が花籠部屋である。（佐竹『戦後新入幕力士物語　第二巻』若ノ海の項）そのころの若乃花（昭和二十五年初場所新入幕、二十六年秋場所新小結）は、まだ安定した強みを発揮できずに小結と平幕上位を行きつ戻りつしていた。

花籠部屋は、「相撲は両国」の観念を破って、他の部屋とはポツンと離れて、中央線の阿佐ヶ谷の日大相撲部道場の一角を借りて第一歩を踏み出した。花籠親方が現役時の幕内昇進後から日大相撲部のコーチをしていた関係でこの地に部屋を構えたのである。「弟子がいる」と聞くと親方はすぐに飛んで行ったので、「花籠は雑魚でも鯛でもなんでも連れてくる」と言われ、小兵でもなんでも入門させてしまうとの評判をとった。（「相撲」昭和三十五年七月号、五八頁）大きかった若秩父と若三杉は「鯛」で、小兵の若天龍は「雑魚」に含まれていたのだろうか。

しかし、体は小さくてもしぶといのが花籠の力士の特徴となった。若ノ海[*1]（荒岩。鎌田周治）がまだ三段目のころ（昭和二十六年春〜二十七年夏）、連合げいこで松登が若手にけいこをつけていたとき、若ノ海が松登の足を取ってその巨体をひっくり返したことがある。若乃花、若ノ海、若天龍、若駒[*2]（伊藤健二）、入幕は出来なかったが若美山[*3]（土井三雄）も小兵だった。これらの小兵力士に影響されたのか、体のある若三杉（後に大豪）、若乃洲までが突っ張りをなくしたのは何をかいわんやである。

もっとも、部屋創設当時、若椿[*4]（大町利信）が若手に、「突っ張れー、突っ張れー」と言っているのを聞いた若乃花が、「体もないのに、突っ張ってどうする」ととがめたことがある。（「相撲」昭和三十五年七月号、五八〜五九頁）小兵であるがゆえの若乃花の指導方針が引き継がれていたこともあろうが、体格に恵まれた若三杉も若乃洲も柔道経験者だったことが災いしたものと考えるべきだろう。

昭和三十年（一九五五）秋場所、大ノ浦[*5]（水木一廣）が十両に復帰、昭和三十一年秋場所で三十歳で新入幕、昭和三十二年九州場所まで連続六場所幕内に在位（最高位は西前頭十六枚目）した。同じ昭和三十年秋場所、若ノ里[*6]（後に若乃里、さらに山乃口に改名。山口雄三）が十両に昇進、一場所で幕下に陥落したが一場所で十両に復帰、昭和三十一年春場所から昭和三十三年夏場所まで連続十一場所十両に在位（最高位は東十両五枚目）した。

昭和三十一年初場所、若乃花が戦後派力士のトップを切って大関に昇進。昭和三十三年春には横綱に昇進した。昭和二十七年秋場所で幕下優勝、昭和二十九年夏場所で十両優勝した若ノ海も、昭和三十年春場所に新入幕とトントン拍子で出世、新入幕の場所と翌場所の二場所十一勝をあげ、二場所連続で敢闘賞を受賞、昭和三十二年九州場所では三役入りを果たした。

さらには、昭和三十三年秋に十九歳の若秩父[*7]（加藤高明）、翌九州場所に若三杉の二人の大物が入幕。若乃國[*8]（伊藤照夫）、大海[*9]（後に久輝《ひさひかり》。佐藤竹郎）、沢風[*10]（宮田富治）、若十勝[*11]（高島正雄）、若美山と十両陣にも精鋭が続き、独立七年にして角界の一方の旗頭として君臨するようになった。

＊1　若ノ海は秋田県出身。昭和二十九年初場所に十両昇進。昭和三十年春場所に新入幕。幕内在位は四十八場所（連続）で最高位は東小結。敢闘賞を二回（新入幕の場所と翌場所の二場所連続）、技能賞を一回受賞した。昭和三十二年初場所から昭和三十三年春場所までは荒岩に改名していた。

＊2　若駒は秋田県出身。昭和三十五年秋場所に十両昇進。昭和三十六年秋場所に新入幕。幕内在位は三場所（連続）で最高位は西前頭八枚目。昭和三十七年春場所、十両へ陥落し廃業した。

＊3　若美山は北海道出身。昭和三十五年九州場所で十両昇進、一場所で幕下へ陥落したが、一場所で十両に復帰、十両在位は通算三場所で最高位は東十五枚目。一七三センチ、八七キロの小兵ながら左四つ渡し込み、上手投げと激しく攻める手取り力士。（「相撲」昭和三十六年二月号、一三九頁）

＊4　若椿は大阪府出身。昭和二十七年秋場所に十両昇進。連続九場所十両に在位、最高位は西十両二枚目。

＊5　大ノ浦は秋田県出身。昭和二十六年春場所で十両昇進、連続六場所十両に在位したが、幕下に陥落した。花籠部屋に移籍し、勢いのある新興の部屋の雰囲気に刺激され、遅まきながらの入幕を果たした。

＊6　若ノ里は北海道出身。十両昇進時の四股名は若ノ里。昭和三十三年初場所に若乃里、さらに幕下へ陥落した同年名古屋場所に山乃凵と改名した。

＊7　若秩父は埼玉県出身。昭和三十三年初場所で十両昇進､同年秋場所に新入幕､同場所新入幕した富樫（後の横綱柏戸）、豊ノ海とともに、三人とも十九歳だったので「ハイティーントリオ」と呼ばれ、若秩父は新入幕の場所で十二勝三敗、敢闘賞を受賞した。本書にも随所に登場するので詳細は割愛する。糖尿病を患い、大豪同様未完の大器で終わってしまった。

＊8　若乃國は岐阜県出身。昭和三十四年春場所で十両昇進、同年夏場所で十両優勝。同年九州場所で新入幕を果たし、若乃花、若ノ海、若秩父、若三杉と「花籠五若」がそろった。

＊9　大海は岩手県出身。昭和三十三年名古屋場所で十両昇進、昭和三十四年九州場所まで連続九場所十両に在位（最高位東十両十枚目）。東二十枚目に落ち十両最後の場所となった昭和三十四年九州場所に久輝と改名した。

＊10　沢風は秋田県出身。昭和三十四年初場所で十両昇進、一場所で幕下に陥落したが、昭和三十五年春場

所に十両に復帰、昭和四十一年名古屋場所まで実に連続三十九場所十両に在位（現在も十両連続在位場所数の一位）し、最高位西十両二枚目。

＊11　若十勝は北海道出身。昭和三十四年秋場所で十両昇進、昭和三十五年夏場所まで連続五場所十両に在位、最高位は東十両十枚目だった。

花籠部屋を隆盛にし、横綱にまで上り詰めた若乃花は、昭和三十七年（一九六二）五月に引退、花籠部屋の反対側、杉並区成宗のこれまた静かな住宅街に二子山部屋を建てた。ここは、元若乃花の邸跡で、鉄筋三階建て、将来は四階、五階にも増築できるよう設計された。（「相撲」昭和三十九年十一月号、一二五頁）

後に、部屋では若乃花に続く横綱となる日大相撲部出身の輪島が花籠部屋に入門したのも自然の成り行きだったようである。

さて、大豪も若天龍も若乃洲もいなくなってしまった幕内に残留したのは、若秩父と地味な花光＊（遠藤節夫）だった。その後若秩父も十両に陥落し、入れ替わりに若乃國や若天龍が幕内に返り咲いたり、龍虎が入幕を果たしたりしたが、長く幕内に在位し、目立ちはしなかったが、花籠部屋を支えた花光の功績は大きかったと思える。

＊花光は岩手県出身。若乃洲に遅れること三場所、昭和四十年（一九六五）九州場所に新入幕、以後六場所幕内に在位し、昭和四十一年九州場所に十両に陥落したものの、一場所で再入幕、昭和四十五年初場所まで幕内に在位した。最高位は東前頭三枚目。三賞の受賞はない。

花籠部屋の消滅

十一代花籠親方（大ノ海）が定年目前で退職したため、昭和五十六年（一九八一）春場所の三日目に引退した輪島が花籠を襲名、部屋を継承することになった。先代は同年九月二十日にすい臓がんのため六十五歳で亡くなった。ところが、昭和五十七年（一九八二）四月二十五日に五月夫人が自殺未遂事件を起こし、新聞やテレビで騒がれたため、同月三十日に開かれた理事会で、輪島（十二代花籠親方）は二階級降格で平年寄にされた。処分が解除になったのは、翌年の一月二十八日の理事会でであった。

ところが、昭和六十年（一九八五）十一月に、輪島が自身の年寄名跡を担保に入れて多額の借金をしていた事実が発覚し、輪島は廃業に追い込まれ、花籠部屋は消滅し、所属していた三杉磯、花乃湖らの力士は放駒部屋に移籍した。

遡って、輪島と入れ違いに相撲界を去った若天龍が廃業後二十年近く経ってこんなことを言っている。「師匠も遠回しに廃業を勧めるんです。」輪島にとって若天龍は煙たい存在だったのだろうか。（「Van Van相撲界」一九八九年一月号、五八頁）今回の取材で、若天龍本人に会うことができていたら是非とも確認したかったところである。

その後、二子山部屋付きの親方になっていた十五代花籠親方（元関脇の大寿山）が平成四年（一九九二）十月に分家し花籠部屋を再興したが、平成二十四年（二〇一二）五月に経営難から閉鎖、所属していた十両の荒鷲らは峰崎部屋に移籍した。

おわりに

本書は私にとって二冊目のノンフィクション作品である。前作のタイトルは「連合赤軍の時代」だった。一九七二年二月に、新左翼セクト連合赤軍の残党五人が軽井沢であさま山荘に籠城、十日間に及ぶ銃撃戦の末全員逮捕され、その後、山岳アジトでの〝総括〟の名のもと、多くの仲間を殺《あや》めていたことが判明、社会を震撼させた連合赤軍を対象としたもので、私が中学一年から二年の時がその時代の真っ只中だった。それゆえ、中学一、二年の時の学校での一場面を挿入したりした。対象は全く異なるが、前作を踏襲して、今回も相撲にまつわる思い出を掘り起こしてみた。

小学生時代の思い出の一端は、「はじめに」で披露したが、少し加えると、自宅の六畳間だったたか、中央部の畳一畳を土俵に見立てての相撲に、父からよく誘われたものだ。小学校でも体育の授業中だったかと思うが、砂場でたまに相撲を取っていた。中学校では、二、三年の時に級友や、時にはバスケットボール部の同学年の部員と相撲をしていたことを覚えている。体育館では、バスケットボールのサークルを土俵にし、部活動の合間や体育の授業の前に興じていた。

今だから言えるが、教室前の廊下でもよくやっていたものだ。バスケットボール部のキャプテンだった佐藤君とやったときは、佐藤君が「誰になる？」と聞くので、少々考えた後で「若ノ海」と答えたことを覚えている。サウスポーの湯浅君は輪島の熱烈なファンで、そのあたりの注目を集めている力士を選ぶのではなく、やはり、「若」のつく力士を応援していた証だったかと思う。

さて、本書で焦点を当てた六力士だが、執筆に取り掛かった時点で、大豪、若鳴門、若乃洲の三人はすでに鬼籍に入っていた。残る三人が生存されていることを期待し、その所在を突き止めインタビューができないものかと考えていた。ところが、千葉タチ子さんとの電話で扇山はとっくに亡くなられていることを聞き（コラム4）、二〇二一年十二月十四日の大嶽親方（大竜）との電話で、大文字が最近亡くなったと聞いた。残すは若天龍だけとなった。若天龍の追跡が始まった。

ベースボール・マガジン社の門脇利明氏から、「Van Van 相撲界」の一九八九年一月号の「いま あの人は」に、若天龍が出ていることを教えてもらい、知人にお願いして、所蔵している図書館からコピーを取り寄せてもらった。若天龍が経営していた粥川《かゆかわ》工業が西宮市にあったことを確かめ、神戸地方法務局会社謄本係から粥川工業の「履歴事項全部証明書」を送ってもらった。それから、西宮に二度出向き、所在地と移転先を訪ねたが、すでに粥川工業の家屋はなくなっていた（コラム3）。

「日本の古本屋」というネットで検索し、古書店から集めた月刊誌「相撲」や「大相撲」の記事を拾っていくと、夫人の実家が大阪・今里で亡父が鉄工所を経営していたと書いてあるのを見つけ、大阪府東成区大今里にも出向いたが手掛かりは得られなかった。

昭和四十一年には豊中市に住んでおり、翌年には宝塚市花屋敷の高台にある新居へ越したとの記事も出ているが、出向いてはいない。若天龍の消息は不明のままになっている。一連の取材で六力士の誰にも出会うことができなかったのは残念至極である。すでに歳月が過ぎてしまっての時効というわけだろうか。若天龍が生きているなら八十三歳である。お元気ならば話を伺うことも出来よう。

本書には、多くの資料を添付した。凝り性の筆者としては、自分が知りたいと思ったことを、とにかくとことん調べ、本書に掲載できる形にしたものである。作成に当たっては出来得る限りの正確性を期したつもりだが、間違えている箇所も少なからずあるかと思う。若天龍の消息のご連絡ともども読者諸兄からのご指摘を待ちたい。

六十数年から五十数年の時の経過だけはどうしようもなかった。私が生まれた昭和三十三年から四十二年にかけての、黄ばんだ相撲誌をめくり、今は亡き父母との思い出を浮かべながら、ひたすらキーボードをたたいた。対象とした力士もさることながら、内容はとても当時の相撲界を大局的に総括したものではない。ほんの片隅をつついたものである。伝統ある国技大相撲のほんの一部分を自分史と対応させながら世に送り出した。自己満足に過ぎないかもしれないが、ほんのわずかな人にでも共感していただければ幸いに思う。

引用参照文献・ＵＲＬ

荒井太郎『歴史ポケットスポーツ新聞　相撲』（大空出版、二〇一四年改訂第二版）
伊藤勝治監修『大相撲の解剖図鑑』（エクスナレッジ、二〇一七年第三刷）
鵜飼克郎『大相撲「番付崩壊」弱すぎる大関――八百長排除で協会が抱える新たな問題』（「日本のタブー4・0」宝島社新書、二〇二二年）
『映像で見る国技大相撲　第五号、一三～一五号』（ベースボール・マガジン社分冊百科シリーズＤＶＤマガジン、二〇一〇年）
「大相撲」（読売新聞社、一九五八～一九七〇年）
葛城明彦『「ジョー」のモデルと呼ばれた男　天才ボクサー・青木勝利の生涯』（彩図社、二〇二二年）
京須利敏・水野尚文編著「令和五年版　大相撲力士名鑑」（共同通信社、二〇二二年）
佐々木一郎『稽古場物語』（ベースボール・マガジン社、二〇二〇年）
佐々木一郎『関取になれなかった男たち』（ベースボール・マガジン社、二〇二二年）
佐竹義惇『戦後新入幕力士物語　第二巻』（ベースボール・マガジン社、一九九〇年）
佐竹義惇『戦後新入幕力士物語　第三巻』（ベースボール・マガジン社、一九九一年）
佐竹義惇『戦後新入幕力士物語　第五巻』（ベースボール・マガジン社、一九九四年）

「ジャイアンツ八〇年史 part.3 一九六一―一九七四」（ベースボール・マガジン社、二〇一四年）
「相撲」（ベースボール・マガジン社、一九五八〜一九七〇年、二〇二二年）
「相撲」編集部編著『知れば知るほど行司・呼出し・床山』（ベースボール・マガジン社、二〇一九年）
貴闘力『大相撲土俵裏』（彩図社、二〇二二年）
田中亮『全部わかる大相撲ガイド』（成美堂出版、二〇一九年）
玉木正之『「大相撲八百長批判」を嗤う　幼稚な正義が伝統を破壊する』（飛鳥新社、二〇一一年）
「Van Van 相撲界」（ベースボール・マガジン社、一九八九年一月号）
水野尚文・京須利敏編著「大相撲力士名鑑　平成五年上期版」（共同通信社、一九九三年）
『ライバル激突！大相撲熱闘譜』（ベースボール・マガジン社、二〇〇七年）
http://sumodb.sumogames.de/Banzuke.
https://ja.wikipedia.org/wiki/

若乃洲	花光	龍虎	輪島	魁傑	若ノ海	荒瀬 （荒勢）	大豪	大ノ海	三杉磯 （東洋）	花乃湖
			横綱 横綱			前頭6 前頭9			前頭9 前頭12	
			横綱 横綱			前頭6 前頭11 前頭7			前頭11 前頭5 前頭3	
									前頭9 前頭2 前頭5 前頭12 前頭9 前頭3	
									前頭8 前頭9 前頭10 前頭4 前頭10	
									前頭13 前頭10	前頭13 前頭6 前頭2 前頭9 前頭3

（注1） 花籠部屋に所属していた場所のみを示した。若乃花は前場所までは芝田山部屋、三杉磯と花乃湖は次場所からは放駒部屋。

（注2） 後の花籠部屋の幕内力士に光龍がいる。光龍は15代花籠親方（大寿山）が部屋再興後に育てた力士。平成20年（2008年）名古屋場所の新入幕で幕内在位は8場所。最高位は前頭11枚目だった。令和5年（2023年）現在、光龍が花籠部屋の最後の幕内力士となっている。

	若乃花	若ノ海 (荒岩)	大ノ浦	若秩父	若三杉 (大豪)	若乃國 (若の國) (若ノ國)	若天龍	若駒
昭和55年（1980年）秋場所 昭和55年（1980年）九州場所								
昭和56年（1981年）初場所 昭和56年（1981年）春場所 昭和56年（1981年）夏場所 昭和56年（1981年）名古屋場所 昭和56年（1981年）秋場所 昭和56年（1981年）九州場所								
昭和57年（1982年）初場所 昭和57年（1982年）春場所 昭和57年（1982年）夏場所 昭和57年（1982年）名古屋場所 昭和57年（1982年）秋場所 昭和57年（1982年）九州場所								
昭和58年（1983年）初場所 昭和58年（1983年）春場所 昭和58年（1983年）夏場所 昭和58年（1983年）名古屋場所 昭和58年（1983年）秋場所 昭和58年（1983年）九州場所								
昭和59年（1984年）初場所 昭和59年（1984年）春場所 昭和59年（1984年）夏場所 昭和59年（1984年）名古屋場所 昭和59年（1984年）秋場所 昭和59年（1984年）九州場所								
昭和60年（1985年）初場所 昭和60年（1985年）春場所 昭和60年（1985年）夏場所 昭和60年（1985年）名古屋場所 昭和60年（1985年）秋場所 昭和60年（1985年）九州場所								

若乃洲	花光	龍虎	輪島	魁傑	若ノ海	荒瀬(荒勢)	大豪	大ノ海	三杉磯(東洋)	花乃湖
		前頭3	横綱	関脇	前頭4	前頭6				
		前頭4	横綱	関脇	前頭8	前頭1				
		前頭9	横綱	関脇	前頭5	前頭3				
		前頭5	横綱	小結	前頭3	小結				
		小結	横綱	関脇	前頭10	前頭4				
		前頭8	横綱	大関		前頭2				
		前頭5	横綱	大関		小結				
			横綱	大関		前頭2				
			横綱	大関		前頭1				
			横綱	大関		前頭4	前頭13			
			横綱	関脇		前頭2				
			横綱	前頭1		前頭1				
			横綱	前頭6		関脇				
			横綱	小結		関脇				
			横綱	前頭4		前頭2	前頭14			
			横綱	関脇	前頭11	前頭6				
			横綱	関脇	前頭13	前頭1	前頭11	前頭12		
			横綱	大関	前頭5	関脇		前頭4		
			横綱	大関	前頭8	小結		前頭11		
			横綱	大関	前頭5	小結	前頭12			
			横綱	大関	前頭9	関脇				
			横綱	関脇		関脇			前頭12	
			横綱	前頭1		関脇				
			横綱	前頭4		関脇				
			横綱	小結		小結				
			横綱	前頭3		前頭5			前頭10	
			横綱	前頭4		前頭2			前頭11	
			横綱	前頭2		前頭8			前頭7	
			横綱	前頭9		前頭11			前頭2	
			横綱			前頭6			前頭10	
			横綱			前頭2			前頭11	
			横綱			前頭7			前頭9	
			横綱			前頭2			前頭3	
			横綱			前頭12			前頭5	
			横綱			前頭2			前頭10	
			横綱			関脇			前頭5	
			横綱			関脇			前頭12	
			横綱			前頭8			前頭12	

	若乃花	若ノ海 (荒岩)	大ノ浦	若秩父	若三杉 (大豪)	若乃國 (若の國) (若ノ國)	若天龍	若駒
昭和49年（1974年）夏場所								
昭和49年（1974年）名古屋場所								
昭和49年（1974年）秋場所								
昭和49年（1974年）九州場所								
昭和50年（1975年）初場所								
昭和50年（1975年）春場所								
昭和50年（1975年）夏場所								
昭和50年（1975年）名古屋場所								
昭和50年（1975年）秋場所								
昭和50年（1975年）九州場所								
昭和51年（1976年）初場所								
昭和51年（1976年）春場所								
昭和51年（1976年）夏場所								
昭和51年（1976年）名古屋場所								
昭和51年（1976年）秋場所								
昭和51年（1976年）九州場所								
昭和52年（1977年）初場所								
昭和52年（1977年）春場所								
昭和52年（1977年）夏場所								
昭和52年（1977年）名古屋場所								
昭和52年（1977年）秋場所								
昭和52年（1977年）九州場所								
昭和53年（1978年）初場所								
昭和53年（1978年）春場所								
昭和53年（1978年）夏場所								
昭和53年（1978年）名古屋場所								
昭和53年（1978年）秋場所								
昭和53年（1978年）九州場所								
昭和54年（1979年）初場所								
昭和54年（1979年）春場所								
昭和54年（1979年）夏場所								
昭和54年（1979年）名古屋場所								
昭和54年（1979年）秋場所								
昭和54年（1979年）九州場所								
昭和55年（1980年）初場所								
昭和55年（1980年）春場所								
昭和55年（1980年）夏場所								
昭和55年（1980年）名古屋場所								

若乃洲	花光	龍虎	輪島	魁傑	若ノ海	荒瀬（荒勢）	大豪	大ノ海	三杉磯（東洋）	花乃湖
	前頭3									
	前頭8	前頭9								
	前頭3	前頭3								
	前頭3	前頭9								
	前頭8	前頭10								
	前頭6	前頭6								
	前頭9	前頭3								
	前頭11	前頭9								
	前頭5	前頭2								
	前頭9	前頭1								
	前頭10	前頭1								
	前頭11	前頭6								
	前頭7	前頭1								
		小結								
		小結								
		前頭3								
		前頭11								
		小結								
		前頭1	前頭11							
		前頭1	前頭5							
		前頭2	前頭12							
		前頭6	前頭2							
		前頭1	前頭6	前頭9						
		前頭3	前頭1	前頭10						
		前頭12	小結	前頭5						
			関脇	前頭7						
			関脇	小結						
			関脇	関脇	前頭10					
			関脇	関脇	前頭7					
			大関	小結	前頭5					
			大関	前頭1	前頭2					
			大関	関脇	前頭9					
			大関	前頭4	前頭8					
		前頭12	横綱	小結	前頭10	前頭13				
		前頭5	横綱	関脇	前頭7	前頭9				
		前頭7	横綱	小結	前頭3	前頭11				
		前頭5	横綱	小結	前頭5	前頭10				
		前頭7	横綱	関脇	前頭3	前頭5				

	若乃花	若ノ海 (荒岩)	大ノ浦	若秩父	若三杉 (大豪)	若乃國 (若の國) (若ノ國)	若天龍	若駒
昭和43年（1968年）初場所						前頭8	前頭10	
昭和43年（1968年）春場所							前頭9	
昭和43年（1968年）夏場所						前頭12	前頭8	
昭和43年（1968年）名古屋場所						前頭8	前頭10	
昭和43年（1968年）秋場所								
昭和43年（1968年）九州場所							前頭12	
昭和44年（1969年）初場所							前頭10	
昭和44年（1969年）春場所								
昭和44年（1969年）夏場所								
昭和44年（1969年）名古屋場所								
昭和44年（1969年）秋場所								
昭和44年（1969年）九州場所								
昭和45年（1970年）初場所								
昭和45年（1970年）春場所								
昭和45年（1970年）夏場所								
昭和45年（1970年）名古屋場所								
昭和45年（1970年）秋場所								
昭和45年（1970年）九州場所								
昭和46年（1971年）初場所								
昭和46年（1971年）春場所								
昭和46年（1971年）夏場所								
昭和46年（1971年）名古屋場所								
昭和46年（1971年）秋場所								
昭和46年（1971年）九州場所								
昭和47年（1972年）初場所								
昭和47年（1972年）春場所								
昭和47年（1972年）夏場所								
昭和47年（1972年）名古屋場所								
昭和47年（1972年）秋場所								
昭和47年（1972年）九州場所								
昭和48年（1973年）初場所								
昭和48年（1973年）春場所								
昭和48年（1973年）夏場所								
昭和48年（1973年）名古屋場所								
昭和48年（1973年）秋場所								
昭和48年（1973年）九州場所								
昭和49年（1974年）初場所								
昭和49年（1974年）春場所								

若乃洲	花光	龍虎	輪島	魁傑	若ノ海	荒瀬 (荒勢)	大豪	大ノ海	三杉磯 (東洋)	花乃湖
前頭15 前頭12 前頭13 前頭10	前頭14									
前頭5 前頭6 前頭11 前頭15 前頭12	前頭14 前頭10 前頭7 前頭12 前頭13									
前頭9 前頭10	前頭11 前頭8 前頭5 前頭6 前頭9 前頭9									

	若乃花	若ノ海 （荒岩）	大ノ浦	若秩父	若三杉 （大豪）	若乃國 （若の國） （若ノ國）	若天龍	若駒
昭和36年（1961年）秋場所	横綱	前頭5		前頭9	前頭4	前頭10	前頭11	前頭13
昭和36年（1961年）九州場所	横綱	前頭11		前頭10	前頭5	前頭12	前頭9	前頭8
昭和37年（1962年）初場所	横綱	前頭12		前頭5	小結	前頭11	前頭10	前頭12
昭和37年（1962年）春場所	横綱	前頭11		前頭1	小結			
昭和37年（1962年）夏場所	横綱	前頭9		小結	前頭1	前頭11		
昭和37年（1962年）名古屋場所		前頭12		前頭4	前頭3			
昭和37年（1962年）秋場所		前頭8		小結	前頭5			
昭和37年（1962年）九州場所		前頭2		前頭3	前頭10	前頭14		
昭和38年（1963年）初場所		前頭5		前頭6	前頭2			
昭和38年（1963年）春場所		前頭8		前頭2	小結		前頭15	
昭和38年（1963年）夏場所		前頭5		小結	関脇	前頭11		
昭和38年（1963年）名古屋場所		前頭10		関脇	関脇	前頭8		
昭和38年（1963年）秋場所		前頭4		関脇	関脇	前頭15		
昭和38年（1963年）九州場所		前頭13		前頭2	関脇			
昭和39年（1964年）初場所				前頭3	関脇			
昭和39年（1964年）春場所				前頭3	関脇		前頭14	
昭和39年（1964年）夏場所				前頭12	関脇	前頭13	前頭11	
昭和39年（1964年）名古屋場所				前頭5	前頭4		前頭12	
昭和39年（1964年）秋場所				前頭13	前頭2		前頭9	
昭和39年（1964年）九州場所				前頭7	前頭5		前頭8	
昭和40年（1965年）初場所				前頭3	前頭2		前頭11	
昭和40年（1965年）春場所				前頭7	前頭1		前頭12	
昭和40年（1965年）夏場所				前頭1	小結		前頭7	
昭和40年（1965年）名古屋場所				前頭3	前頭1		前頭4	
昭和40年（1965年）秋場所				前頭2	関脇		前頭4	
昭和40年（1965年）九州場所				前頭8	前頭6		前頭1	
昭和41年（1966年）初場所				前頭13	前頭1		前頭6	
昭和41年（1966年）春場所				前頭10	小結		前頭4	
昭和41年（1966年）夏場所				前頭6	前頭1		前頭7	
昭和41年（1966年）名古屋場所				前頭8	前頭4		前頭5	
昭和41年（1966年）秋場所				前頭5	前頭10		前頭7	
昭和41年（1966年）九州場所				前頭8	前頭11		前頭3	
昭和42年（1967年）初場所					前頭7		前頭15	
昭和42年（1967年）春場所				前頭13	前頭9		前頭13	
昭和42年（1967年）夏場所				前頭12				
昭和42年（1967年）名古屋場所								
昭和42年（1967年）秋場所						前頭11		
昭和42年（1967年）九州場所				前頭11				

若乃洲	花光	龍虎	輪島	魁傑	若ノ海	荒瀬（荒勢）	大豪	大ノ海	三杉磯（東洋）	花乃湖

資料15　花籠部屋の幕内力士の推移

	若乃花	若ノ海（荒岩）	大ノ浦	若秩父	若三杉（大豪）	若乃國（若の國）（若ノ國）	若天龍	若駒
昭和28年（1953年）秋場所	小結							
昭和29年（1954年）初場所	関脇							
昭和29年（1954年）春場所	関脇							
昭和29年（1954年）夏場所	関脇							
昭和29年（1954年）秋場所	関脇							
昭和30年（1955年）初場所	関脇							
昭和30年（1955年）春場所	関脇	前頭17						
昭和30年（1955年）夏場所	関脇	前頭11						
昭和30年（1955年）秋場所	関脇	前頭3						
昭和31年（1956年）初場所	大関	前頭8						
昭和31年（1956年）春場所	大関	前頭3						
昭和31年（1956年）夏場所	大関	前頭7						
昭和31年（1956年）秋場所	大関	前頭15	前頭21					
昭和32年（1957年）初場所	大関	前頭4	前頭17					
昭和32年（1957年）春場所	大関	前頭7	前頭18					
昭和32年（1957年）夏場所	大関	前頭10	前頭18					
昭和32年（1957年）秋場所	大関	前頭7	前頭16					
昭和32年（1957年）九州場所	大関	小結	前頭21					
昭和33年（1958年）初場所	大関	前頭3						
昭和33年（1958年）春場所	横綱	前頭6						
昭和33年（1958年）夏場所	横綱	前頭9						
昭和33年（1958年）名古屋場所	横綱	前頭14						
昭和33年（1958年）秋場所	横綱	前頭9		前頭18				
昭和33年（1958年）九州場所	横綱	前頭5		前頭4	前頭19			
昭和34年（1959年）初場所	横綱	前頭6		前頭4	前頭13			
昭和34年（1959年）春場所	横綱	前頭3		小結	前頭14			
昭和34年（1959年）夏場所	横綱	前頭3		前頭11	前頭9			
昭和34年（1959年）名古屋場所	横綱	前頭7		前頭10	前頭7			
昭和34年（1959年）秋場所	横綱	前頭10		前頭4	前頭6			
昭和34年（1959年）九州場所	横綱	前頭2		前頭4	前頭1	前頭17		
昭和35年（1960年）初場所	横綱	小結		前頭7	前頭8	前頭14		
昭和35年（1960年）春場所	横綱	小結		前頭9	前頭9	前頭10		
昭和35年（1960年）夏場所	横綱	前頭3		前頭14	前頭4	前頭10		
昭和35年（1960年）名古屋場所	横綱	前頭4		前頭4	関脇	前頭8		
昭和35年（1960年）秋場所	横綱	前頭3		前頭1	小結	前頭13		
昭和35年（1960年）九州場所	横綱	前頭1		前頭8	小結	前頭9		
昭和36年（1961年）初場所	横綱	前頭5		前頭12	関脇	前頭13		
昭和36年（1961年）春場所	横綱	前頭7		前頭12	前頭1			
昭和36年（1961年）夏場所	横綱	前頭12			小結	前頭11		
昭和36年（1961年）名古屋場所	横綱	前頭8			前頭1	前頭9		

□ = 幕内同士での取り組み

対	大文字	7－8	
	昭和35年秋	○	
	昭和36年夏	○	
	昭和40年名古屋	○	あびせたおし
	昭和41年九州	●	よりたおし
	昭和42年初	○	うっちゃり
	昭和42年春	●	きりかえし
	昭和42年名古屋	●	かたすかし
	昭和42年九州	●	うわてだしなげ
	昭和43年初	○	ひきおとし
	昭和43年春	○	つりだし
	昭和43年夏	●	うわてだしなげ
	昭和43年名古屋	●	うわてだしなげ
	昭和44年初	○	きめたおし
	昭和44年夏	●	おくりだし
	昭和45年夏	●	よりきり

若乃洲

対	大文字	2－3	
	昭和40年春	○	うちがけ
	昭和41年秋	●	したてなげ
	昭和41年九州	○	よりたおし
	昭和42年初	●	したてなげ
	昭和42年春	●	したてなげ

□ = 幕内同士での取り組み

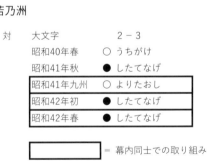

昭和40年初　○ よりきり
昭和40年春　● つりだし
昭和41年名古屋　○ こまたすくい
昭和41年九州　○ よりきり
昭和42年初　● かけなげ
昭和42年春　○ こまたすくい

対　大文字　10－7
昭和33年秋　○
昭和35年九州　○
昭和39年春　● よりきり
昭和39年夏　● うわてなげ
昭和39年名古屋　○ つきおとし
昭和40年春　○ おくりだし
昭和40年夏　○ よりきり
昭和40年名古屋　● よりたおし
昭和40年秋　● よりたおし
昭和40年九州　○ うちがけ
昭和41年春　○ よりたおし
昭和41年九州　○ したてなげ
昭和42年春　○ きりかえし
昭和42年名古屋　● あびせたおし
昭和42年秋　○ よりきり
昭和42年九州　● はたきこみ
昭和43年春　● うわてなげ

若鳴門

対　若乃洲　7－2
昭和40年初　● うちがけ
昭和40年春　○ うわてなげ
昭和40年夏　○ よりたおし
昭和40年秋　● うわてなげ
昭和40年九州　○ おしだし
昭和41年春　○ よりきり
昭和41年九州　○ うわてなげ
昭和42年初　○ よりたおし
昭和42年春　○ よりきり

対　大文字　5－1

昭和42年初　○ すくいなげ
昭和42年春　○ うちがけ
昭和42年夏　● うわてなげ
昭和42年秋　○ よりきり
昭和43年秋　○ かたすかし
昭和44年春　○ かたすかし

扇山

対　若鳴門　8－11

昭和34年夏　●
昭和35年春　●
昭和35年夏　●
昭和36年初　○
昭和37年春　● とったり
昭和37年夏　● うっちゃり
昭和37年名古屋　○ おしだし
昭和38年名古屋　● つりだし
昭和38年秋　● つりだし
昭和38年九州　● つりだし
昭和39年初　○ よりたおし
昭和40年初　● つりだし
昭和41年秋　○ よりきり
昭和41年九州　○ そとがけ
昭和42年初　● よりきり
昭和42年春　○ うわてなげ
昭和42年夏　● よりきり
昭和42年名古屋　○ おしだし
昭和42年秋　○ よりきり

□ ＝ 幕内同士での取り組み

対　若乃洲　5－5

昭和39年春　○ うわてなげ
昭和39年夏　● よりたおし
昭和39年秋　● つりだし
昭和39年九州　● うわてなげ

昭和42年春	●	よりきり
昭和42年秋	●	よりきり
昭和42年九州	○	かけなげ

□ ＝ 幕内同士での取り組み

対 若鳴門		１６－１３
昭和33年夏	○	
昭和33年秋	●	
昭和33年九州	○	
昭和34年九州	●	
昭和37年夏	○	あびせたおし
昭和37年名古屋	●	よりたおし
昭和37年秋	○	うちがけ
昭和37年九州	○	したてなげ
昭和38年春	●	よりきり
昭和38年夏	○	うわてなげ
昭和38年名古屋	●	うっちゃり
昭和38年秋	○	うちがけ
昭和38年九州	●	つりだし
昭和39年春	○	うちがけ
昭和39年夏	○	うわてだしなげ
昭和39年名古屋	○	つりだし
昭和39年秋	○	よりきり
昭和39年九州	●	よりたおし
昭和40年夏	●	こてなげ
昭和40年秋	○	うわてなげ
昭和41年夏	●	おくりだし
昭和42年初	○	うわてだしなげ
昭和42年春	○	よりたおし
昭和42年夏	○	かけなげ
昭和42年秋	●	おしだし
昭和43年夏	●	すくいなげ
昭和43年秋	○	つきおとし
昭和44年春	●	こてなげ
昭和44年名古屋	●	おしだし

資料14　6力士間の全対戦結果

若三杉→大豪

対　扇山　4－1

昭和37年九州	○	よりきり
昭和41年秋	○	よりたおし
昭和41年九州	○	きりかえし
昭和42年初	●	うわてだしなげ
昭和42年春	○	よりたおし

□ = 幕内同士での取り組み

対　若鳴門　2－2

昭和39年秋	●	よりきり
昭和40年九州	○	こてなげ
昭和42年初	●	こてなげ
昭和42年春	○	こてなげ

対　大文字　2－1

昭和41年九州	●	かたすかし
昭和42年初	○	よりきり
昭和42年春	○	よりきり

若天龍

対　扇山　6－7

昭和33年春	○	
昭和37年夏	○	よりたおし
昭和37年名古屋	●	よりきり
昭和38年春	●	つきおとし
昭和38年名古屋	○	こてなげ
昭和38年秋	●	おしたおし
昭和39年春	●	したてなげ
昭和41年名古屋	●	よりきり
昭和41年秋	○	つきだし
昭和42年初	○	おしだし

大文字が負けた決まり手

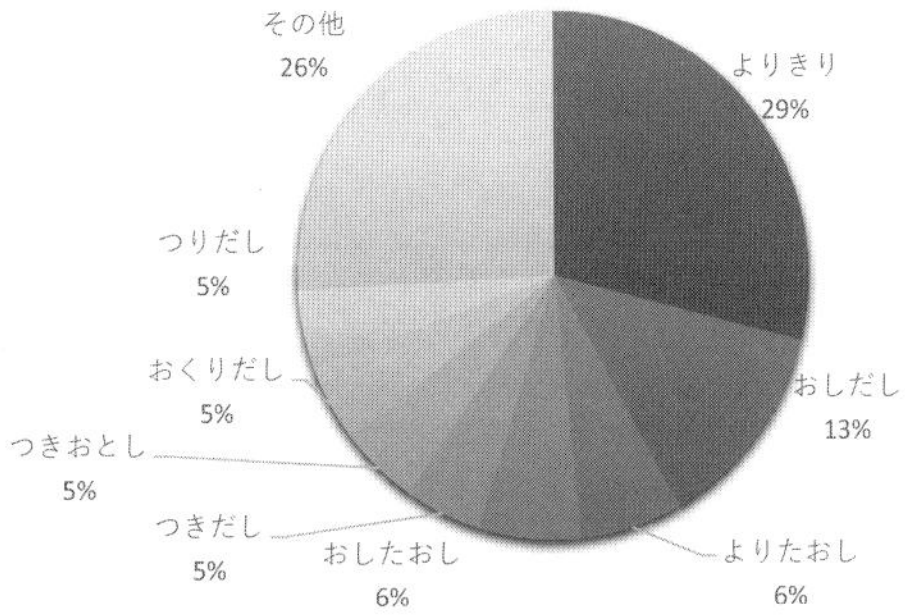

よりきり	18	きりかえし	2
おしだし	8	はたきこみ	1
よりたおし	4	すくいなげ	1
おしたおし	4	うちがけ	1
つきだし	3	ひきおとし	1
つきおとし	3	うわてだしなげ	1
おくりだし	3	けたぐり	1
つりだし	3	すそはらい	1
よりたおし	2	うわてなげ	1
したてなげ	2	合計	62
うっちゃり	2		

＊“ショーマン”大文字の技は多彩だった。主な決め手は3種類の投げで、半数を越えている。寄り切りでの勝ちがきわめて少ないのも特徴だろう。土俵の中で勝負をつける、プロレス出身の大文字の真骨頂だったか。逆に負けるときは、寄り切られたり押し出されたり土俵外へ出されていた。

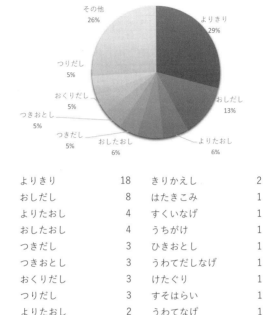

	初日	2日目	3日目	4日目	5日目	6日目	7日目	8日目	9日目	10日目	11日目	12日目	13日目	14日目	千秋楽
昭和47年九州場所 西十両8　京都 **大文字**　☆ 二所ノ関32歳　8勝7敗															
昭和48年初場所 東十両6　京都 **大文字**　★ 二所ノ関32歳　6勝9敗															
昭和48年春場所 西十両12　京都 **大文字**　★ 二所ノ関33歳　5勝10敗															
昭和48年夏場所 東幕下5　京都 **大文字**　☆ 二所ノ関33歳　4勝3敗															
昭和48年名古屋場所 西幕下3　京都 **大文字**　★引退 二所ノ関33歳　1勝4敗2休															

大文字が勝った決まり手

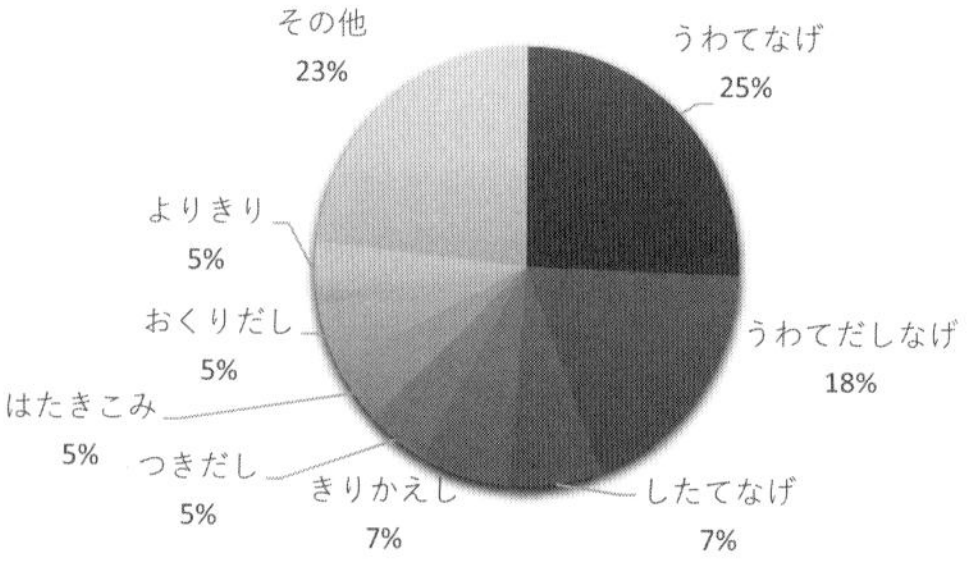

うわてなげ	11	あびせたおし	1
うわてだしなげ	8	よりたおし	1
したてなげ	3	いさみあし	1
きりかえし	3	あしとり	1
つきだし	2	こまたすくい	1
はたきこみ	2	にちょうなげ	1
おくりだし	2	かけなげ	1
よりきり	2	かわづがけ	1
うっちゃり	1	合計	43
かたすかし	1		

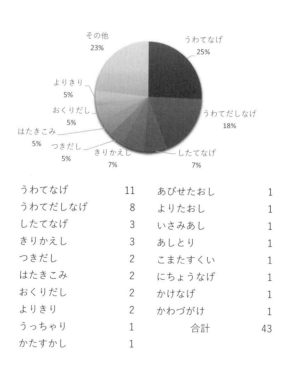

	初日	2日目	3日目	4日目	5日目	6日目	7日目	8日目	9日目	10日目	11日目	12日目	13日目	14日目	千秋楽
昭和44年九州場所 東前頭10 京都 大文字 ☆ 二所ノ関29歳 8勝7敗	● よりたおし 栃王山 0-1	○ よりきり 明武谷 2-2	● おしたおし 福の花 1-2	○ したてなげ 黒姫山 1-0	● よりきり 若二瀬 1-2	● よりきり 三重ノ海 1-1	○ うわてなげ 旭國 1-1	○ うわてなげ 魁罡 1-1	● きりかえし 大雄 0-1	● おしだし 龍虎 0-1	○ つきだし 大竜川 1-1	● よりきり 錦洋 0-1	○ うわてだしなげ 淺瀬川 1-0	○ うわてなげ 若浪 1-0	○ こまたすくい 花光 3-1
昭和45年初場所 西前頭5 京都 大文字 ★ 二所ノ関29歳 4勝11敗	● つきおとし 栃王山 0-2	● よりきり 淺瀬川 1-1	● おしだし 花光 3-2	● うわてだしなげ 髙鉄山 0-2	● つきおとし 福の花 1-3	● けたぐり 二子岳 0-3	● したてなげ 旭國 1-2	○ にちょうなげ 三重ノ海 2-1	● よりきり 大竜川 1-2	● よりきり 戸田 0-2	○ うわてだしなげ 時葉山 2-0	○ よりきり 若浪 2-0	○ うわてだしなげ 朝登 1-0	● よりたおし 若二瀬 1-3	● すそはらい 大雪 0-1
昭和45年春場所 西前頭10 京都 大文字 ★ 二所ノ関30歳 6勝9敗	● おしだし 朝登 1-1	● おしだし 旭國 1-3	● つりだし 若浪 2-1	○ はたきこみ 戸田 1-2	● おくりだし 大雄 0-2	● つきだし 福の花 1-4	● うわてなげ 嵐山 0-1	○ うわてなげ 大雪 1-1	● おしだし 三重ノ海 2-2	○ おくりだし 照櫻 (十両)	○ かけなげ 大竜川 2-2	○ かわづがけ 栃王山 1-2	○ うわてだしなげ 朝嵐 (十両)	● よりたおし 増位山 0-1	● おくりだし 栃勇 (十両)
昭和45年夏場所 西十両1 京都 大文字 ★ 二所ノ関30歳 6勝9敗															
昭和45年名古屋場所 西十両4 京都 大文字 ★ 二所ノ関30歳 7勝8敗															
昭和45年秋場所 東十両7 京都 大文字 ☆ 二所ノ関30歳 9勝6敗															
昭和45年九州場所 西十両3 京都 大文字 ★ 二所ノ関30歳 7勝8敗															
昭和46年初場所 東十両5 京都 大文字 ☆ 二所ノ関30歳 8勝7敗															
昭和46年春場所 西十両2 京都 大文字 ★ 二所ノ関31歳 6勝9敗															
昭和46年夏場所 東十両7 京都 大文字 ★ 二所ノ関31歳 7勝8敗															
昭和46年名古屋場所 西十両8 京都 大文字 ★ 二所ノ関31歳 7勝8敗															
昭和46年秋場所 西十両10 京都 大文字 ☆ 二所ノ関31歳 9勝6敗															
昭和46年九州場所 東十両4 京都 大文字 ★ 二所ノ関31歳 4勝11敗															
昭和47年初場所 西十両13 京都 大文字 ☆ 二所ノ関31歳 9勝6敗															
昭和47年春場所 西十両4 京都 大文字 ★ 二所ノ関32歳 6勝9敗															
昭和47年夏場所 西十両7 京都 大文字 ☆ 二所ノ関32歳 8勝7敗															
昭和47年名古屋場所 西十両4 京都 大文字 ★ 二所ノ関32歳 7勝8敗															
昭和47年秋場所 西十両5 京都 大文字 ★ 二所ノ関32歳 6勝9敗															

資料13　大文字の幕内全星取表

	初日	2日目	3日目	4日目	5日目	6日目	7日目	8日目	9日目	10日目	11日目	12日目	13日目	14日目	千秋楽
昭和41年九州場所	●	●	○	○	○	●	●	○	○	●	○	○	●	●	○
西前頭11　京都	よりたおし	したてなげ	うっちゃり	かたすかし	つきだし	つきだし	よりきり	はたきこみ	あびせたおし	はたきこみ	うわてなげ	うわてなげ	うっちゃり	つきおとし	よりたおし
大文字　☆	若乃洲	扇山	開隆山	大豪	大心	若見山	追風山	藤ノ川	若杉山	福の花	廣川	若秩父	明武谷	前の山	若鳴門
二所ノ関26歳　8勝7敗	0-1	0-1	1-0	1-0	1-0	0-1	0-1	1-0	1-0	0-1	1-0	1-0	0-1	0-1	1-0
昭和42年初場所	●	○	●	○	○	○	●	●	●	●	●	●	○	●	○
東前頭8　京都	よりきり	したてなげ	よりきり	きりかえし	うわてだしなげ	いさみあし	おくりだし	つりだし	よりきり	よりきり	うっちゃり	すくいなげ	うわてなげ	つきだし	うわてなげ
大文字　★	長谷川	若乃洲	大豪	禊鳳	廣川	青ノ里	開隆山	明武谷	豊國	花光	若鳴門	若天龍	追風山	金乃花	若二瀬
二所ノ関26歳　6勝9敗	0-1	1-1	1-1	1-0	2-0	1-0	1-1	0-2	0-1	0-1	1-1	0-1	1-1	0-1	1-0
昭和42年春場所	○	●	●	○	○	●	●	●	●	●	●	●	●	●	○
東前頭11　京都	きりかえし	よりきり	よりきり	うわてなげ	したてなげ	おしだし	よりきり	よりきり	おしだし	うちがけ	きりかえし	おしだし	よりきり	よりきり	うわてなげ
大文字　★	若鳴門	若見山	大豪	花光	若乃洲	廣川	若秩父	陸奥嵐	二子岳	若天龍	扇山	戸田	鶴ヶ嶺	青ノ里	豊國
二所ノ関27歳　4勝11敗	2-1	0-2	1-2	1-1	2-1	2-1	1-1	0-1	0-1	0-2	0-2	0-1	0-1	1-1	1-1
昭和42年夏場所															
東十両8　京都															
大文字															
二所ノ関27歳　7勝7敗1分															
昭和42年名古屋場所															
東十両8　京都															
大文字　☆															
二所ノ関27歳　9勝6敗															
昭和42年秋場所															
東十両3　京都															
大文字　★															
二所ノ関27歳　5勝10敗															
昭和42年九州場所															
西十両9　京都															
大文字　☆															
二所ノ関27歳　8勝7敗															
昭和43年初場所															
東十両7　京都															
大文字　☆															
二所ノ関27歳　8勝7敗															
昭和43年春場所															
西十両4　京都															
大文字　☆															
二所ノ関28歳　9勝6敗															
昭和43年夏場所															
東十両1　京都															
大文字　☆															
二所ノ関28歳　8勝7敗															
昭和43年名古屋場所															
東十両1　京都															
大文字　★															
二所ノ関28歳　5勝10敗															
昭和43年秋場所															
東十両7　京都															
大文字　★															
二所ノ関28歳　7勝8敗															
昭和43年九州場所															
東十両9　京都															
大文字　★															
二所ノ関28歳　7勝8敗															
昭和44年初場所															
西十両9　京都															
大文字　☆															
二所ノ関28歳　10勝5敗															
昭和44年春場所															
西十両3　京都															
大文字　★															
二所ノ関29歳　7勝8敗															
昭和44年夏場所															
西十両4　京都															
大文字　☆															
二所ノ関29歳　9勝6敗															
昭和44年名古屋場所															
西十両1　京都															
大文字　☆															
二所ノ関29歳　9勝6敗															
昭和44年秋場所	●	○	●	○	●	●	○	○	●	●	○	○	●	●	○
東前頭9　京都	よりたおし	きりかえし	ひきおとし	うわてだしなげ	つりだし	おしたおし	うわてだしなげ	うわてなげ	おしたおし	おしたおし	おくりだし	うわてだしなげ	よりきり	よりたおし	あしとり
大文字　★	大竜川	明武谷	魁罡	三重ノ海	若二瀬	高見山	義ノ花	時葉山	二子岳	和晃	海乃山	福の花	高鉄山	旭國	花光
二所ノ関29歳　7勝8敗	0-1	1-2	0-1	1-0	1-1	0-1	1-0	1-0	0-2	0-1	1-0	1-1	0-1	0-1	2-1

若乃洲が負けた決まり手

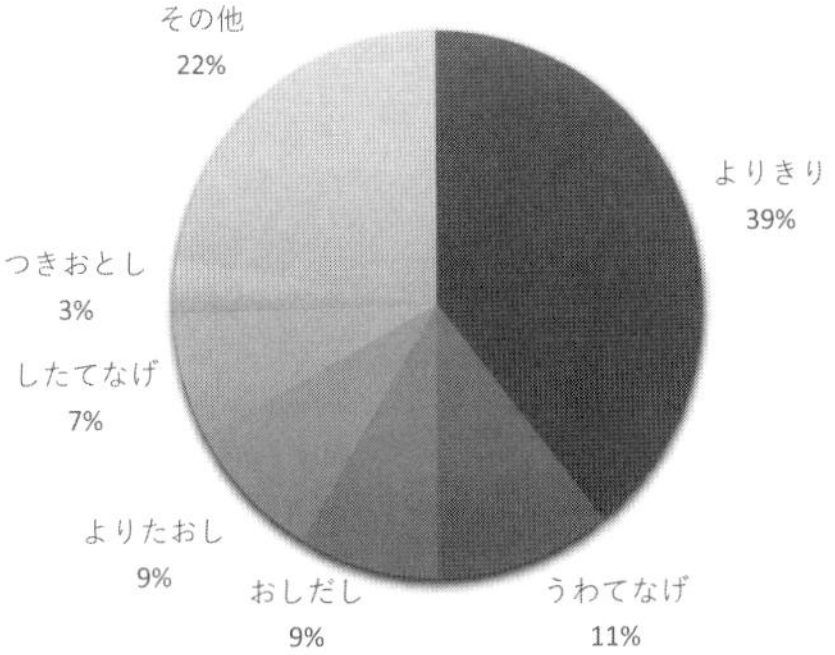

よりきり	37	こまたすくい	2
うわてなげ	10	そとがけ	1
おしだし	8	ひきおとし	1
よりたおし	8	わたしこみ	1
したてなげ	7	こてなげ	1
つきおとし	3	うちがけ	1
きめだし	2	うわてだしなげ	1
かたすかし	2	うっちゃり	1
すくいなげ	2	おくりだし	1
はたきこみ	2	つきだし	1
つりだし	2	合計	94

若乃洲が勝った決まり手

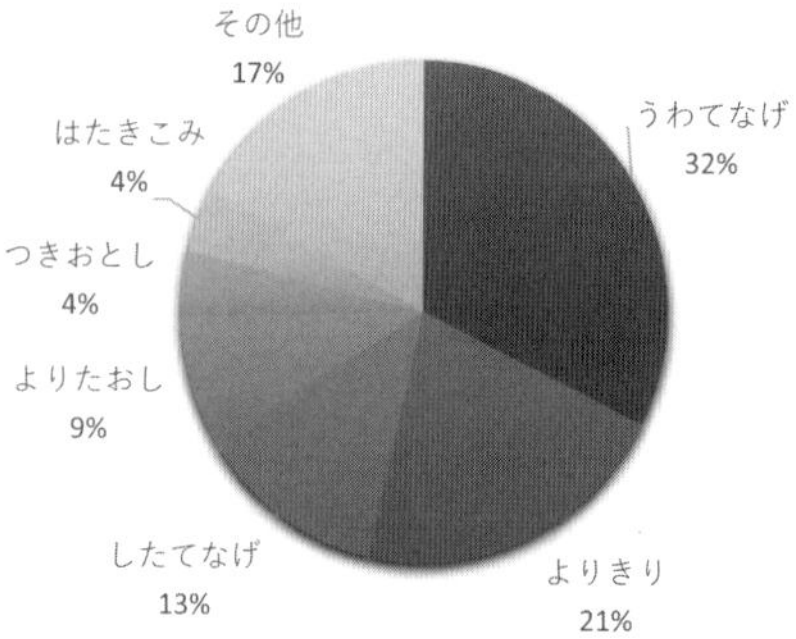

うわてなげ	23	つりだし	2
よりきり	15	かけなげ	2
したてなげ	9	おしたおし	1
よりたおし	6	うわてひねり	1
つきおとし	3	うわてだしなげ	1
はたきこみ	3	ひきおとし	1
うちがけ	2	合計	71
おしだし	2		

＊上背のないアンコ型だったが、とても押し相撲の力士のものではない。四つに組んだ相撲を取っており、投げ技で勝つことが多かった。勝ちみが遅かったことが窺える。押しは中途半端だったのだろう、押し合いになると負けている。

	初日	2日目	3日目	4日目	5日目	6日目	7日目	8日目	9日目	10日目	11日目	12日目	13日目	14日目	千秋楽
昭和43年春場所 東幕下2 福岡 舛 ★ 花籠26歳 2勝5敗															
昭和43年夏場所 東幕下11 福岡 舛 ☆ 花籠27歳 4勝3敗															
昭和43年名古屋場所 西幕下6 福岡 舛 ★ 花籠27歳 1勝6敗															
昭和43年秋場所 東幕下30 福岡 舛 ☆ 花籠27歳 6勝1敗															
昭和43年九州場所 西幕下9 福岡 舛 ☆ 花籠27歳 4勝3敗															
昭和44年初場所 東幕下7 福岡 舛 ☆ 花籠27歳 4勝3敗															
昭和44春場所 西幕下4 福岡 舛 ★ 花籠27歳 3勝4敗															
昭和44年夏場所 東幕下7 福岡 舛 ☆ 花籠28歳 4勝3敗															
昭和44年名古屋場所 西幕下5 福岡 舛 ☆ 花籠28歳 4勝3敗															
昭和44秋場所 東幕下2 福岡 舛 ★ 花籠28歳 2勝5敗															
昭和44年九州場所 西幕下12 福岡 舛 ★廃業 花籠28歳 1勝3敗3休															

（備考）改名履歴一覧

資料8～13（6力士の幕内全星取表）に出てくる対戦相手のみを対象とした。

数字は昭和の年数、場所名は略記している。

35名～朝汐→朝潮、35秋～花田→栃ノ海、36夏～宇田川→宇多川、
36名～安念山→羽黒山、36秋～金ノ花→金乃花、37夏～清ノ森→清勢川、
37九～冨士錦→富士錦、38初～明武谷→吉葉洋、
38夏～佐田の山→佐田乃山、38秋～吉葉洋→明武谷、
39初～佐田乃山→佐田の山、39春～羽黒花→羽黒川、
40初～二瀬川→髙鐵山、40九～追手山→追風山、42春～髙鐵山→髙鉄山

資料12　若乃洲の幕内全星取表

	初日	2日目	3日目	4日目	5日目	6日目	7日目	8日目	9日目	10日目	11日目	12日目	13日目	14日目	千秋楽
昭和40年夏場所	○	●	○	○	○	○	●	●	●	●	●	○	●	○	○
東前頭15　福岡	よりきり	おしだし	つきおとし	よりたおし	うちがけ	おしたおし	よりたおし	きめだし	そとがけ	ひきおとし	よりきり	おしだし	よりきり	よりきり	よりきり
若乃洲　☆	北ノ國	天水山	追手山	若浪	高鐵山	栃王山	若鳴門	若見山	鶴ヶ嶺	前田川	長谷川	荒波	君錦	義ノ花	小城ノ花
花籠24歳　8勝7敗	（十両）	0-1	（十両）	1-0	1-0	（十両）	0-1	0-1	0-1	0-1	0-1	1-0	0-1	1-0	1-0
昭和40年名古屋場所	●	●	○	○	●	●	●	●	○	●	○	○	○	●	○
西前頭12　福岡	かたすかし	おしだし	はたきこみ	したてなげ	したてなげ	すくいなげ	はたきこみ	うわてなげ	うわてなげ	よりきり	よりたおし	よりきり	よりきり	よりきり	うわてなげ
若乃洲　★	荒波	房錦	宇多川	若杉山	麒麟児	高鐵山	天水山	若浪	金乃花	大心	義ノ花	鶴ヶ嶺	青ノ里	小城ノ花	海乃山
花籠24歳　7勝8敗	1-1	0-1	1-0	1-0	0-1	1-1	0-2	1-1	1-0	0-1	2-0	1-1	1-0	1-1	1-0
昭和40年秋場所	○	●	○	○	●	●	○	○	●	●	●	○	○	○	●
西前頭13　福岡	よりたおし	よりきり	おしだし	うわてなげ	つりだし	わたしこみ	うわてなげ	うわてなげ	こてなげ	よりきり	つきおとし	よりきり	うわてなげ	よりきり	おしだし
若乃洲　☆	小城ノ花	福の花	廣川	金乃花	若浪	前田川	房錦	若鳴門	青ノ里	鶴ヶ嶺	海乃山	若杉山	君錦	荒波	栃王山
花籠24歳　8勝7敗	2-1	0-1	1-0	2-0	1-2	0-2	1-1	1-1	1-1	1-2	1-1	2-0	1-1	2-1	0-1
昭和40年九州場所	○	○	●	○	●	●	○	○	●	○	○	○	●	○	●
東前頭10　福岡	うわてなげ	つりだし	おしだし	したてなげ	よりきり	うわてなげ	したてなげ	うわてなげ	よりきり	よりきり	つりだし	うわてなげ	かたすかし	したてなげ	よりたおし
若乃洲　☆	高鐵山	大心	若鳴門	淺瀬川	荒波	若杉山	廣川	麒麟児	大雄	若浪	栃王山	福の花	清國	鶴ヶ嶺	天津風
花籠24歳　9勝6敗	2-1	1-1	1-2	1-0	2-2	2-1	2-0	1-1	0-1	2-2	1-1	1-1	0-1	2-2	0-1
昭和41年初場所	○	○	●	●	○	○	●	●	●	●	○	○	●	●	○
西前頭5　福岡	うわてなげ	うわてなげ	よりたおし	うちがけ	したてなげ	うわてひねり	よりきり	よりたおし	おしだし	よりきり	したてなげ	したてなげ	よりたおし	うわてなげ	よりたおし
若乃洲　★	高鐵山	青ノ里	福の花	玉乃島	廣川	大心	大雄	海乃山	清國	淺瀬川	小城ノ花	若杉山	若見山	若浪	麒麟児
花籠24歳　7勝8敗	3-1	2-1	1-2	0-1	3-0	2-1	0-2	1-2	0-2	1-1	3-1	3-1	0-2	2-3	2-1
昭和41年春場所	●	○	●	○	○	●	●	●	○	○	●	●	●	●	●
東前頭6　福岡	よりきり	かけなげ	うわてだしなげ	うわてなげ	よりたおし	よりきり	うっちゃり	よりきり	うわてなげ	うわてなげ	よりきり	よりきり	すくいなげ	うわてなげ	つきおとし
若乃洲　★	長谷川	若浪	鶴ヶ嶺	青ノ里	麒麟児	栃王山	高鐵山	若鳴門	海乃山	荒波	開隆山	大雄	小城ノ花	北ノ國	若二瀬
花籠24歳　5勝10敗	0-2	3-3	2-3	3-1	3-1	1-2	3-2	1-3	2-2	3-2	0-1	0-3	3-2	0-1	0-1
昭和41年夏場所	●	○	●	●	○	○	●	●	●	●	●	○	○	○	●
西前頭11　福岡	うわてなげ	よりきり	よりきり	うわてなげ	うわてなげ	うわてなげ	うわてなげ	うわてなげ	よりきり	よりたおし	よりきり	うわてだしなげ	はたきこみ	よりきり	よりきり
若乃洲　★	青ノ里	小城ノ花	義ノ花	朝岡	君錦	追風山	若浪	福の花	金乃花	麒麟児	北ノ國	鶴ヶ嶺	高鐵山	廣川	栃王山
花籠25歳　6勝9敗	3-2	4-2	2-1	0-1	2-1	1-0	3-4	1-3	2-1	3-2	0-2	3-3	4-2	4-0	1-3
昭和41年名古屋場所	○	●	●	●	○	○	○	●	●	○	●	●	●	●	●
西前頭15　福岡	よりきり	したてなげ	したてなげ	よりたおし	うわてなげ	うわてなげ	うわてなげ	よりきり	こまたすくい	つきおとし	よりきり	よりきり	はたきこみ	おしだし	よりきり
若乃洲　★	若杉山	高鐵山	大心	北ノ國	若浪	朝岡	君錦	淺瀬川	扇山	小城ノ花	追風山	青ノ里	若二瀬	廣川	義ノ花
花籠25歳　5勝10敗	4-1	4-3	2-2	0-3	4-4	（十両）	3-1	1-2	0-1	5-2	1-1	3-3	（十両）	4-1	2-2
昭和41年秋場所															
西十両1　福岡															
若乃洲　☆															
花籠25歳　10勝5敗															
昭和41年九州場所	○	○	○	●	●	●	●	●	●	○	○	○	○	○	●
東前頭12　福岡	よりたおし	うちがけ	よりきり	よりきり	つりだし	よりきり	よりきり	よりきり	うわてなげ	うわてなげ	よりきり	うわてなげ	はたきこみ	よりきり	よりきり
若乃洲　☆	大文字	若杉山	藤ノ川	鶴ヶ嶺	明武谷	扇山	前の山	開隆山	若鳴門	追風山	大心	淺瀬川	若二瀬	禊鳳	若見山
花籠25歳　8勝7敗	1-0	5-1	1-0	3-4	0-1	0-2	0-1	0-2	1-4	2-1	3-2	2-2	1-1	1-0	0-3
昭和42年初場所	○	●	○	●	●	○	●	●	●	○	○	●	●	○	○
西前頭9　福岡	うわてなげ	したてなげ	したてなげ	よりきり	おくりだし	つきおとし	よりたおし	つきだし	よりきり	したてなげ	かけなげ	よりきり	きめだし	よりきり	ひきおとし
若乃洲　★	追風山	大文字	廣川	大雄	長谷川	若二瀬	若鳴門	戸田	金乃花	青ノ里	扇山	淺瀬川	若見山	海乃山	藤ノ川
花籠25歳　7勝8敗	3-1	1-1	5-1	0-4	0-3	2-1	1-5	0-1	2-2	4-3	1-2	2-3	0-4	3-2	2-0
昭和42年春場所	●	●	●	●	●	●	●	●	●	●	○	●	●	●	●
西前頭10　福岡	おしだし	したてなげ	よりきり	うわてなげ	したてなげ	よりきり	おしだし	こまたすくい	よりきり	したてなげ	うわてなげ	よりきり	よりきり	つきおとし	よりきり
若乃洲　★	廣川	海乃山	若鳴門	二子岳	大文字	鶴ヶ嶺	陸奥嵐	扇山	禊鳳	若見山	青ノ里	豊國	義ノ花	長谷川	大雄
花籠25歳　1勝14敗	5-2	3-3	1-6	0-1	1-2	3-5	0-1	1-3	1-1	0-5	5-3	0-1	2-3	0-4	0-5
昭和42年夏場所															
東十両11　福岡															
若乃洲　★															
花籠26歳　1勝7敗7休															
昭和42年名古屋場所															
西幕下8　福岡															
若乃洲　★															
花籠26歳　1勝6敗															
昭和42年秋場所															
西幕下30　福岡															
若乃洲　☆															
花籠26歳　5勝2敗															
昭和42年九州場所															
東幕下16　福岡															
洲　☆															
花籠26歳　6勝1敗															
昭和43年初場所															
西幕下3　福岡															
洲　☆															
花籠26歳　4勝3敗															

若鳴門が負けた決まり手

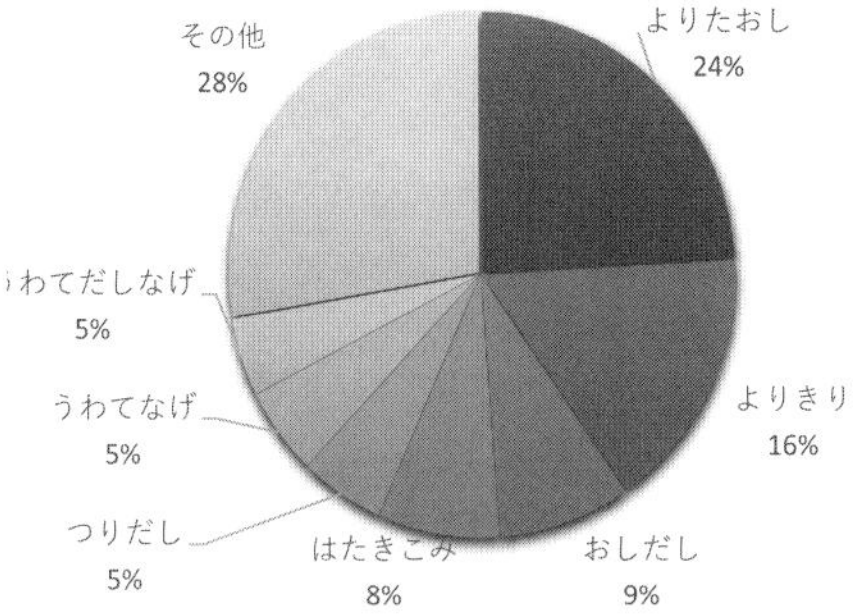

よりたおし	40	きめだし	3
よりきり	27	かたすかし	2
おしだし	14	あみうち	2
はたきこみ	13	きりかえし	2
つりだし	9	こてなげ	2
うわてなげ	9	うちがけ	1
うわてだしなげ	8	きめたおし	1
そとがけ	7	ひきおとし	1
つきだし	7	おくりだし	1
つきおとし	5	いさみあし	1
おしたおし	4	けたぐり	1
うっちゃり	3	合計	166
すくいなげ	3		

若鳴門が勝った決まり手

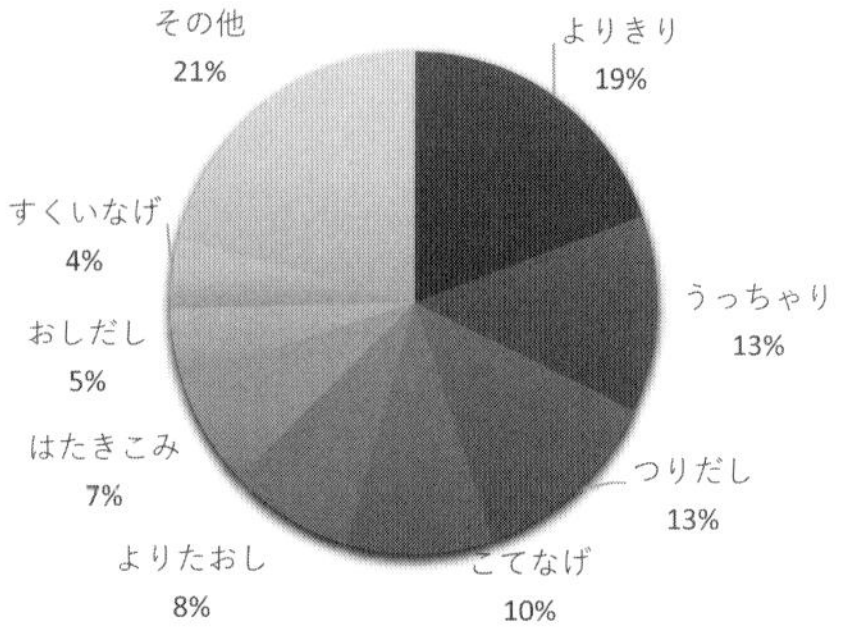

よりきり	26	そとがけ	2
うっちゃり	17	うわてだしなげ	1
つりだし	17	つきおとし	1
こてなげ	13	おしたおし	1
よりたおし	11	きめだし	1
はたきこみ	10	つきだし	1
おしだし	6	きめだし	1
すくいなげ	6	とったり	1
おくりだし	5	したてだしなげ	1
かたすかし	3	したてひねり	1
にまいげり	3	うわてなげ	1
したてなげ	2	不戦勝	1
ひきおとし	2	合計	134

＊荒々しい相撲ぶりだったが、基本は四つ相撲、うっちゃり、つりだしで勝つことが多かった。投げ技では小手投げが多い。うっちゃり切れなかった場合は寄り倒されていたのだろう。廻しが取れなかった場合は、押し出されたりはたき込まれて負けている。逆にはたき込んで勝つ場合も多かった。

東	初日	2日目	3日目	4日目	5日目	6日目	7日目	8日目	9日目	10日目	11日目	12日目	13日目	14日目	千秋楽
昭和43年秋場所 西十両5　兵庫 **若鳴門**　☆ 春日野29歳　8勝7敗															
昭和43年九州場所 西十両2　兵庫 **若鳴門**　★ 春日野29歳　6勝9敗															
昭和44年初場所 西十両4　兵庫 **若鳴門**　☆ 春日野29歳　9勝6敗															
昭和44年春場所 東前頭13　兵庫 **若鳴門**　★ 春日野30歳　5勝10敗	● そとがけ 禊鳳 0-1	□ 不戦勝 花田 1-0	○ こてなげ 若天龍 （十両）	○ つりだし 魁罡 1-0	● よりきり 花光 2-6	● おしだし 若二瀬 4-1	○ すくいなげ 朝嵐 （十両）	○ つりだし 北の花 （十両）	● つきだし 朝登 0-1	● よりたおし 龍虎 0-1	● よりきり 淺瀬川 （十両）	● よりきり 江戸響 （十両）	● おしたおし 二子岳 1-1	● おしたおし 明武谷 1-1	● はたきこみ 追風山 （十両）
昭和44年夏場所 東十両4　兵庫 **若鳴門**　★ 春日野30歳　5勝10敗															
昭和44年名古屋場所 西十両9　兵庫 **若鳴門**　☆ 春日野30歳　8勝7敗															
昭和44年秋場所 東十両7　兵庫 **若鳴門**　☆ 春日野30歳　8勝7敗															
昭和44年九州場所 西十両4　兵庫 **若鳴門**　★ 春日野30歳　5勝10敗															
昭和45年初場所 東十両11　兵庫 **若鳴門**　☆ 春日野30歳　8勝7敗															
昭和45年春場所 東十両8　兵庫 **若鳴門**　★ 春日野31歳　6勝9敗															
昭和45年夏場所 東十両12　兵庫 **若鳴門**　★引退 春日野31歳　2勝13敗															

	初日	2日目	3日目	4日目	5日目	6日目	7日目	8日目	9日目	10日目	11日目	12日目	13日目	14日目	千秋楽
昭和40年九州場所	○	○	○	○	●	●	●	●	●	○	○	●	○	○	●
東前頭11 兵庫	よりきり	はたきこみ	おしだし	そとがけ	おしだし	こてなげ	おくりだし	よりたおし	よりきり	そとがけ	うっちゃり	うわてだしなげ	にまいげり	おしだし	うっちゃり
若鳴門 ☆	大心	高鐵山	若乃洲	大雄	廣川	大豪	淺瀬川	荒波	鶴ヶ嶺	若杉山	福の花	小城ノ花	青ノ里	若秩父	玉嵐
春日野26歳 8勝7敗	1-0	1-4	2-1	1-0	2-3	1-1	0-3	0-4	3-2	1-0	2-0	0-2	6-1	1-3	0-3
昭和41年初場所	●	○	●	●	●	○	●	●	●	○	●	○	●	○	○
東前頭9 兵庫	うわてだしなげ	つりだし	はたきこみ	よりたおし	よりたおし	こてなげ	つきおとし	よりたおし	すくいなげ	よりきり	おしだし	つりだし	つりだし	よりきり	おくりだし
若鳴門 ★	玉乃島	開隆山	荒波	青ノ里	花光	高鐵山	天津風	麒麟児	豊國	若杉山	廣川	大心	若秩父	小城ノ花	大雄
春日野26歳 6勝9敗	1-1	2-1	0-5	6-2	0-1	2-4	2-2	0-1	4-3	2-0	2-4	2-0	1-4	1-2	2-0
昭和41年春場所	●	○	○	●	○	○	●	○	○	●	○	○	○	●	●
西前頭11 兵庫	よりたおし	こてなげ	とったり	きめだし	うっちゃり	つりだし	よりきり	よりきり	よりきり	おしだし	うっちゃり	よりきり	うっちゃり	よりきり	そとがけ
若鳴門 ☆	廣川	荒波	花光	若秩父	青ノ里	開隆山	小城ノ花	若乃洲	義ノ花	高鐵山	北ノ國	大心	若二瀬	長谷川	大雄
春日野27歳 9勝6敗	2-5	1-5	1-1	1-5	7-2	3-1	1-3	3-1	1-0	2-5	2-2	3-0	1-0	0-2	2-1
昭和41年夏場所	●	○	●	○	○	●	○	○	●	○	●	○	●	●	○
西前頭8 兵庫	よりたおし	おくりだし	よりきり	よりきり	したてだしなげ	そとがけ	ひきおとし	おくりだし	つりだし	にまいげり	よりきり	よりきり	つりだし	はたきこみ	かたすかし
若鳴門 ☆	開隆山	若天龍	花光	若秩父	青ノ里	小城ノ花	追風山	豊國	鶴ヶ嶺	君錦	海乃山	福の花	義ノ花	若浪	大雄
春日野27歳 8勝7敗	3-2	3-5	1-2	2-5	8-2	1-4	1-1	5-3	3-3	3-1	0-2	3-0	1-1	3-4	3-1
昭和41年名古屋場所	●	●	○	●	○	●	●	○	●	●	○	●	○	●	○
西前頭6 兵庫	うわてなげ	つきだし	よりきり	うっちゃり	うっちゃり	おしだし	そとがけ	よりきり	よりたおし	あみうち	うっちゃり	よりたおし	こてなげ	おしだし	うっちゃり
若鳴門 ★	高鐵山	福の花	青ノ里	若秩父	大雄	廣川	追風山	義ノ花	君錦	若見山	淺瀬川	花光	若浪	富士錦	北ノ國
春日野27歳 6勝9敗	2-6	3-1	9-2	2-6	4-1	1-6	1-2	2-1	3-2	0-5	1-3	1-3	4-4	1-1	3-2
昭和41年秋場所	●	●	●	●	●	●	○	●	○	●	●	○	●	○	○
西前頭8 兵庫	よりきり	よりきり	よりたおし	よりたおし	いさみあし	よりたおし	つりだし	よりたおし	つりだし	よりきり	よりきり	したてひねり	つきだし	にまいげり	よりきり
若鳴門 ★	扇山	義ノ花	豊國	大心	若秩父	北ノ國	小城ノ花	青ノ里	花光	君錦	大雄	淺瀬川	前の山	若二瀬	若浪
春日野27歳 5勝10敗	0-2	2-2	5-4	3-1	2-7	3-3	2-4	9-3	2-3	3-3	4-2	2-3	0-1	2-0	5-4
昭和41年九州場所	○	●	○	○	●	○	○	○	○	●	●	●	●	○	●
西前頭14 兵庫	よりたおし	おしだし	よりきり	したてなげ	そとがけ	よりきり	うっちゃり	こてなげ	うわてなげ	よりきり	よりたおし	つきだし	よりたおし	はたきこみ	よりたおし
若鳴門 ☆	若二瀬	藤ノ川	大心	若杉山	扇山	開隆山	明武谷	廣川	若乃洲	鶴ヶ嶺	若秩父	前の山	戸田	追風山	大文字
春日野27歳 8勝7敗	3-0	0-1	4-1	3-0	0-3	4-2	1-0	3-6	4-1	3-4	2-8	0-2	（十両）	2-2	0-1
昭和42年初場所	●	○	●	○	●	●	○	○	●	●	○	●	○	○	○
東前頭13 兵庫	よりたおし	つりだし	うわてだしなげ	うっちゃり	よりたおし	つりだし	よりたおし	よりきり	はたきこみ	よりきり	うっちゃり	はたきこみ	こてなげ	こてなげ	よりきり
若鳴門 ☆	戸田	金乃花	若天龍	青ノ里	花光	若浪	若乃洲	扇山	廣川	豊國	大文字	追風山	若二瀬	大豪	若見山
春日野27歳 8勝7敗	0-1	2-0	3-6	10-3	2-4	5-5	5-1	1-3	3-7	5-5	1-1	2-3	4-0	2-1	1-5
昭和42年春場所	●	○	○	●	○	●	●	●	●	●	●	○	●	●	●
西前頭11 兵庫	きりかえし	こてなげ	よりきり	こてなげ	はたきこみ	うわてなげ	きめだし	よりたおし	おしだし	つきおとし	よりたおし	よりきり	うわてなげ	よりたおし	うわてなげ
若鳴門 ★	大文字	二子岳	若乃洲	大豪	若秩父	戸田	若見山	若天龍	花光	廣川	豊國	鶴ヶ嶺	扇山	義ノ花	淺瀬川
春日野28歳 4勝11敗	1-2	1-0	6-1	2-2	3-8	0-2	1-6	3-7	2-5	3-8	5-6	4-4	1-4	2-3	2-4
昭和42年夏場所															
西十両8 兵庫															
若鳴門 ★															
春日野28歳 7勝8敗															
昭和42年名古屋場所															
東十両10 兵庫															
若鳴門 ☆															
春日野28歳 9勝6敗															
昭和42年秋場所															
東十両6 兵庫															
若鳴門 ☆															
春日野28歳 9勝6敗															
昭和42年九州場所															
東十両2 兵庫															
若鳴門 ★															
春日野28歳 4勝11敗															
昭和43年初場所															
東十両9 兵庫															
若鳴門 ☆															
春日野28歳 10勝5敗															
昭和43年春場所															
西十両3 兵庫															
若鳴門 ☆															
春日野29歳 9勝6敗															
昭和43年夏場所	●	●	●	○	○	●	●	●	○	●	○	○	●	●	●
東前頭12 兵庫	はたきこみ	きめだし	うわてだしなげ	すくいなげ	うっちゃり	おしだし	よりきり	はたきこみ	かたすかし	けたぐり	おしだし	すくいなげ	うわてなげ	よりきり	よりきり
若鳴門 ★	北の花	若見山	大文字	戸田	福の花	富士錦	朝岡	高鉄山	白田山	黒鷲	廣川	若天龍	青ノ里	高見山	若ノ國
春日野29歳 5勝10敗	0-1	（十両）	（十両）	1-2	4-1	1-2	（十両）	2-7	（十両）	（十両）	（十両）	4-7	10-4	0-1	1-1
昭和43年名古屋場所															
東十両3 兵庫															
若鳴門 ★															
春日野29歳 6勝9敗															

資料 11　若鳴門の幕内全星取表

	初日	2日目	3日目	4日目	5日目	6日目	7日目	8日目	9日目	10日目	11日目	12日目	13日目	14日目	千秋楽
昭和38年初場所	○	○	○	●	●	●	●	●	●	●	○	●	○	●	●
西前頭14　兵庫	うっちゃり	こてなげ	はたきこみ	そとがけ	かたすかし	よりきり	おしだし	よりたおし	よりきり	つきおとし	うわてだしなげ	よりたおし	はたきこみ	よりきり	つきおとし
若鳴門　★	朝ノ海	岡ノ山	豊國	追手山	星甲	玉嵐	若羽黒	若前田	宇多川	清勢川	青ノ里	若秩父	前田川	天津風	廣川
春日野23歳　5勝10敗	1-0	1-0	1-0	0-1	0-1	0-1	0-1	0-1	0-1	0-1	1-0	0-1	1-0	0-1	0-1
昭和38年春場所															
西十両2　兵庫															
若鳴門　★															
春日野24歳　6勝9敗															
昭和38年夏場所															
東十両5　兵庫															
若鳴門　★															
春日野24歳　6勝9敗															
昭和38年名古屋場所															
東十両10　兵庫															
若鳴門　☆															
春日野24歳　13勝2敗															
昭和38年秋場所															
西十両2　兵庫															
若鳴門　★															
春日野24歳　7勝8敗															
昭和38年九州場所															
東十両3　兵庫															
若鳴門　☆															
春日野24歳　11勝4敗															
昭和39年初場所	●	●	●	○	○	●	●	○	●	○	○	●	○	○	○
西前頭14　兵庫	つりだし	よりたおし	よりたおし	よりたおし	こてなげ	よりたおし	よりたおし	はたきこみ	よりたおし	はたきこみ	おしだし	よりたおし	つりだし	つきおとし	はたきこみ
若鳴門　☆	荒波	若見山	清國	宇多川	若羽黒	扇山	鶴ヶ嶺	沢光	開隆山	天津風	房錦	羽黒山	若浪	豊國	廣川
春日野24歳　8勝7敗	0-1	0-1	0-1	1-1	1-1	0-1	0-1	1-0	0-1	1-1	1-0	0-1	1-0	2-0	1-1
昭和39年春場所	●	○	●	○	●	○	●	○	○	○	●	○	●	○	●
東前頭12　兵庫	あみうち	よりきり	うちがけ	よりきり	はたきこみ	はたきこみ	よりたおし	つりだし	よりたおし	うっちゃり	つりだし	おしたおし	よりたおし	よりきり	うっちゃり
若鳴門　☆	玉嵐	青ノ里	若天龍	若羽黒	豊國	房錦	沢光	天津風	若浪	鶴ヶ嶺	前田川	羽黒川	若見山	北ノ國	宇多川
春日野25歳　8勝7敗	0-2	2-0	0-1	2-1	2-1	2-0	1-1	2-1	2-0	1-1	1-1	1-0	0-2	(十両)	1-2
昭和39年夏場所	●	●	○	●	○	○	●	●	●	○	○	●	○	○	●
西前頭7　兵庫	よりきり	はたきこみ	うっちゃり	よりたおし	かたすかし	よりたおし	おしたおし	うわてだしなげ	きめたおし	きめだし	おくりだし	うわてなげ	つりだし	うっちゃり	うわてだしなげ
若鳴門　★	羽黒川	若浪	羽黒山	岩風	富士錦	若ノ國	沢光	若天龍	北ノ國	若羽黒	青ノ里	琴櫻	房錦	玉乃島	北葉山
春日野25歳　7勝8敗	1-1	2-1	1-1	0-1	1-0	1-0	1-2	0-2	0-1	3-1	3-0	0-1	3-0	1-0	0-1
昭和39年名古屋場所	○	○	●	●	●	●	●	○	○	○	●	●	○	●	○
東前頭8　兵庫	おくりだし	こてなげ	よりたおし	つりだし	よりきり	おしだし	よりたおし	つりだし	こてなげ	つきだし	すくいなげ	つきおとし	うっちゃり	よりきり	おしだし
若鳴門　★	青ノ里	羽黒山	若見山	若天龍	淺瀬川	若羽黒	豊山	北葉山	前田川	豊國	岩風	二瀬川	北ノ國	房錦	沢光
春日野25歳　7勝8敗	4-0	2-1	0-3	0-3	0-1	3-2	0-1	1-1	2-1	3-1	0-2	0-1	1-1	3-1	2-2
昭和39年秋場所	●	●	●	○	●	○	●	○	●	●	○	●	○	●	○
西前頭8　兵庫	おしたおし	よりきり	よりたおし	おしだし	つきだし	したてなげ	よりきり	うっちゃり	よりたおし	つきだし	よりたおし	よりきり	よりきり	そとがけ	よりきり
若鳴門　★	若羽黒	若天龍	淺瀬川	沢光	房錦	君錦	北ノ國	羽黒山	青ノ里	二瀬川	若浪	若秩父	大豪	宇多川	豊國
春日野25歳　6勝9敗	3-3	0-4	0-2	3-2	3-2	1-0	1-2	3-1	4-1	0-2	3-1	0-2	1-0	1-3	4-1
昭和39年九州場所	●	●	●	●	○	●	○	●	●	●	○	●	○	○	○
東前頭14　兵庫	おしだし	つりだし	つりだし	はたきこみ	つりだし	よりきり	つりだし	はたきこみ	はたきこみ	おしだし	よりたおし	すくいなげ	よりきり	きめだし	よりきり
若鳴門　★	二瀬川	琴櫻	君錦	荒波	北ノ國	若秩父	宇多川	豊國	廣川	若羽黒	若天龍	長谷川	大雄	岩風	鶴ヶ嶺
春日野25歳　6勝9敗	0-3	0-2	1-1	0-2	(十両)	0-3	2-3	4-2	1-2	3-4	1-4	(十両)	(十両)	1-2	2-1
昭和40年初場所															
東十両2　兵庫															
若鳴門　☆															
春日野25歳　9勝6敗															
昭和40年春場所															
西十両1　兵庫															
若鳴門　☆															
春日野26歳　9勝6敗															
昭和40年夏場所	○	●	●	○	○	●	○	●	○	○	●	○	●	●	●
西前頭14　兵庫	はたきこみ	はたきこみ	うわてだしなげ	ひきおとし	よりたおし	おしだし	よりたおし	よりたおし	よりきり	つりだし	よりたおし	こてなげ	きりかえし	よりたおし	つきだし
若鳴門　★	天水山	追手山	若浪	北ノ國	麒麟児	髙鐵山	若乃洲	岩風	常錦	君錦	宇多川	若天龍	長谷川	若見山	前田川
春日野26歳　7勝8敗	1-0	(十両)	3-2	(十両)	(十両)	0-4	1-0	1-3	(十両)	2-1	2-4	2-4	0-1	0-4	2-2
昭和40年名古屋場所															
西十両1　兵庫															
若鳴門　☆															
春日野26歳　9勝6敗															
昭和40年秋場所	○	○	●	○	●	○	●	●	●	○	○	○	●	○	●
東前頭15　兵庫	つりだし	すくいなげ	よりたおし	よりきり	うわてだしなげ	よりたおし	うわてなげ	うわてなげ	かたすかし	よりたおし	すくいなげ	すくいなげ	ひきおとし	つりだし	うわてなげ
若鳴門　☆	福の花	房錦	大雄	廣川	小城ノ花	天津風	若浪	若乃洲	荒波	金乃花	開隆山	青ノ里	海乃山	鶴ヶ嶺	若天龍
春日野26歳　8勝7敗	1-0	4-2	(十両)	2-2	0-1	(十両)	3-3	1-1	0-3	1-0	1-1	5-1	0-1	3-1	2-5

扇山が負けた決まり手

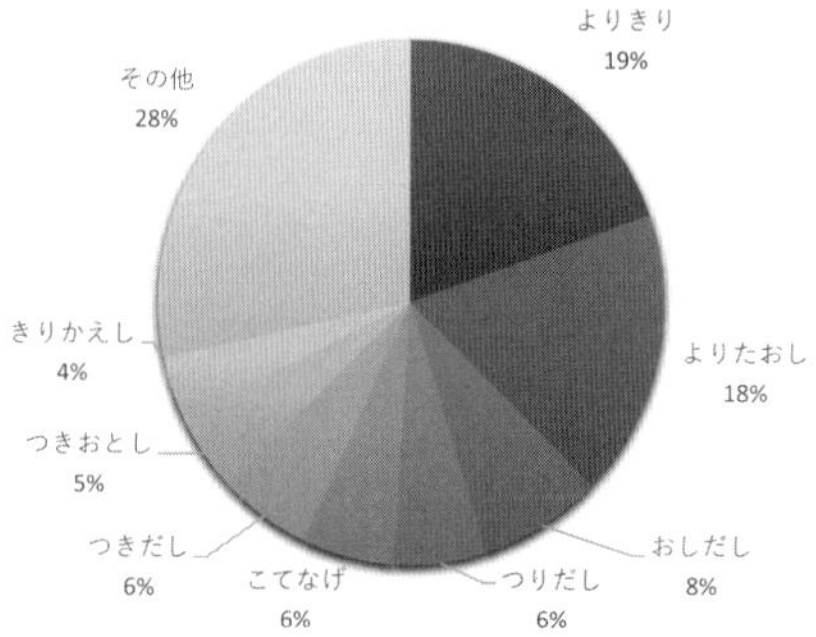

よりきり	20	まきおとし	1
よりたおし	18	わたしこみ	1
おしだし	8	かたすかし	1
つりだし	6	わりだし	1
こてなげ	6	うわてだしなげ	1
つきだし	6	はたきこみ	1
つきおとし	5	いさみあし	1
きりかえし	4	とったり	1
おしたおし	3	うわてひねり	1
つきたおし	2	うっちゃり	1
うわてなげ	2	きめだし	1
したてなげ	2	あびせたおし	1
くびなげ	2	きめたおし	1
ひきおとし	2	かけなげ	1
すくいなげ	2	合計	102

	初日	2日目	3日目	4日目	5日目	6日目	7日目	8日目	9日目	10日目	11日目	12日目	13日目	14日目	千秋楽
昭和43年夏場所 東幕下3　宮城 **扇山**　☆ 時津風30歳　4勝3敗															
昭和43年名古屋場所 東幕下1　宮城 **扇山**　★ 時津風30歳　2勝5敗															
昭和43年秋場所 東幕下10　宮城 **扇山**　★廃業 時津風30歳　0勝0敗7休															

扇山が勝った決まり手

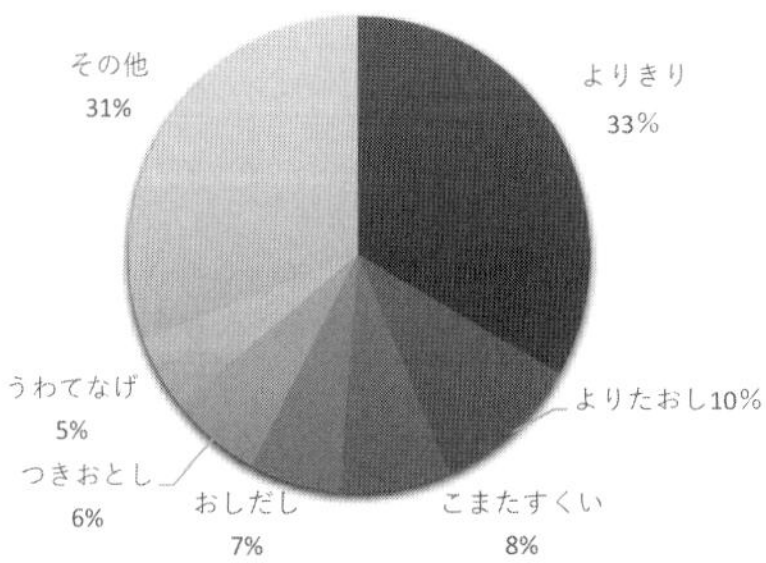

よりきり	26	うわてだしなげ	3
よりたおし	8	おしたおし	3
こまたすくい	6	したてひねり	2
おしだし	5	すくいなげ	2
つきおとし	5	ひきおとし	2
うわてなげ	4	したてだしなげ	1
おくりだし	3	はたきこみ	1
したてなげ	3	そとがけ	1
きりかえし	3	合計	78

＊組んで取ることから、寄ったり寄られたりの四つ相撲。勝った決まり手にこまたすくいが目立つ。組ませてもらえず、おしだし、つきだしでの敗戦が多い。小兵力士の悲しさか、つりだされることも多かったようである。

	初日	2日目	3日目	4日目	5日目	6日目	7日目	8日目	9日目	10日目	11日目	12日目	13日目	14日目	千秋楽
昭和40年名古屋場所 西十両14　宮城 **扇山**　☆ 時津風27歳　8勝7敗															
昭和40年秋場所 東十両14　宮城 **扇山**　☆ 時津風27歳　8勝7敗															
昭和40年九州場所 西十両10　宮城 **扇山**　☆ 時津風27歳　9勝6敗															
昭和41年初場所 西十両5　宮城 **扇山**　★ 時津風27歳　7勝8敗															
昭和41年春場所 西十両6　宮城 **扇山**　☆ 時津風28歳　9勝6敗															
昭和41年夏場所 西十両3　宮城 **扇山**　☆ 時津風28歳　8勝7敗															
昭和41年名古屋場所 東前頭16　宮城 **扇山**　☆ 時津風28歳　9勝6敗	○ うわてなげ 金乃花 (十両)	○ よりきり 若浪 1-0	● よりきり 北ノ國 0-1	● うわてひねり 大心 0-1	○ つきおとし 小城ノ花 1-3	● したてなげ 君錦 0-1	● よりきり 鶴ヶ嶺 0-1	○ ひきおとし 廣川 2-5	○ こまたすくい 若乃洲 1-0	○ おしだし 二子岳 (十両)	● こてなげ 花光 0-1	○ よりきり 若天龍 2-0	○ よりきり 若秩父 1-1	● つりだし 義ノ花 0-1	○ ひきおとし 淺瀬川 1-0
昭和41年秋場所 東前頭9　宮城 **扇山**　★ 時津風28歳　7勝8敗	○ よりきり 若鳴門 2-1	● よりたおし 大豪 0-2	● うっちゃり 若浪 1-1	● つきだし 若天龍 2-1	○ よりきり 大心 1-1	● つりだし 若秩父 1-2	○ よりきり 花光 1-1	● よりたおし 義ノ花 0-2	● つきおとし 大雄 0-1	○ はたきこみ 北ノ國 1-1	● よりたおし 前の山 0-1	○ よりたおし 開隆山 3-2	● よりたおし 明武谷 2-3	○ おくりだし 小城ノ花 2-3	○ よりきり 君錦 1-1
昭和41年九州場所 東前頭10　宮城 **扇山**　☆ 時津風28歳　8勝7敗	○ よりきり 淺瀬川 2-0	○ したてなげ 大文字 1-0	● きりかえし 大豪 0-3	○ きりかえし 明武谷 3-3	○ そとがけ 若鳴門 3-1	○ よりきり 若乃洲 2-0	● よりきり 鶴ヶ嶺 0-2	○ よりきり 前の山 1-1	○ おしたおし 廣川 3-5	● つきおとし 藤ノ川 0-1	● よりたおし 開隆山 3-3	● よりきり 若二瀬 0-1	● つきだし 福の花 0-1	● きめだし 若見山 0-1	○ すくいなげ 追風山 2-3
昭和42年初場所 東前頭5　宮城 **扇山**　★ 時津風28歳　2勝13敗	● つきだし 佐田の山 0-2	● よりきり 海乃山 1-3	● あびせたおし 北の冨士 0-2	● よりきり 明武谷 3-4	● つきだし 藤ノ川 0-2	● つきおとし 追風山 2-4	○ うわてだしなげ 大豪 1-3	● よりきり 若鳴門 3-2	● きめたおし 若見山 0-2	● こてなげ 禊鳳 0-1	● かけなげ 若乃洲 2-1	○ うわてだしなげ 若二瀬 1-1	● おしだし 若天龍 2-2	● つきだし 戸田 0-1	● すくいなげ 金乃花 3-3
昭和42年春場所 東前頭15　宮城 **扇山**　★ 時津風28歳　7勝8敗	● よりたおし 戸田 0-2	○ よりきり 若天龍 3-2	○ よりたおし 栃東 1-0	● きりかえし 陸奥嵐 0-1	● こてなげ 若見山 0-3	● よりきり 若秩父 1-3	● つきおとし 花光 1-2	○ こまたすくい 若乃洲 3-1	○ よりきり 鶴ヶ嶺 1-2	● よりたおし 禊鳳 0-2	○ きりかえし 大文字 2-0	● よりたおし 大豪 1-4	○ うわてなげ 若鳴門 4-2	● ひきおとし 海乃山 1-4	○ よりたおし 開隆山 4-3
昭和42年夏場所 西十両5　宮城 **扇山**　★ 時津風29歳　5勝10敗															
昭和42年名古屋場所 西十両10　宮城 **扇山**　☆ 時津風29歳　8勝7敗															
昭和42年秋場所 東十両8　宮城 **扇山**　★ 時津風29歳　6勝9敗															
昭和42年九州場所 東十両11　宮城 **扇山**　★ 時津風29歳　7勝8敗															
昭和43年初場所 西十両12　宮城 **扇山**　☆ 時津風29歳　8勝7敗															
昭和43年春場所 西十両9　宮城 **扇山**　★ 時津風29歳　4勝11敗															

資料10　扇山の幕内全星取表

	初日	2日目	3日目	4日目	5日目	6日目	7日目	8日目	9日目	10日目	11日目	12日目	13日目	14日目	千秋楽
昭和37年秋場所	●	○	○	●	○	●	○	○	○	●	○	○	○	●	●
西前頭15　宮城	よりきり	こまたすくい	おしだし	よりきり	したてひねり	おしだし	よりきり	おしだし	よりきり	よりきり	したてだしなげ	おくりだし	うわてなげ	つきたおし	おしだし
扇山　☆	若ノ國	芳野嶺	栗家山	朝ノ海	海乃山	房錦	高錦	宇多川	東錦	追手山	若ノ海	明武谷	宮ノ花	玉嵐	廣川
時津風24歳　9勝6敗	(十両)	1-0	(十両)	0-1	1-0	0-1	(十両)	1-0	1-0	0-1	1-0	1-0	1-0	0-1	0-1
昭和37年九州場所	○	●	●	○	○	●	●	○	●	○	●	○	●	○	○
東前頭10　宮城	よりきり	つりだし	よりきり	つきおとし	よりきり	きりかえし	まきおとし	よりきり	うわてなげ	おしだし	おしだし	こまたすくい	つりだし	よりきり	したてなげ
扇山　☆	房錦	前田川	大豪	朝ノ海	宮柱	清勢川	海乃山	宇多川	大晃	若ノ國	若前田	芳野嶺	明武谷	金乃花	追手山
時津風24歳　8勝7敗	1-1	0-1	0-1	1-1	1-0	0-1	1-1	2-0	0-1	1-0	0-1	2-0	1-1	1-0	1-1
昭和38年初場所	●	○	●	●	●	●	○	●	○	●	●	●	●	●	○
東前頭5　宮城	よりたおし	よりたおし	よりきり	つきたおし	おしたおし	よりきり	きりかえし	よりきり	よりきり	こてなげ	よりきり	よりきり	よりたおし	わたしこみ	こまたすくい
扇山　★	栃ノ海	岩風	栃光	佐田の山	小城ノ花	海乃山	出羽錦	若秩父	廣川	房錦	追手山	若前田	開隆山	栃王山	朝ノ海
時津風24歳　4勝11敗	0-1	1-0	0-1	0-1	0-1	1-2	1-0	0-1	1-1	1-2	1-2	0-2	0-1	0-1	2-1
昭和38年春場所	●	●	○	○	○	●	○	○	●	○	●	●	●	●	○
西前頭12　宮城	したてなげ	おしたおし	すくいなげ	つきおとし	つきおとし	くびなげ	こまたすくい	よりきり	つきおとし	おくりだし	よりきり	かたすかし	うわてなげ	わりだし	よりきり
扇山　★	琴櫻	廣川	清勢川	常錦	若天龍	追手山	宇多川	前田川	岩風	若前田	若ノ海	若ノ國	房錦	玉嵐	金乃花
時津風24歳　7勝8敗	0-1	1-2	1-1	1-0	1-0	1-3	3-0	1-1	1-1	1-2	1-1	(十両)	1-3	0-2	2-0
昭和38年夏場所	○	●	●	●	●	●	●	●	○	●	●	○	○	●	●
東前頭13　宮城	よりたおし	おしだし	きりかえし	うわてだしなげ	よりたおし	ひきおとし	おしたおし	よりたおし	おしだし	はたきこみ	こてなげ	したてなげ	よりきり	すくいなげ	よりたおし
扇山　★	若ノ國	常錦	清勢川	宇多川	玉嵐	若前田	房錦	廣川	吉葉洋	金乃花	花光	大晃	若ノ海	出羽錦	開隆山
時津風25歳　4勝11敗	2-0	1-1	1-2	3-1	0-3	1-3	1-4	1-3	2-1	2-1	(十両)	1-1	2-1	1-1	0-2
昭和38年名古屋場所															
東十両2　宮城															
扇山　☆															
時津風25歳　8勝7敗															
昭和38年秋場所															
西十両1　宮城															
扇山　☆															
時津風25歳　9勝6敗															
昭和38年九州場所	○	●	○	○	●	●	○	○	●	○	●	●	●	○	○
東前頭13　宮城	よりきり	こてなげ	うわてだしなげ	うわてなげ	おしだし	おしだし	おしたおし	よりたおし	つりだし	よりきり	つきだし	よりきり	よりたおし	よりきり	よりたおし
扇山　☆	清國	髙鐵山	常錦	清勢川	廣川	栃王山	若ノ海	玉嵐	若鳴門	開隆山	富士錦	金乃花	小城ノ花	宇多川	房錦
時津風25歳　8勝7敗	1-0	0-1	2-1	2-2	1-4	0-2	2-1	1-3	0-1	1-2	0-1	2-2	0-2	4-1	2-4
昭和39年初場所	○	●	○	●	●	○	●	○	●	●	●	○	●	●	●
東前頭11　宮城	したてひねり	いさみあし	つきおとし	よりたおし	よりたおし	よりたおし	よりたおし	おしたおし	つりだし	よりきり	くびなげ	よりきり	おしだし	よりたおし	とったり
扇山　★	金乃花	房錦	栃王山	北の冨士	出羽錦	若鳴門	常錦	開隆山	小城ノ花	明武谷	宇多川	玉嵐	前田川	廣川	岩風
時津風25歳　5勝10敗	3-2	2-5	1-2	0-1	1-2	1-1	2-2	2-2	0-3	2-2	4-2	2-3	1-2	1-5	1-2
昭和39年春場所															
西十両1　宮城															
扇山　☆															
時津風25歳　8勝7敗															
昭和39年夏場所															
西十両1　宮城															
扇山　★															
時津風26歳　5勝10敗															
昭和39年名古屋場所															
西十両7　宮城															
扇山　☆															
時津風26歳　8勝7敗															
昭和39年秋場所															
西十両5　宮城															
扇山　★															
時津風26歳　4勝11敗															
昭和39年九州場所															
西十両11　宮城															
扇山　☆															
時津風26歳　8勝7敗															
昭和40年初場所															
西十両7　宮城															
扇山　★															
時津風26歳　6勝9敗															
昭和40年春場所															
東十両9　宮城															
扇山　★															
時津風26歳　7勝8敗															
昭和40年夏場所															
西十両10　宮城															
扇山　★															
時津風27歳　6勝9敗															

若天龍が負けた決まり手

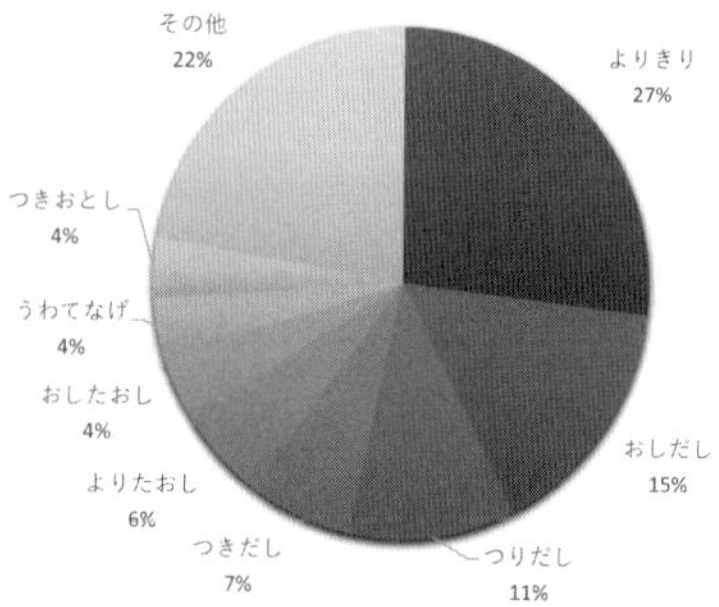

よりきり	64	すくいなげ	4
おしだし	37	こてなげ	4
つりだし	26	あびせたおし	3
つきだし	16	うわてだしなげ	2
よりたおし	14	きめだし	2
おしたおし	10	つきたおし	1
うわてなげ	9	したてひねり	1
つきおとし	9	かたすかし	1
したてなげ	7	いぞり	1
そとがけ	5	けたぐり	1
はたきこみ	5	さばおり	1
きりかえし	5	不戦敗	1
うっちゃり	4	うちむそう	1
おくりだし	4	合計	238

＊組むとうるさいことは相手も十分承知済み、おしだし、つきだしで負けることが多かった。また、軽量の悲しさか、つりだされることも多かった。昭和41年（1966年）九州場所では、4日目から6日目まで3日連続で、豊山、麒麟児、大雄につりだされている。

若天龍が勝った決まり手

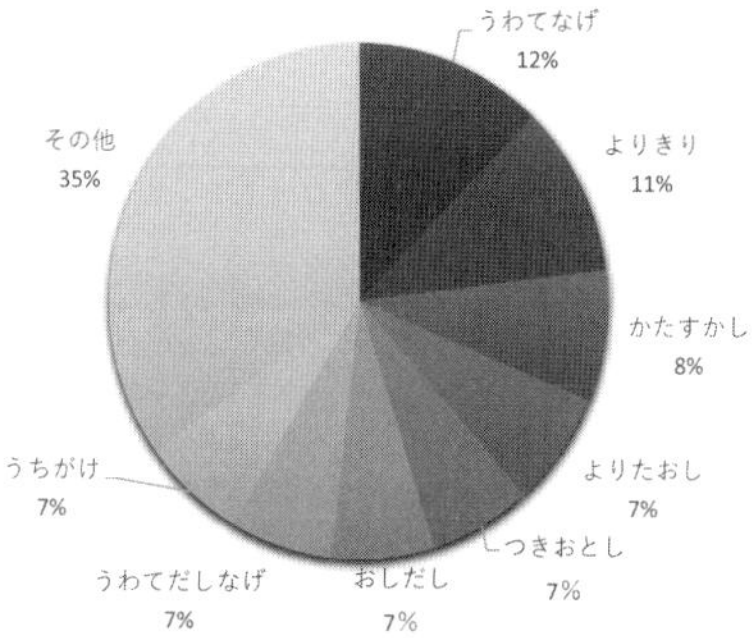

うわてなげ	24	したてだしなげ	4
よりきり	21	つりだし	3
かたすかし	16	うっちゃり	3
よりたおし	14	とったり	2
つきおとし	13	かけなげ	2
おしだし	13	あびせたおし	2
うわてだしなげ	13	不戦勝	2
うちがけ	13	つきだし	2
すくいなげ	10	きりかえし	1
したてなげ	9	くびなげ	1
はたきこみ	8	さかとったり	1
ひきおとし	8	こてなげ	1
したてひねり	5	合計	195
おくりだし	4		

＊寄り切る体力がなかった証であろう。また、腕力は強かったのであろう。投げ技、かわし技で勝つことが多かった。足技ではうちがけが多かった。

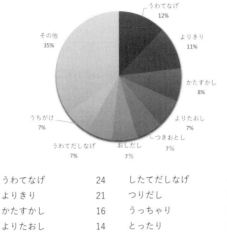

	初日	2日目	3日目	4日目	5日目	6日目	7日目	8日目	9日目	10日目	11日目	12日目	13日目	14日目	千秋楽
昭和42年秋場所															
西十両7　京都															
若天龍　☆															
花籠　27歳　9勝6敗															
昭和42年九州場所															
東十両4　京都															
若天龍　☆															
花籠　27歳　11勝4敗															
昭和43年初場所	●	●	○	○	●	○	○	●	●	○	○	●	○	●	○
西前頭10　京都	おしだし	あびせたおし	したてなげ	かたすかし	よりきり	うちがけ	ひきおとし	そとがけ	よりきり	よりきり	うわてなげ	おしだし	よりきり	つりだし	よりきり
若天龍　☆	藤ノ川	高見山	若見山	若吉葉	富士錦	禊鳳	明武谷	大雄	時葉山	戸田	高鉄山	若二瀬	廣川	若浪	青ノ里
花籠　28歳　8勝7敗	0-1	0-1	6-5	1-0	4-5	2-1	2-3	1-4	0-1	(十両)	3-4	1-1	2-4	7-5	8-8
昭和43年春場所	●	●	●	○	○	●	●	○	○	●	○	●	○	○	○
東前頭9　京都	あびせたおし	おしだし	よりきり	ひきおとし	かたすかし	つきだし	よりきり	ひきおとし	かたすかし	うわてなげ	こてなげ	おしだし	うわてなげ	うちがけ	うわてなげ
若天龍　☆	禊鳳	廣川	義ノ花	戸田	明武谷	時葉山	青ノ里	栃勇	朝岡	若浪	栃東	藤ノ川	富士錦	大雄	高鉄山
花籠　28歳　8勝7敗	2-2	2-5	6-3	1-2	3-3	0-2	8-9	(十両)	2-0	7-6	1-1	0-2	5-5	2-4	4-4
昭和43年夏場所	●	○	○	○	●	○	●	●	●	●	○	●	●	○	●
東前頭8　京都	きりかえし	うちがけ	よりたおし	つきおとし	よりきり	はたきこみ	つきだし	よりたおし	つりだし	おしだし	うわてなげ	すくいなげ	そとがけ	うわてだしなげ	おしたおし
若天龍　★	高鉄山	大雄	福の花	陸奥嵐	青ノ里	栃王山	北の花	明武谷	高見山	戸田	富士錦	若鳴門	長谷川	時葉山	若二瀬
花籠　28歳　6勝9敗	4-5	3-4	2-2	1-1	8-10	3-3	0-1	3-4	0-2	1-3	6-5	7-4	1-7	1-2	1-2
昭和43年名古屋場所	●	○	○	●	○	○	●	●	●	○	●	●	●	●	○
西前頭10　京都	よりきり	かたすかし	はたきこみ	つりだし	おしだし	すくいなげ	つきおとし	つりだし	つりだし	かたすかし	よりたおし	おしだし	うわてなげ	つきだし	よりきり
若天龍　★	淺瀬川	富士錦	栃王山	戸田	青ノ里	禊鳳	義ノ花	時葉山	若見山	北の花	栃富士	大竜川	若浪	大雄	二子岳
花籠　28歳　6勝9敗	6-4	7-5	4-3	1-4	9-10	3-2	6-4	1-3	(十両)	1-1	(十両)	(十両)	7-7	3-5	1-2
昭和43年秋場所															
東十両2　京都															
若天龍　☆															
花籠　28歳　9勝6敗															
昭和43年九州場所	●	○	●	○	○	●	●	○	●	○	●	○	●	○	○
西前頭12　京都	よりきり	かたすかし	よりきり	うわてなげ	よりきり	おしだし	したてなげ	おくりだし	つきだし	よりきり	よりたおし	つきおとし	よりきり	はたきこみ	したてひねり
若天龍　☆	大竜川	大位山	淺瀬川	花田	富士錦	時葉山	二子岳	戸田	福の花	北の花	義ノ花	高鉄山	若見山	大雄	青ノ里
花籠　28歳　8勝7敗	0-1	1-0	6-5	1-0	8-5	1-4	1-3	2-4	2-3	2-1	6-5	5-5	(十両)	4-5	(十両)
昭和44年初場所	●	●	●	●	●	●	○	○	●	○	●	□	●	●	○
西前頭10　京都	うちむそう	つきおとし	おしだし	つきおとし	おくりだし	おしだし	よりきり	かたすかし	うっちゃり	はたきこみ	はたきこみ	不戦勝	うっちゃり	つきおとし	とったり
若天龍　★	魁罡	花田	高鉄山	時葉山	若見山	明武谷	青ノ里	大竜川	若浪	若二瀬	栃富士	栃王山	北の花	大雄	高見山
花籠　29歳　5勝10敗	0-1	1-1	5-6	1-5	6-6	3-5	10-10	1-1	7-8	2-2	0-1	5-3	(十両)	4-6	1-2
昭和44年春場所															
西十両1　京都															
若天龍　★															
花籠　29歳　5勝10敗															
昭和44年夏場所															
東十両8　京都															
若天龍　★															
花籠　29歳　6勝9敗															
昭和44年名古屋場所															
西十両11　京都															
若天龍　★廃業															
花籠　29歳　6勝9敗															

	初日	2日目	3日目	4日目	5日目	6日目	7日目	8日目	9日目	10日目	11日目	12日目	13日目	14日目	千秋楽
昭和39年秋場所	○	○	○	○	○	●	●	●	●	●	○	●	●	○	○
西前頭9　京都	うちがけ	よりきり	よりきり	つりだし	ひきおとし	つきおとし	おしだし	おしだし	つりだし	したてなげ	かたすかし	おしだし	よりきり	すくいなげ	あびせたおし
若天龍　☆	鶴ヶ嶺	若鳴門	房錦	常錦	若羽黒	海乃山	青ノ里	淺瀬川	君錦	羽黒山	北ノ國	小城ノ花	沢光	清國	出羽錦
花籠　24歳　8勝7敗	2-2	4-0	2-3	2-3	2-3	1-4	2-3	2-1	0-1	1-2	3-0	1-2	0-2	1-0	2-3
昭和39年九州場所	○	●	○	○	●	●	●	●	○	●	●	●	○	○	●
東前頭8　京都	よりきり	つきだし	うっちゃり	うわてなげ	つりだし	おしたおし	おしたおし	つりだし	うわてだしなげ	きりかえし	よりたおし	よりきり	かたすかし	うわてだしなげ	よりきり
若天龍　★	羽黒山	豊國	岩風	小城ノ花	若浪	二瀬川	房錦	荒波	義ノ花	海乃山	若鳴門	若見山	若羽黒	宇多川	金乃花
花籠　24歳　6勝9敗	2-2	1-6	1-2	2-2	1-1	0-1	2-4	0-1	1-0	1-5	4-1	0-2	3-3	2-3	1-5
昭和40年初場所	●	○	●	○	○	●	○	●	●	○	●	○	●	○	●
東前頭11　京都	つりだし	うわてなげ	あびせたおし	つきおとし	したてだしなげ	よりたおし	すくいなげ	うわてなげ	つきおとし	うわてなげ	よりたおし	ひきおとし	うわてだしなげ	はたきこみ	よりきり
若天龍　★	小城ノ花	若羽黒	義ノ花	羽黒川	君錦	北ノ國	若杉山	若浪	廣川	金乃花	富士錦	羽黒山	長谷川	岩風	前田川
花籠　25歳　7勝8敗	2-3	4-3	1-1	2-1	1-1	3-1	1-0	1-2	0-2	2-5	1-2	3-2	0-1	2-2	1-4
昭和40年春場所	○	○	○	●	●	○	●	●	○	○	○	●	○	●	●
東前頭12　京都	うわてなげ	うちがけ	うわてなげ	よりきり	つりだし	つきおとし	よりきり	つきだし	したてなげ	うわてなげ	よりたおし	すくいなげ	したてだしなげ	おしだし	おしだし
若天龍　☆	小城ノ花	君錦	若見山	松前山	長谷川	岩風	房錦	豊國	荒波	義ノ花	若浪	宇多川	淺瀬川	髙鐵山	海乃山
花籠　25歳　8勝7敗	3-3	2-1	1-2	0-2	0-2	3-2	2-5	1-7	1-1	2-1	2-2	2-4	3-1	（十両）	1-6
昭和40年夏場所	●	○	○	●	○	○	●	○	○	○	○	●	●	●	○
西前頭7　京都	したてなげ	はたきこみ	うわてなげ	よりきり	うわてなげ	うわてなげ	よりきり	うわてなげ	はたきこみ	したてだしなげ	うわてなげ	こてなげ	よりきり	よりきり	したてなげ
若天龍　☆	長谷川	房錦	青ノ里	前田川	義ノ花	金乃花	鶴ヶ嶺	富士錦	髙鐵山	若見山	天水山	若鳴門	明武谷	海乃山	北の冨士
花籠　25歳　9勝6敗	0-3	3-5	3-3	1-5	3-1	3-5	2-3	2-2	1-1	2-2	1-0	4-2	0-1	1-7	1-0
昭和40年名古屋場所	●	●	○	○	○	○	○	●	●	○	●	●	●	○	○
西前頭4　京都	そとがけ	つりだし	おしだし	つきおとし	よりきり	したてなげ	うわてなげ	つきだし	すくいなげ	おしだし	つきだし	よりきり	よりたおし	おしだし	よりきり
若天龍　☆	長谷川	開隆山	青ノ里	淺瀬川	鶴ヶ嶺	若見山	富士錦	北の冨士	豊國	栃王山	麒麟児	髙鐵山	佐田の山	若浪	天水山
花籠　25歳　8勝7敗	0-4	0-1	4-3	4-1	3-3	3-2	3-2	1-1	1-8	1-1	0-1	1-2	0-1	3-2	2-0
昭和40年秋場所	○	○	●	○	○	●	○	●	●	●	○	○	○	●	○
東前頭4　京都	よりきり	うわてだしなげ	つりだし	うっちゃり	つきおとし	よりきり	おしだし	うわてなげ	つりだし	すくいなげ	すくいなげ	きりかえし	したてひねり	こてなげ	うわてなげ
若天龍　☆	淺瀬川	富士錦	明武谷	玉乃島	開隆山	青ノ里	豊國	栃王山	若浪	海乃山	大心	金乃花	福の花	麒麟児	若鳴門
花籠　25歳　9勝6敗	5-1	4-2	0-2	1-0	1-1	4-4	2-8	1-2	3-3	1-8	1-0	4-5	1-0	0-2	5-2
昭和40年九州場所	●	□	●	●	●	●	●	○	●	○	●	○	●	●	○
東前頭1　京都	よりきり	不戦勝	つりだし	おしだし	おしたおし	よりきり	つきだし	くびなげ	よりたおし	うちがけ	おしだし	よりきり	よりきり	つりだし	おくりだし
若天龍　★	北の冨士	柏戸	長谷川	琴櫻	富士錦	佐田の山	大鵬	栃ノ海	栃光	豊山	豊國	玉乃島	若見山	明武谷	北葉山
花籠　25歳　5勝10敗	1-2	1-0	0-5	0-1	4-3	0-2	0-1	1-0	0-1	1-1	2-9	2-0	3-3	0-3	1-0
昭和41年初場所	○	○	●	●	●	○	●	○	○	○	○	●	●	○	○
西前頭6　京都	さかとったり	うわてだしなげ	つりだし	おしだし	つきおとし	おしだし	よりきり	よりきり	おしだし	うわてなげ	うわてだしなげ	よりきり	つきだし	すくいなげ	かたすかし
若天龍　☆	青ノ里	髙鐵山	玉乃島	福の花	海乃山	廣川	開隆山	大雄	淺瀬川	大心	若浪	小城ノ花	豊國	玉嵐	荒波
花籠　26歳　9勝6敗	5-4	2-2	2-1	1-1	1-9	1-2	1-2	1-0	6-1	2-0	4-3	3-4	2-10	1-0	2-1
昭和41年春場所	●	●	○	●	○	●	●	○	○	●	●	○	●	●	●
西前頭4　京都	おしだし	おしだし	つきおとし	よりきり	おしだし	よりきり	よりきり	つりだし	よりたおし	つりだし	よりきり	つきだし	つりだし	よりきり	よりきり
若天龍　★	佐田の山	豊山	海乃山	北葉山	鶴ヶ嶺	長谷川	北の冨士	若浪	小城ノ花	麒麟児	豊國	栃王山	淺瀬川	荒波	青ノ里
花籠　26歳　5勝10敗	0-3	1-2	2-9	1-1	4-3	0-6	1-3	5-3	4-4	0-3	2-11	2-2	6-2	2-2	5-5
昭和41年夏場所	●	●	●	●	○	○	○	●	○	○	●	●	○	○	○
西前頭7　京都	したてなげ	おくりだし	けたぐり	よりきり	したてだしなげ	よりきり	したてひねり	おしだし	かたすかし	うわてなげ	きめだし	よりきり	うわてなげ	かたすかし	したてなげ
若天龍　☆	大雄	若鳴門	海乃山	豊國	朝岡	若浪	青ノ里	栃王山	追風山	義ノ花	君錦	小城ノ花	金乃花	北ノ國	若見山
花籠　26歳　8勝7敗	1-1	5-3	2-10	2-12	1-0	6-3	6-5	2-3	2-1	4-1	2-2	4-5	5-5	4-1	4-3
昭和41年名古屋場所	●	●	○	○	○	●	●	○	●	●	●	●	●	●	○
西前頭5　京都	つきだし	よりきり	よりたおし	ひきおとし	つきおとし	よりきり	おしだし	かたすかし	おしだし	よりたおし	よりきり	よりきり	よりきり	よりきり	うわてだしなげ
若天龍　★	佐田の山	若見山	麒麟児	開隆山	北の冨士	海乃山	清國	琴櫻	髙鐵山	福の花	鶴ヶ嶺	扇山	青ノ里	小城ノ花	君錦
花籠　26歳　5勝10敗	0-4	4-4	1-3	2-2	2-3	2-11	1-1	1-1	2-3	1-2	4-4	0-2	6-6	4-6	3-2
昭和41年秋場所	○	●	●	○	○	○	○	○	●	●	○	○	●	○	●
西前頭7　京都	ひきおとし	そとがけ	おしだし	つきだし	よりきり	したてひねり	よりきり	うわてだしなげ	よりたおし	つりだし	うわてなげ	したてひねり	はたきこみ	おしだし	つりだし
若天龍　☆	大心	大雄	廣川	扇山	青ノ里	義ノ花	若浪	豊國	禊鳳	麒麟児	追風山	君錦	海乃山	明武谷	開隆山
花籠　26歳　9勝6敗	3-0	1-2	1-3	1-2	7-6	5-1	7-3	3-12	0-1	1-4	3-1	4-2	2-12	1-3	2-3
昭和41年九州場所	●	●	●	●	●	●	●	●	●	●	●	●	■		
東前頭3　京都	おしだし	うわてだしなげ	おしだし	つりだし	つりだし	つりだし	こてなげ	うわてなげ	よりたおし	よりたおし	さばおり	おしだし	不戦敗		
若天龍　★	柏戸	栃ノ海	大鵬	豊山	麒麟児	大雄	北の冨士	玉乃島	佐田の山	海乃山	義ノ花	富士錦	琴櫻	や	や
花籠　26歳0勝13敗2休	1-1	1-1	0-2	1-3	1-5	1-3	2-4	2-2	0-5	2-13	5-2	4-4	1-2		
昭和42年初場所	●	○	○	●	●	●	●	●	○	●	○	○	○	○	○
東前頭15　京都	おしだし	すくいなげ	うわてだしなげ	はたきこみ	つりだし	おしたおし	こてなげ	おしたおし	うちがけ	きりかえし	すくいなげ	すくいなげ	おしだし	かたすかし	よりたおし
若天龍　☆	金乃花	若二瀬	若鳴門	二子岳	若浪	戸田	青ノ里	淺瀬川	追風山	北の花	君錦	大文字	扇山	若見山	開隆山
花籠　27歳　8勝7敗	5-6	1-0	6-3	0-1	7-4	0-1	7-7	6-3	4-1	（十両）	（十両）	1-0	2-2	5-4	3-3
昭和42年春場所	●	●	●	●	●	●	○	○	●	○	○	○	●	○	●
西前頭13　京都	よりきり	よりきり	おしだし	きめだし	うわてなげ	うわてなげ	うわてなげ	よりたおし	おしだし	うちがけ	うっちゃり	うちがけ	おしだし	うちがけ	うわてなげ
若天龍　★	陸奥嵐	扇山	二子岳	若見山	戸田	栃東	鶴ヶ嶺	若鳴門	髙鉄山	大文字	義ノ花	長谷川	廣川	禊鳳	青ノ里
花籠　27歳　6勝9敗	0-1	2-3	0-2	5-5	0-2	0-1	5-4	7-3	2-4	2-0	6-2	1-6	1-4	1-1	7-8
昭和42年夏場所															
東十両5　京都															
若天龍　☆															
花籠　27歳　8勝7敗															
昭和42年名古屋場所															
西十両3　京都															
若天龍　★															
花籠　27歳　6勝9敗															

資料９　若天龍の幕内全星取表

	初日	2日目	3日目	4日目	5日目	6日目	7日目	8日目	9日目	10日目	11日目	12日目	13日目	14日目	千秋楽
昭和36年秋場所	○	○	●	●	○	●	●	○	●	○	●	○	●	○	○
西前頭11　京都	よりたおし	よりたおし	つきだし	よりきり	したてなげ	よりきり	つりだし	よりたおし	おしたおし	したてなげ	つきだし	したてなげ	よりきり	よりたおし	おくりだし
若天龍　☆	北の洋	清ノ森	福田山	海乃山	金乃花	常錦	小城ノ花	一乃矢	房錦	松登	若前田	追手山	宇多川	成山	若杉山
花籠　21歳　8勝7敗	1-0	1-0	0-1	0-1	1-0	0-1	0-1	1-0	0-1	1-0	0-1	（十両）	0-1	（十両）	（十両）
昭和36年九州場所	○	●	●	●	●	●	○	●	●	○	○	●	○	○	○
東前頭9　京都	つきおとし	よりたおし	おしだし	つりだし	そとがけ	つきたおし	つきおとし	おしたおし	つきだし	とったり	よりきり	よりきり	おしだし	かたすかし	つきおとし
若天龍　★	成山	一乃矢	前田川	金乃花	清ノ森	海乃山	豊國	常錦	若前田	房錦	大晃	宇多川	鶴ヶ嶺	松登	北の洋
花籠　21歳　7勝8敗	1-0	1-1	0-1	1-1	1-1	0-2	1-0	0-2	0-2	1-1	1-0	0-2	1-0	2-0	2-0
昭和37年初場所	●	●	○	●	○	●	●	●	●	●	●	●	●	●	●
西前頭10　京都	うっちゃり	したてひねり	すくいなげ	おしだし	うわてだしなげ	おくりだし	したてなげ	よりたおし	よりきり	つきだし	よりきり	うわてなげ	よりきり	よりきり	よりきり
若天龍　★	豊山	房錦	天津風	前田川	北の洋	羽黒花	常錦	一乃矢	大晃	豊國	青ノ里	追手山	鶴ヶ嶺	出羽錦	海乃山
花籠　22歳　2勝13敗	0-1	1-2	1-0	0-2	3-0	0-1	0-3	1-2	1-1	1-1	0-1	0-1	1-1	0-1	0-3
昭和37年春場所															
東十両2　京都															
若天龍　★															
花籠　22歳　5勝10敗															
昭和37年夏場所															
東十両8　京都															
若天龍　☆															
花籠　22歳　9勝6敗															
昭和37年名古屋場所															
西十両2　京都															
若天龍　★															
花籠　22歳　5勝10敗															
昭和37年秋場所															
東十両7　京都															
若天龍　☆十両優勝															
花籠　22歳　12勝3敗															
昭和37年九州場所															
西十両1　京都															
若天龍　★															
花籠　22歳　7勝8敗															
昭和38年初場所															
東十両2　京都															
若天龍　☆															
花籠　23歳　10勝5敗															
昭和38年春場所	○	●	●	●	●	●	○	○	●	●	●	○	●	●	●
東前頭15　京都	うちがけ	よりきり	よりきり	よりきり	つきおとし	よりきり	よりたおし	かけなげ	うっちゃり	つきだし	おしたおし	すくいなげ	かたすかし	よりきり	つきおとし
若天龍　★	岡ノ山	栃王山	豊國	若鳴門	扇山	若前田	星甲	清勢川	宇多川	廣川	逆鉾	追手山	若羽黒	金乃花	前田川
花籠　23歳　4勝11敗	1-0	（十両）	1-2	（十両）	0-1	0-3	1-0	2-1	0-3	0-1	（十両）	1-1	0-1	1-2	0-3
昭和38年夏場所															
東十両6　京都															
若天龍　★															
花籠　23歳　6勝9敗															
昭和38年名古屋場所															
東十両12　京都															
若天龍　☆															
花籠　23歳　9勝6敗															
昭和38年秋場所															
西十両6　京都															
若天龍　☆															
花籠　23歳　9勝6敗															
昭和38年九州場所															
西十両3　京都															
若天龍　★															
花籠　23歳　6勝9敗															
昭和39年初場所															
西十両5　京都															
若天龍　☆十両優勝															
花籠　24歳　13勝2敗															
昭和39年春場所	○	●	○	●	●	●	○	●	○	●	○	●	○	○	○
東前頭14　京都	かたすかし	したてなげ	うちがけ	したてなげ	はたきこみ	よりきり	はたきこみ	きりかえし	よりたおし	おしだし	よりたおし	よりきり	ひきおとし	うわてなげ	おしだし
若天龍　☆	淺瀬川	扇山	若鳴門	出羽錦	沢光	鶴ヶ嶺	前田川	青ノ里	宇多川	若羽黒	若浪	豊國	君錦	天津風	荒波
花籠　24歳　8勝7敗	1-0	（十両）	1-0	0-2	0-1	1-2	1-3	0-2	1-3	0-2	1-0	1-3	（十両）	2-0	（十両）
昭和39年夏場所	●	●	○	●	●	●	○	○	○	○	●	●	○	●	○
東前頭11　京都	よりきり	いぞり	つきおとし	よりきり	おくりだし	よりきり	かけなげ	うわてだしなげ	つきおとし	よりたおし	おしだし	よりきり	よりきり	はたきこみ	おくりだし
若天龍　★	天津風	岩風	北ノ國	金乃花	出羽錦	羽黒山	羽黒川	若鳴門	富士錦	常錦	若羽黒	豊國	海乃山	栃王山	青ノ里
花籠　24歳　7勝8敗	2-1	0-1	1-0	1-3	0-3	0-1	1-1	2-0	1-0	1-3	0-3	1-4	1-3	0-1	1-2
昭和39年名古屋場所	○	●	●	○	○	○	●	●	○	○	○	●	○	●	●
西前頭12　京都	よりきり	きりかえし	よりきり	つりだし	うちがけ	うわてだしなげ	おしだし	おしだし	おしだし	したてなげ	うわてだしなげ	おしたおし	あびせたおし	おしだし	よりきり
若天龍　☆	若羽黒	豊國	松前山	若鳴門	羽黒山	北ノ國	房錦	富士錦	淺瀬川	青ノ里	出羽錦	若見山	小城ノ花	金乃花	岩風
花籠　24歳　8勝7敗	1-3	1-5	0-1	3-0	1-1	2-0	1-3	1-1	2-0	2-2	1-3	0-1	1-1	1-4	0-2

若三杉→大豪が負けた決まり手

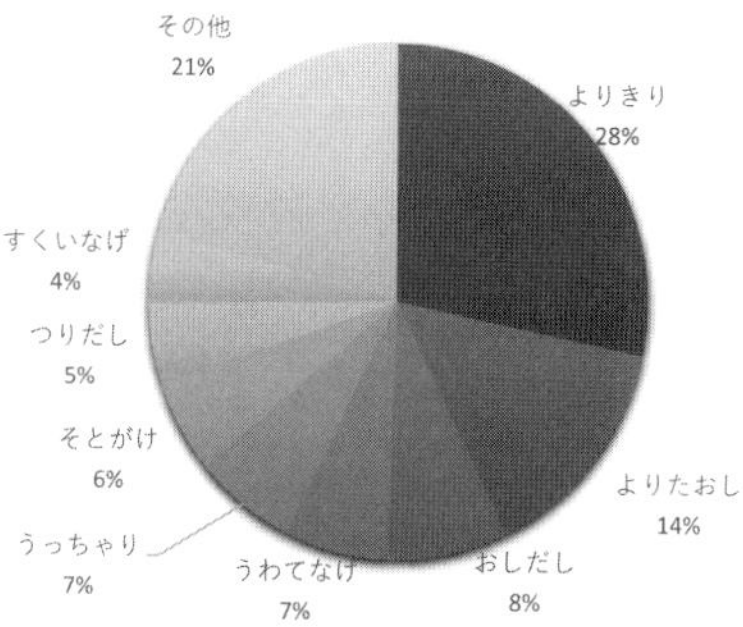

よりきり	106	うわてだしなげ	4
よりたおし	54	ひきおとし	3
おしだし	29	うちがけ	3
うわてなげ	25	かたすかし	3
うっちゃり	25	あびせたおし	2
そとがけ	22	うわてひねり	2
つりだし	19	つきたおし	2
すくいなげ	17	きめだし	2
したてなげ	14	わたしこみ	1
きりかえし	10	したてひねり	1
おしたおし	8	つきだし	1
つきおとし	6	したてだしなげ	1
こてなげ	4	不戦敗	1
はたきこみ	4	くびなげ	1
おくりだし	4	合計	374

＊腰高と詰めの甘さを象徴しているのであろう、うっちゃりで負けることが多かったようである。また、つりだされることも多かった。昭和 41 年（1966 年）名古屋場所は６日目から８日目まで、何と３日連続で、玉乃島、長谷川、佐田の山につりだしで敗れている。

若三杉→大豪が勝った決まり手

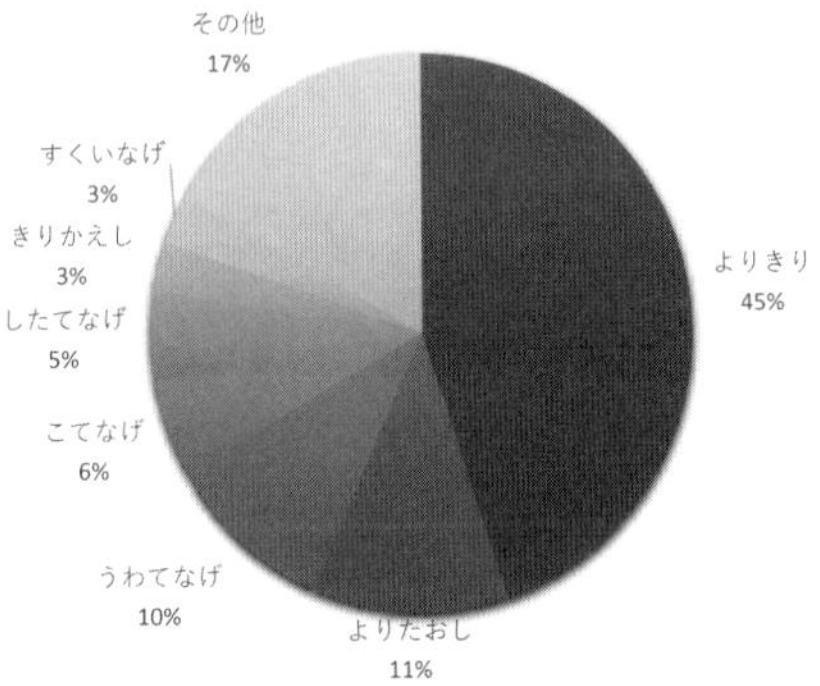

よりきり	174	不戦勝	2
よりたおし	45	ひきおとし	2
うわてなげ	39	おしたおし	2
こてなげ	22	かけなげ	2
したてなげ	20	かたすかし	2
きりかえし	11	いさみあし	2
すくいなげ	11	うわてだしなげ	1
そとがけ	8	きめだし	1
つきだし	7	つきおとし	1
うっちゃり	6	うちがけ	1
つりだし	6	あびせたおし	1
はたきこみ	6	とったり	1
おしだし	4	つきたおし	1
おくりだし	4	合計	387
きめたおし	3		

＊典型的な四つ相撲である。よりきりが半数近く、よりたおしも合わせると半数を超える。これに投げ技、足技を加えて勝っていた。

	初日	2日目	3日目	4日目	5日目	6日目	7日目	8日目	9日目	10日目	11日目	12日目	13日目	14日目	千秋楽
昭和39年九州場所	○	●	●	○	●	●	○	○	○	●	○	○	○	○	●
東前頭5 香川	こてなげ	よりきり	うわてなげ	したてなげ	おくりだし	よりきり	よりきり	よりきり	よりたおし	よりきり	よりきり	よりたおし	よりたおし	よりきり	よりたおし
大豪 ☆	栃ノ海	豊山	北葉山	若見山	栃光	佐田の山	開隆山	淺瀬川	前田川	君錦	若浪	羽黒山	荒波	若羽黒	北の冨士
花籠 27歳 9勝6敗	8-15	3-12	11-20	2-2	9-15	9-9	10-3	1-0	5-4	4-1	3-1	16-6	1-0	10-10	2-2
昭和40年初場所	●	○	●	○	○	●	○	○	●	○	●	●	○	●	○
西前頭2 香川	かたすかし	おしだし	つりだし	よりきり	こてなげ	すくいなげ	よりきり	よりきり	おしだし	すくいなげ	すくいなげ	よりきり	よりきり	うわてなげ	よりきり
大豪 ☆	琴櫻	北の冨士	明武谷	玉乃島	栃光	大鵬	若見山	栃ノ海	佐田の山	清國	海乃山	豊山	青ノ里	北葉山	淺瀬川
花籠 27歳 8勝7敗	0-1	3-2	5-4	1-0	10-15	0-1	3-2	9-15	9-10	3-1	7-5	3-13	13-10	11-21	2-0
昭和40年春場所	○	○	○	●	○	○	●	●	○	○	●	●	○	○	●
東前頭1 香川	したてなげ	よりたおし	きりかえし	よりきり	よりきり	よりたおし	うっちゃり	よりたおし	いさみあし	そとがけ	よりたおし	よりきり	よりきり	つきだし	すくいなげ
大豪 ☆敢闘賞	栃光	北の冨士	清國	琴櫻	若杉山	明武谷	佐田の山	大鵬	海乃山	栃ノ海	豊山	淺瀬川	開隆山	金乃花	豊國
花籠 27歳 9勝6敗	11-15	4-2	4-1	0-2	1-1	6-4	9-11	0-2	8-5	10-15	3-14	2-1	11-3	11-1	4-3
昭和40年夏場所	●	○	●	○	●	○	●	○	●	○	○	○	●	●	●
東小結 香川	したてなげ	よりきり	よりたおし	よりきり	うわてなげ	よりたおし	うわてなげ	ひきおとし	よりきり	こてなげ	よりきり	すくいなげ	つりだし	よりきり	うわてなげ
大豪 ★	大鵬	開隆山	柏戸	豊山	北葉山	栃光	佐田の山	淺瀬川	栃ノ海	北の冨士	豊國	琴櫻	玉乃島	清國	明武谷
花籠 27歳 7勝8敗	0-3	12-3	5-18	4-14	11-22	12-15	9-12	3-1	10-16	5-2	5-3	1-2	1-1	4-2	6-5
昭和40年名古屋場所	●	●	○	●	○	●	○	○	●	●	●	○	○	○	○
西前頭1 香川	おしだし	よりきり	よりきり	よりたおし	よりきり	よりきり	よりきり	よりきり	すくいなげ	つりだし	よりきり	よりきり	よりきり	こてなげ	よりきり
大豪 ☆	栃光	豊山	玉乃島	琴櫻	北葉山	柏戸	淺瀬川	栃ノ海	大鵬	佐田の山	清國	海乃山	明武谷	開隆山	富士錦
花籠 27歳 8勝7敗	12-16	4-15	2-1	1-3	12-22	5-19	4-1	11-16	0-4	9-13	4-3	9-5	7-5	13-3	9-6
昭和40年秋場所	●	●	●	●	●	●	●	○	●	○	●	●	●	●	●
西関脇 香川	つりだし	こてなげ	うっちゃり	うわてだしなげ	よりたおし	よりきり	うわてなげ	すくいなげ	うわてなげ	すくいなげ	よりきり	よりきり	よりきり	すくいなげ	つりだし
大豪 ★	豊山	琴櫻	佐田の山	北葉山	若見山	栃光	北の冨士	清國	大鵬	柏戸	富士錦	栃ノ海	長谷川	淺瀬川	明武谷
花籠 27歳 2勝13敗	4-16	1-4	9-14	12-23	3-3	12-17	5-3	5-3	0-5	6-19	9-7	11-17	0-1	4-2	7-6
昭和40年九州場所	○	●	○	○	○	○	○	○	○	○	○	●	●	○	○
西前頭6 香川	うわてなげ	はたきこみ	よりきり	よりきり	よりたおし	こてなげ	よりきり	あびせたおし	よりきり	よりきり	よりきり	うっちゃり	すくいなげ	よりたおし	よりきり
大豪 ☆敢闘賞	小城ノ花	開隆山	青ノ里	福の花	麒麟児	若鳴門	鶴ヶ嶺	大雄	清國	淺瀬川	明武谷	佐田の山	大鵬	大心	長谷川
花籠 28歳 12勝3敗	13-11	13-4	14-10	1-0	1-0	1-1	11-9	1-0	6-3	5-2	8-6	9-15	0-6	1-0	1-1
昭和41年初場所	○	○	○	●	●	○	○	●	○	●	●	○	○	●	○
東前頭1 香川	すくいなげ	よりきり	したてなげ	よりきり	よりきり	したてなげ	よりきり	よりきり	うわてなげ	そとがけ	うわてなげ	よりきり	よりきり	よりたおし	よりきり
大豪 ☆	琴櫻	栃王山	明武谷	若見山	北の冨士	栃光	北葉山	柏戸	佐田の山	玉乃島	豊山	福の花	長谷川	淺瀬川	清國
花籠 28歳 9勝6敗	2-4	1-0	9-6	3-4	5-4	13-17	13-23	6-20	10-15	2-2	4-17	2-0	2-1	5-3	7-3
昭和41年春場所	●	○	○	●	●	○	●	○	●	●	○	●	○	●	○
西小結 香川	きりかえし	よりきり	とったり	よりきり	よりきり	きりかえし	うちがけ	こてなげ	きりかえし	ひきおとし	よりきり	よりきり	こてなげ	したてなげ	よりきり
大豪 ★	大鵬	若見山	北葉山	柏戸	清國	豊山	玉乃島	豊國	栃ノ海	富士錦	明武谷	北の冨士	琴櫻	淺瀬川	海乃山
花籠 28歳 7勝8敗	0-7	4-4	14-23	6-21	7-4	5-17	2-3	6-3	11-18	9-8	10-6	5-5	3-4	5-4	10-5
昭和41年夏場所	○	●	○	●	●	●	○	●	●	●	●	●	●	○	○
西前頭1 香川	よりきり	よりきり	よりきり	つりだし	つきおとし	うちがけ	よりきり	よりきり	うわてなげ	よりきり	よりきり	うっちゃり	おしだし	はたきこみ	よりきり
大豪 ★	淺瀬川	清國	玉乃島	明武谷	高鐵山	豊國	北葉山	長谷川	北の冨士	柏戸	大鵬	豊山	廣川	朝岡	小城ノ花
花籠 28歳 5勝10敗	6-4	7-5	3-3	10-7	0-1	6-4	15-23	2-2	5-6	6-22	0-8	5-18	1-4	1-0	14-11
昭和41年名古屋場所	●	○	●	●	●	●	●	●	●	○	■				
東前頭4 香川	うわてなげ	よりきり	よりきり	よりきり	したてなげ	つりだし	つりだし	つりだし	よりきり	うわてなげ	不戦敗				
大豪 ★	北の冨士	開隆山	柏戸	豊山	大鵬	玉乃島	長谷川	佐田の山	若見山	高鐵山	琴櫻	や	や	や	や
花籠 28歳 2勝9敗4休	5-7	14-4	6-23	5-19	0-9	3-4	2-3	10-16	4-5	1-1	3-5				
昭和41年秋場所	○	○	●	●	●	●	○	●	●	○	○	○	○	●	●
西前頭10 香川	よりきり	よりたおし	おしだし	よりきり	かたすかし	うっちゃり	よりきり	よりきり	そとがけ	つきたおし	よりきり	うわてなげ	よりきり	よりきり	おくりだし
大豪 ★	青ノ里	扇山	追風山	開隆山	豊國	禊鳳	大心	北ノ國	小城ノ花	大雄	君錦	前の山	若浪	義ノ花	若二瀬
花籠 29歳 7勝8敗	15-10	2-0	1-1	14-5	6-5	0-1	2-0	0-1	14-12	2-0	5-1	1-0	4-1	0-1	0-1
昭和41年九州場所	●	●	○	●	●	○	●	●	●	○	○	○	○	○	○
東前頭11 香川	そとがけ	よりきり	きりかえし	かたすかし	きめだし	よりきり	うわてなげ	そとがけ	くびなげ	よりきり	よりきり	したてなげ	こてなげ	よりきり	よりきり
大豪 ☆	鶴ヶ嶺	開隆山	扇山	大文字	若見山	若二瀬	若杉山	淺瀬川	追風山	青ノ里	若浪	大心	廣川	豊國	明武谷
花籠 29歳 8勝7敗	11-10	14-6	3-0	0-1	4-6	1-1	1-2	6-5	1-2	16-10	5-1	3-0	2-4	7-5	11-7
昭和42年初場所	●	●	○	●	●	●	●	○	○	○	●	○	○	●	●
東前頭7 香川	すくいなげ	よりたおし	よりきり	よりきり	はたきこみ	よりきり	うわてだしなげ	うわてなげ	うわてなげ	よりきり	よりたおし	おくりだし	おくりだし	こてなげ	よりきり
大豪 ★	禊鳳	大雄	大文字	藤ノ川	青ノ里	廣川	扇山	追風山	若二瀬	海乃山	義ノ花	戸田	金乃花	若鳴門	長谷川
花籠 29歳 6勝9敗	0-2	2-1	1-1	0-1	16-11	2-5	3-1	2-2	2-1	11-5	0-2	1-0	12-1	1-2	2-4
昭和42年春場所	●	●	○	○	●	○	●	●	●	●	●	○	○	●	●
西前頭9 香川	よりきり	おしたおし	よりきり	こてなげ	おしだし	うわてなげ	うわてだしなげ	うっちゃり	きめだし	うっちゃり	そとがけ	よりたおし	よりきり	よりきり	よりきり
大豪 ★	海乃山	廣川	大文字	若鳴門	陸奥嵐	禊鳳	若浪	栃東	若見山	前の山	鶴ヶ嶺	扇山	青ノ里	淺瀬川	義ノ花
花籠 29歳 5勝10敗	11-6	2-6	2-1	2-2	0-1	1-2	5-2	0-1	4-7	1-1	11-11	4-1	17-11	6-6	0-3
昭和42年夏場所	や	や	や	や	や	や	や	や	や	や	や	や	や	や	や
西十両2 香川															
大豪 ★引退															
花籠 29歳 15休															

	初日	2日目	3日目	4日目	5日目	6日目	7日目	8日目	9日目	10日目	11日目	12日目	13日目	14日目	千秋楽
昭和36年九州場所	○	○	○	○	○	○	○	○	●	●	○	●	○	○	●
東前頭5　香川	よりたおし	つきだし	きめだし	おしたおし	よりきり	よりきり	よりきり	よりたおし	よりきり	よりきり	よりたおし	つきおとし	よりきり	きめたおし	よりたおし
若三杉　☆敢闘賞	大晃	常錦	海乃山	宇多川	前田川	羽黒花	若前田	佐田の山	青ノ里	北の洋	栃ノ海	岩風	金乃花	一乃矢	小城ノ花
花籠　24歳　11勝4敗	5-6	4-0	1-0	1-1	1-4	3-1	4-3	1-1	5-5	4-5	3-3	7-10	5-0	2-0	6-6
昭和37年初場所	●	○	○	○	○	●	●	○	○	●	●	○	●	○	●
西張出小結　香川	よりきり	よりきり	よりきり	うわてなげ	よりたおし	うっちゃり	よりたおし	つりだし	したてなげ	すくいなげ	おしだし	よりたおし	よりきり	こてなげ	うわてなげ
若三杉　☆	柏戸	開隆山	栃ノ海	佐田の山	岩風	若羽黒	北葉山	金乃花	若前田	羽黒山	小城ノ花	海乃山	宇多川	冨士錦	栃光
花籠　24歳　8勝7敗	2-10	3-0	4-3	2-1	8-10	4-8	6-9	6-0	5-3	7-5	6-7	2-0	1-2	2-2	5-5
昭和37年春場所	●	●	○	○	○	●	●	●	○	○	●	●	●	●	○
東小結　香川	よりたおし	よりきり	うっちゃり	つりだし	こてなげ	すくいなげ	よりきり	おしだし	よりきり	よりきり	よりきり	こてなげ	おしだし	はたきこみ	したてなげ
若三杉　★	柏戸	出羽錦	豊山	豊國	北葉山	小城ノ花	羽黒花	冨士錦	羽黒山	鶴ヶ嶺	若羽黒	青ノ里	佐田の山	栃ノ海	開隆山
花籠　24歳　6勝9敗	2-11	3-7	1-0	1-0	7-9	6-8	3-2	2-3	8-5	7-4	4-9	5-6	2-2	4-4	4-0
昭和37年夏場所	●	○	●	○	○	○	○	●	●	●	●	●	●	○	●
西前頭1　香川	うっちゃり	つきおとし	よりたおし	うわてなげ	よりきり	うわてなげ	よりたおし	つりだし	よりたおし	きりかえし	よりたおし	よりきり	ひきおとし	したてなげ	そとがけ
若三杉　★	栃ノ海	羽黒山	若羽黒	柏戸	豊國	栃光	君錦	出羽錦	北葉山	海乃山	佐田の山	豊山	房錦	追手山	羽黒花
花籠　24歳　6勝9敗	4-5	9-5	4-10	3-11	2-0	6-5	2-0	3-8	7-10	2-1	2-3	1-1	8-5	1-0	3-3
昭和37年名古屋場所	●	○	○	●	○	●	●	○	○	●	●	○	●	●	●
西前頭3　香川	したてなげ	うわてなげ	よりたおし	よりたおし	そとがけ	よりたおし	よりきり	よりたおし	つきだし	そとがけ	つりだし	よりきり	よりきり	よりきり	おしだし
若三杉　★	栃光	佐田の山	若羽黒	栃ノ海	豊山	柏戸	北葉山	大晃	金乃花	出羽錦	鶴ヶ嶺	開隆山	廣川	天津風	冨士錦
花籠　24歳　6勝9敗	6-6	3-3	5-10	4-6	2-1	3-12	7-11	6-6	7-0	3-0	7-5	5-0	0-1	0-1	2-4
昭和37年秋場所	●	●	●	●	●	○	●	●	●	●	○	○	●	○	○
西前頭5　香川	よりきり	したてなげ	よりきり	よりたおし	そとがけ	よりきり	うっちゃり	よりきり	よりきり	よりきり	よりきり	よりたおし	おくりだし	よりきり	うわてなげ
大豪　★	佐田の山	出羽錦	北葉山	栃光	栃ノ海	青ノ里	羽黒山	金乃花	天津風	小城ノ花	冨士錦	星甲	鶴ヶ嶺	大晃	東錦
花籠　24歳　5勝10敗	3-4	3-10	7-12	6-7	4-7	6-6	9-6	7-1	0-2	6-9	3-4	3-0	7-6	7-6	1-0
昭和37年九州場所	○	○	○	○	○	●	○	○	●	○	○	○	●	○	○
西前頭10　香川	うわてなげ	よりたおし	よりきり	よりたおし	よりきり	よりたおし	よりきり	よりたおし	うっちゃり	そとがけ	はたきこみ	うわてなげ	すくいなげ	よりきり	よりきり
大豪　☆	君錦	房錦	扇山	若羽黒	前田川	宇多川	大晃	青ノ里	明武谷	天津風	金乃花	清勢川	開隆山	海乃山	羽黒山
花籠　25歳　12勝3敗	3-0	9-5	1-0	6-10	2-4	1-3	8-6	7-6	0-2	1-2	8-1	5-0	5-1	3-1	10-6
昭和38年初場所	○	●	○	●	○	●	●	●	○	○	○	●	○	●	○
西前頭2　香川	よりきり	したてなげ	よりきり	よりたおし	よりきり	おしだし	つきおとし	すくいなげ	よりたおし	よりきり	よりきり	よりきり	かけなげ	うっちゃり	つきだし
大豪　☆	出羽錦	栃ノ海	羽黒山	豊山	吉葉洋	佐田の山	羽黒花	北葉山	栃光	鶴ヶ嶺	開隆山	青ノ里	小城ノ花	海乃山	大晃
花籠　25歳　8勝7敗	4-10	4-8	11-6	2-2	1-2	3-5	3-4	7-13	7-7	8-6	6-1	7-7	7-9	3-2	9-6
昭和38年春場所	○	○	○	●	○	□	●	○	○	○	●	●	●	○	○
西小結　香川	かけなげ	したてなげ	よりきり	おくりだし	こてなげ	不戦勝	よりたおし	よりきり	よりきり	うわてなげ	よりきり	うっちゃり	そとがけ	よりたおし	よりきり
大豪　☆	海乃山	佐田の山	若羽黒	栃ノ海	冨士錦	柏戸	栃光	出羽錦	小城ノ花	北葉山	豊山	開隆山	羽黒花	吉葉洋	青ノ里
花籠　25歳　9勝6敗	4-2	4-5	7-10	4-9	4-4	4-12	7-8	5-10	9-9	8-13	2-3	6-2	3-5	2-2	7-8
昭和38年夏場所	●	○	○	○	●	●	●	●	○	○	●	○	○	●	○
東関脇　香川	そとがけ	よりきり	したてなげ	よりきり	よりきり	よりたおし	きりかえし	おしだし	よりきり	こてなげ	よりきり	よりきり	かたすかし	よりきり	よりきり
大豪　☆	羽黒花	羽黒山	君錦	開隆山	出羽錦	栃光	小城ノ花	冨士錦	栃ノ海	北葉山	鶴ヶ嶺	海乃山	佐田乃山	豊山	青ノ里
花籠　25歳　8勝7敗	3-6	12-6	4-0	7-2	5-11	7-9	9-10	4-5	5-9	9-13	8-7	5-2	5-5	2-4	8-8
昭和38年名古屋場所	○	○	●	●	○	○	○	○	●	●	○	●	○	●	○
東関脇　香川	こてなげ	うわてなげ	つりだし	きりかえし	よりきり	うわてなげ	したてなげ	よりきり	おしたおし	つりだし	つりだし	よりきり	こてなげ	よりきり	きりかえし
大豪　☆	冨士錦	小城ノ花	天津風	海乃山	金乃花	若羽黒	栃光	岩風	佐田乃山	北葉山	青ノ里	豊山	開隆山	鶴ヶ嶺	栃ノ海
花籠　25歳　9勝6敗	5-5	10-10	1-3	5-3	9-1	8-10	8-9	9-10	5-6	9-14	9-7	2-5	8-2	8-8	6-9
昭和38年秋場所	○	●	○	○	○	●	○	○	●	●	●	○	○	●	●
東関脇　香川	よりきり	ひきおとし	よりきり	きりかえし	よりきり	うっちゃり	きりかえし	よりきり	よりたおし	よりきり	すくいなげ	うわてなげ	よりきり	よりきり	すくいなげ
大豪　☆	若浪	岩風	羽黒花	海乃山	羽黒山	小城ノ花	佐田乃山	鶴ヶ嶺	栃光	北葉山	柏戸	出羽錦	青ノ里	豊山	栃ノ海
花籠　25歳　8勝7敗	1-0	9-11	4-6	6-3	13-6	10-11	6-6	9-8	8-10	9-15	4-13	6-11	10-8	2-6	6-10
昭和38年九州場所	○	○	○	○	●	○	●	●	●	○	○	●	●	○	●
東関脇　香川	よりきり	よりきり	よりきり	よりきり	よりきり	うっちゃり	つりだし	おしだし	おしたおし	よりきり	いさみあし	そとがけ	よりきり	きりかえし	よりきり
大豪　☆	小城ノ花	鶴ヶ嶺	房錦	出羽錦	柏戸	豊國	豊山	栃ノ海	栃光	明武谷	岩風	羽黒花	北葉山	佐田乃山	青ノ里
花籠　26歳　8勝7敗	11-11	10-8	10-5	7-11	4-14	3-0	2-7	6-11	8-11	3-2	10-11	4-7	9-16	7-6	10-9
昭和39年初場所	○	○	○	●	○	●	○	○	○	●	●	●	●	○	○
東関脇　香川	よりきり	はたきこみ	よりきり	うちがけ	よりきり	つきおとし	よりきり	はたきこみ	したてなげ	きりかえし	うわてだしなげ	よりたおし	うっちゃり	よりきり	きりかえし
大豪　☆殊勲賞	羽黒山	前田川	青ノ里	豊國	柏戸	栃ノ海	明武谷	冨士錦	岩風	羽黒花	海乃山	豊山	北葉山	栃光	清國
花籠　26歳　9勝6敗	14-6	3-4	11-9	3-1	5-14	6-12	4-2	6-5	11-11	4-8	6-4	2-8	9-17	9-11	1-0
昭和39年春場所	●	○	○	○	●	○	○	●	○	●	○	●	○	○	○
東関脇　香川	よりたおし	おくりだし	よりたおし	よりきり	うわてひねり	よりたおし	よりきり	よりきり	こてなげ	うわてなげ	おしだし	きりかえし	よりきり	うちがけ	よりたおし
大豪　☆	若見山	常錦	廣川	冨士錦	開隆山	北の冨士	羽黒山	柏戸	北葉山	清國	佐田の山	栃ノ海	海乃山	豊山	明武谷
花籠　26歳　10勝5敗	0-1	5-0	1-1	7-5	8-3	1-0	15-6	5-15	10-17	1-1	8-6	6-13	7-4	3-8	5-2
昭和39年夏場所	○	●	●	●	●	●	●	●	●	○	●	●	○	○	●
東関脇　香川	よりたおし	よりきり	うっちゃり	よりたおし	つりだし	よりたおし	よりたおし	うわてなげ	よりきり	うわてなげ	おしだし	きりかえし	きりかえし	こてなげ	よりきり
大豪　★	清國	青ノ里	明武谷	北葉山	佐田の山	柏戸	若見山	豊山	鶴ヶ嶺	前田川	廣川	栃ノ海	開隆山	小城ノ花	栃光
花籠　26歳　4勝11敗	2-1	11-10	5-3	10-18	8-7	5-16	0-2	3-9	10-9	4-4	1-2	6-14	9-3	12-11	9-12
昭和39年名古屋場所	●	○	●	●	○	○	○	●	●	●	●	○	○	○	○
東前頭4　香川	よりきり	よりきり	よりたおし	そとがけ	すくいなげ	よりたおし	こてなげ	よりきり	おしたおし	つきおとし	すくいなげ	したてなげ	よりきり	よりきり	うわてなげ
大豪　☆	栃光	佐田の山	羽黒川	北の冨士	栃ノ海	若浪	北葉山	豊山	廣川	冨士錦	豊國	金乃花	若羽黒	沢光	出羽錦
花籠　26歳　8勝7敗	9-13	9-7	4-9	1-1	7-14	2-0	11-18	3-10	1-3	7-6	3-2	10-1	9-10	1-0	8-11
昭和39年秋場所	○	●	●	○	●	●	●	●	○	●	●	○	●	●	○
西前頭2　香川	よりたおし	よりきり	したてなげ	よりきり	おしだし	そとがけ	よりきり	つりだし	つりだし	きりかえし	よりきり	かたすかし	よりきり	よりきり	あみうち
大豪　★	北の冨士	柏戸	豊山	冨士錦	栃光	栃ノ海	北葉山	佐田の山	豊國	若浪	羽黒川	若見山	若鳴門	沢光	青ノ里
花籠　26歳　5勝10敗	2-1	5-17	3-11	8-6	9-14	7-15	11-19	9-8	4-2	2-1	4-10	1-2	0-1	1-1	12-10

資料８　若三杉→大豪の幕内全星取表

	初日	2日目	3日目	4日目	5日目	6日目	7日目	8日目	9日目	10日目	11日目	12日目	13日目	14日目	千秋楽
昭和33年九州場所	○	○	○	○	●	○	●	●	○	○	●	○	●	○	○
西前頭19　香川	よりきり	よりたおし	よりきり	よりきり	よりたおし	うわてなげ	うわてなげ	わたしこみ	よりきり	うわてなげ	おしだし	きりかえし	よりきり	したてなげ	よりたおし
若三杉　☆	豊ノ海	星甲	福乃里	嶋錦	宮錦	愛宕山	羽嶋山	泉洋	岩風	時錦	小城ノ花	房錦	若前田	北葉山	潮錦
花籠　21歳　10勝5敗	1-0	1-0	1-0	1-0	0-1	1-0	0-1	0-1	1-0	1-0	0-1	1-0	0-1	1-0	1-0
昭和34年初場所	○	●	●	●	●	○	●	○	○	○	○	●	○	●	●
東前頭13　香川	うわてなげ	よりたおし	したてなげ	よりたおし	そとがけ	よりきり	うっちゃり	よりたおし	よりきり	うっちゃり	うわてなげ	うわてなげ	よりきり	よりきり	よりたおし
若三杉　★	時錦	泉洋	鬼竜川	羽子錦	鶴ヶ嶺	青ノ里	大瀬川	星甲	大内山	及川	成山	潮錦	岩風	北葉山	宮錦
花籠　21歳　7勝8敗	2-0	0-2	0-1	0-1	0-1	1-0	0-1	2-0	1-0	1-0	1-0	1-1	2-0	1-1	0-2
昭和34年春場所	●	●	○	○	○	●	●	●	○	○	○	○	●	○	○
西前頭14　香川	よりきり	したてひねり	うわてなげ	よりきり	よりきり	よりきり	つきだし	したてなげ	うわてなげ	つりだし	おしだし	したてなげ	よりたおし	よりきり	よりきり
若三杉　☆	青ノ里	若葉山	双ツ龍	福田山	泉洋	若杉山	潮錦	岩風	鬼竜川	清ノ森	小城ノ花	常錦	出羽錦	宮錦	時錦
花籠　21歳　9勝6敗	1-1	0-1	1-0	1-0	1-2	0-1	1-2	2-1	1-1	1-0	1-1	1-0	0-1	1-2	3-0
昭和34年夏場所	○	●	○	○	●	○	○	●	●	○	●	○	●	○	●
東前頭９　香川	よりきり	つりだし	よりきり	よりきり	うわてなげ	すくいなげ	きめたおし	よりたおし	おしだし	よりきり	よりきり	うわてなげ	そとがけ	きめたおし	よりたおし
若三杉　☆	青ノ里	三根山	安念山	及川	大瀬川	小城ノ花	岩風	出羽錦	若葉山	大晃	潮錦	宮錦	成山	信夫山	福田山
花籠　21歳　8勝7敗	2-1	0-1	1-0	2-0	0-2	2-1	3-1	0-2	0-2	1-0	1-3	2-2	1-1	1-0	1-1
昭和34年名古屋場所	●	●	●	○	●	●	○	●	○	●	○	○	○	○	○
西前頭７　香川	よりたおし	よりきり	うっちゃり	よりきり	おしだし	うっちゃり	うわてなげ	よりたおし	よりたおし	うわてなげ	よりきり	よりきり	うっちゃり	よりきり	したてなげ
若三杉　☆	若羽黒	柏戸	北葉山	潮錦	泉洋	大晃	青ノ里	北の洋	及川	三根山	時津山	若葉山	信夫山	鬼竜川	時錦
花籠　21歳　8勝7敗	0-1	0-1	1-2	2-3	1-3	1-1	3-1	0-1	3-0	0-2	1-0	1-2	2-0	2-1	4-0
昭和34年秋場所	●	○	○	○	○	●	○	●	○	○	○	●	○	●	●
西前頭６　香川	よりたおし	よりきり	うわてなげ	うわてなげ	したてなげ	つりだし	こてなげ	よりきり	よりきり	すくいなげ	おくりだし	おしだし	よりきり	よりたおし	よりたおし
若三杉　☆	若羽黒	北の洋	泉洋	成山	安念山	岩風	北葉山	栃錦	栃光	愛宕山	金ノ花	房錦	大晃	鶴ヶ嶺	柏戸
花籠　22歳　9勝6敗	0-2	1-1	2-3	2-1	2-0	3-2	2-2	0-1	1-0	2-0	1-0	1-1	2-1	0-2	0-2
昭和34年九州場所	○	●	●	●	●	●	○	●	●	●	○	●	●	●	●
東前頭１　香川	よりきり	うっちゃり	したてなげ	うっちゃり	よりたおし	そとがけ	よりきり	よりたおし	おしだし	あびせたおし	うわてだしなげ	よりきり	おしだし	よりきり	よりきり
若三杉　★	鶴ヶ嶺	若羽黒	北葉山	安念山	出羽錦	柏戸	青ノ里	栃光	栃錦	大晃	房錦	岩風	愛宕山	小城ノ花	三根山
花籠　22歳　3勝12敗	1-2	0-3	2-3	2-1	0-3	0-3	4-1	1-1	0-2	2-2	2-1	3-3	2-1	1-2	0-3
昭和35年初場所	○	●	●	○	●	○	○	○	○	●	●	○	●	●	●
東前頭８　香川	よりきり	そとがけ	うっちゃり	そとがけ	よりきり	よりきり	よりきり	そとがけ	よりきり	おしだし	そとがけ	あみうち	したてなげ	よりたおし	うわてひねり
若三杉　★	松登	愛宕山	時津山	潮錦	宇田川	羽子錦	及川	信夫山	双ツ龍	小城ノ花	成山	鶴ヶ嶺	鳴門海	栃光	岩風
花籠　22歳　7勝8敗	1-0	2-2	1-1	3-3	0-1	1-1	4-0	3-0	2-0	1-3	2-2	2-2	0-1	1-2	3-4
昭和35年春場所	○	●	○	○	○	●	○	○	●	○	●	○	○	○	○
西前頭９　香川	うわてなげ	つきたおし	うわてなげ	よりきり	よりきり	つきおとし	よりたおし	よりたおし	そとがけ	つりだし	つりだし	はたきこみ	よりきり	よりたおし	よりきり
若三杉　☆	福田山	松登	及川	羽子錦	小城ノ花	青ノ里	信夫山	花田	房錦	清ノ森	時津山	金ノ花	若前田	岩風	北の洋
花籠　22歳　11勝4敗	2-1	1-1	5-0	2-1	2-3	4-2	4-0	1-0	2-2	2-0	1-2	2-0	1-1	4-4	2-1
昭和35年夏場所	●	○	□	○	○	○	○	○	○	○	○	○	○	○	○
西前頭４　香川	おしたおし	よりきり	不戦勝	うわてなげ	つきだし	うわてなげ	よりきり	よりたおし	よりきり	よりきり	よりきり	うっちゃり	そとがけ	つきだし	つきだし
若三杉　☆優勝 殊勲賞	若羽黒	北の洋	栃錦	朝汐	北葉山	柏戸	栃光	時津山	出羽錦	小城ノ花	福田山	安念山	潮錦	鶴ヶ嶺	岩風
花籠　22歳　14勝1敗	0-4	3-1	1-2	1-0	3-3	1-3	2-2	2-2	1-3	3-3	3-0	3-1	4-3	3-2	5-4
昭和35年名古屋場所	○	○	●	○	○	●	○	●	●	●	●	○	●	●	○
東張出関脇　香川	すくいなげ	したてなげ	よりきり	そとがけ	よりきり	よりきり	よりきり	よりたおし	よりきり	おしたおし	よりたおし	よりきり	よりきり	よりたおし	そとがけ
若三杉　★	小城ノ花	大晃	岩風	潮錦	房錦	鶴ヶ嶺	冨士錦	安念山	出羽錦	朝潮	北葉山	若羽黒	栃光	北の洋	柏戸
花籠　22歳　7勝8敗	4-3	3-2	5-5	5-3	3-2	3-3	1-0	3-2	1-4	1-1	3-4	1-4	2-3	3-2	2-3
昭和35年秋場所	●	●	○	○	●	●	●	●	○	○	○	○	○	○	○
西小結　香川	したてだしなげ	おしだし	よりきり	よりきり	うわてなげ	うっちゃり	よりたおし	よりきり	よりきり	よりたおし	よりきり	よりきり	よりたおし	よりきり	よりきり
若三杉　☆	房錦	若羽黒	栃光	北葉山	潮錦	大晃	朝潮	柏戸	鶴ヶ嶺	小城ノ花	出羽錦	時津山	岩風	北の洋	安念山
花籠　23歳　9勝6敗	3-3	1-5	3-3	4-4	5-4	3-3	1-2	2-4	4-3	5-3	2-4	3-2	6-5	4-2	4-2
昭和35年九州場所	○	○	●	○	●	○	○	●	○	○	●	●	●	○	○
東小結　香川	きりかえし	うわてなげ	よりきり	うわてなげ	こてなげ	よりたおし	よりきり	よりたおし	よりきり	よりきり	すくいなげ	よりきり	うわてなげ	したてなげ	よりたおし
若三杉　☆	潮錦	若前田	北の洋	栃光	大晃	開隆山	若羽黒	朝潮	房錦	出羽錦	北葉山	岩風	柏戸	安念山	栃ノ海
花籠　23歳　9勝6敗	6-4	2-1	4-3	4-3	3-4	1-0	2-5	1-3	4-3	3-4	4-5	6-6	2-5	5-2	2-0
昭和36年初場所	●	●	●	●	●	●	○	●	○	○	○	●	○	●	●
東張出関脇　香川	うわてなげ	したてなげ	よりたおし	よりたおし	おしだし	おしだし	こてなげ	つきたおし	したてなげ	すくいなげ	よりきり	よりきり	はたきこみ	よりきり	よりきり
若三杉　★	大晃	出羽錦	青ノ里	鶴ヶ嶺	前田川	若羽黒	北葉山	柏戸	朝潮	安念山	羽黒花	小城ノ花	房錦	若前田	岩風
花籠　23歳　5勝10敗	3-5	3-5	4-3	4-4	0-1	2-6	5-5	2-6	2-3	6-2	1-0	5-4	5-3	2-2	6-7
昭和36年春場所	○	○	●	○	●	●	●	●	○	●	○	●	○	○	○
東前頭1　香川	よりきり	よりきり	おしだし	よりきり	よりたおし	よりきり	おしだし	うわてなげ	うわてなげ	そとがけ	よりきり	おしだし	こてなげ	よりきり	よりきり
若三杉　☆	房錦	安念山	冨士錦	鶴ヶ嶺	北葉山	柏戸	岩風	朝潮	若羽黒	北の洋	若前田	前田川	開隆山	大晃	小城ノ花
花籠　23歳　8勝7敗	6-3	7-2	1-1	5-4	5-6	2-7	6-8	2-4	3-6	4-4	3-2	0-2	2-0	4-5	6-4
昭和36年夏場所	○	●	○	●	●	●	○	●	○	○	●	○	●	●	○
西張出小結　香川	よりたおし	おしだし	よりたおし	あびせたおし	はたきこみ	おしたおし	よりきり	うっちゃり	よりきり	うっちゃり	うわてなげ	よりたおし	きりかえし	したてなげ	すくいなげ
若三杉　★	朝潮	前田川	栃光	柏戸	若羽黒	房錦	青ノ里	北葉山	岩風	羽黒花	大晃	鶴ヶ嶺	栃ノ海	安念山	金ノ花
花籠　23歳　7勝8敗	3-4	0-3	5-3	2-8	3-7	6-4	5-3	5-7	7-8	2-0	4-6	6-4	2-1	7-3	3-0
昭和36年名古屋場所	●	●	●	●	●	●	○	●	●	●	○	○	○	●	○
西前頭1　香川	すくいなげ	おしたおし	よりきり	よりきり	おしだし	うわてなげ	うわてなげ	うわてなげ	そとがけ	よりきり	よりきり	よりきり	よりきり	よりきり	よりきり
若三杉　★	岩風	栃光	前田川	栃ノ海	柏戸	朝潮	北葉山	羽黒山	出羽錦	冨士錦	房錦	常錦	若羽黒	羽黒花	清ノ森
花籠　23歳　5勝10敗	7-9	5-4	0-4	2-2	2-9	3-5	6-7	7-4	3-6	1-2	7-4	2-0	4-7	2-1	3-0
昭和36年秋場所	●	●	○	●	●	●	●	●	●	○	○	○	○	○	○
東前頭4　香川	うっちゃり	よりきり	うわてなげ	よりたおし	そとがけ	すくいなげ	よりきり	よりたおし	したてなげ	ひきおとし	よりきり	こてなげ	よりきり	よりたおし	おしだし
若三杉　★	明武谷	小城ノ花	房錦	松登	若前田	北葉山	栃ノ海	青ノ里	佐田の山	金乃花	清ノ森	一乃矢	福田山	君錦	常錦
花籠　24歳　7勝8敗	0-1	6-5	8-4	2-1	3-3	6-8	2-3	5-4	0-1	4-0	4-0	1-0	4-1	1-0	3-0

資料６　若乃洲の幕内での場所ごとの成績表

場所		位置	勝	負	休	年間成績
昭和40年	夏	東前頭15	8	7		32-28
	名古屋	西前頭12	7	8		
	秋	西前頭13	8	7		
	九州	東前頭10	9	6		
昭和41年	初	西前頭5	7	8		31-44
	春	東前頭6	5	10		
	夏	西前頭11	6	9		
	名古屋	西前頭15	5	10		
	秋					
	九州	東前頭12	8	7		
昭和42年	初	西前頭9	7	8		8-22
	春	西前頭10	1	14		
			71	94		

資料７　大文字の幕内での場所ごとの成績表

場所		位置	勝	負	休	年間成績
昭和41年	九州	西前頭11	8	7		8-7
昭和42年	初	東前頭8	6	9		10-20
	春	東前頭11	4	11		
	夏					
	名古屋					
	秋					
	九州					
昭和43年	初					
	春					
	夏					
	名古屋					
	秋					
	九州					
昭和44年	初					15-15
	春					
	夏					
	名古屋					
	秋	東前頭9	7	8		
	九州	東前頭10	8	7		
昭和45年	初	西前頭5	4	11		10-20
	春	西前頭10	6	9		
			43	62	0	

資料５　若鳴門の幕内での場所ごとの成績表

場所		位置	勝	負	休	年間成績
昭和38年	初	西前頭14	5	10		5-10
	春					
	夏					
	名古屋					
	秋					
	九州					
昭和39年	初	西前頭14	8	7		42-48
	春	東前頭12	8	7		
	夏	西前頭7	7	8		
	名古屋	東前頭8	7	8		
	秋	西前頭8	6	9		
	九州	東前頭14	6	9		
昭和40年	初					23-22
	春					
	夏	西前頭14	7	8		
	名古屋					
	秋	東前頭15	8	7		
	九州	東前頭11	8	7		
昭和41年	初	東前頭9	6	9		42-48
	春	西前頭11	9	6		
	夏	西前頭8	8	7		
	名古屋	西前頭6	6	9		
	秋	西前頭8	5	10		
	九州	西前頭14	8	7		
昭和42年	初	東前頭13	8	7		12-18
	春	西前頭11	4	11		
	夏					
	名古屋					
	秋					
	九州					
昭和43年	初					5-10
	春					
	夏	東前頭12	5	10		
	名古屋					
	秋					
	九州					
昭和44年	初					5-10
	春	東前頭13	5	10		
			134	166	0	

資料4　扇山の幕内での場所ごとの成績表

場所		位置	勝	負	休	年間成績
昭和37年	秋	西前頭15	9	6		17-13
	九州	東前頭10	8	7		
昭和38年	初	東前頭5	4	11		23-37
	春	西前頭12	7	8		
	夏	東前頭13	4	11		
	名古屋					
	秋					
	九州	東前頭13	8	7		
昭和39年	初	東前頭11	5	10		5-10
	春					
	夏					
	名古屋					
	秋					
	九州					
昭和40年	初					
	春					
	夏					
	名古屋					
	秋					
	九州					
昭和41年	初					24-21
	春					
	夏					
	名古屋	東前頭16	9	6		
	秋	東前頭9	7	8		
	九州	東前頭10	8	7		
昭和42年	初	東前頭5	2	13		9-21
	春	東前頭15	7	8		
			78	102	0	

資料３　若天龍の幕内での場所ごとの成績表

場所		位置	勝	負	休	年間成績
昭和36年	秋	西前頭11	8	7		15-15
	九州	東前頭9	7	8		
昭和37年	初	西前頭10	2	13		2-13
	春					
	夏					
	名古屋					
	秋					
	九州					
昭和38年	初					4-11
	春	東前頭15	4	11		
	夏					
	名古屋					
	秋					
	九州					
昭和39年	初					37-38
	春	東前頭14	8	7		
	夏	東前頭11	7	8		
	名古屋	西前頭12	8	7		
	秋	西前頭9	8	7		
	九州	東前頭8	6	9		
昭和40年	初	東前頭11	7	8		46-44
	春	東前頭12	8	7		
	夏	西前頭7	9	6		
	名古屋	西前頭4	8	7		
	秋	東前頭4	9	6		
	九州	東前頭1	5	10		
昭和41年	初	西前頭6	9	6		36-52-2
	春	西前頭4	5	10		
	夏	西前頭7	8	7		
	名古屋	西前頭5	5	10		
	秋	西前頭7	9	6		
	九州	東前頭3	0	13	2	
昭和42年	初	東前頭15	8	7		14-16
	春	西前頭13	6	9		
	夏					
	名古屋					
	秋					
	九州					
昭和43年	初	西前頭10	8	7		36-39
	春	東前頭9	8	7		
	夏	東前頭8	6	9		
	名古屋	西前頭10	6	9		
	秋					
	九州	西前頭12	8	7		
昭和44年	初	西前頭10	5	10		5-10
			195	238	2	

資料２　若三杉→大豪の幕内での場所ごとの成績表

場所		位置	勝	負	休	年間成績
昭和33年	九州	西前頭19	10	5		10-5
昭和34年	初	東前頭13	7	8		44-46
	春	西前頭14	9	6		
	夏	東前頭9	8	7		
	名古屋	西前頭7	8	7		
	秋	西前頭6	9	6		
	九州	東前頭1	3	12		
昭和35年	初	東前頭8	7	8		57-33
	春	西前頭9	11	4		
	夏	西前頭4	14	1		
	名古屋	東張出関脇	7	8		
	秋	西小結	9	6		
	九州	東小結	9	6		
昭和36年	初	東張出関脇	5	10		43-47
	春	東前頭1	8	7		
	夏	西張出小結	7	8		
	名古屋	西前頭1	5	10		
	秋	東前頭4	7	8		
	九州	東前頭5	11	4		
昭和37年	初	西張出小結	8	7		43-47
	春	東小結	6	9		
	夏	西前頭1	6	9		
	名古屋	西前頭3	6	9		
	秋	西前頭5	5	10		
	九州	西前頭10	12	3		
昭和38年	初	西前頭2	8	7		50-40
	春	西小結	9	6		
	夏	東関脇	8	7		
	名古屋	東関脇	9	6		
	秋	東関脇	8	7		
	九州	東関脇	8	7		
昭和39年	初	東関脇	9	6		45-45
	春	東関脇	10	5		
	夏	東関脇	4	11		
	名古屋	東前頭4	8	7		
	秋	西前頭2	5	10		
	九州	東前頭5	9	6		
昭和40年	初	西前頭2	8	7		46-44
	春	東前頭1	9	6		
	夏	東小結	7	8		
	名古屋	西前頭1	8	7		
	秋	西関脇	2	13		
	九州	西前頭6	12	3		
昭和41年	初	東前頭1	9	6		38-48-4
	春	西小結	7	8		
	夏	西前頭1	5	10		
	名古屋	東前頭4	2	9	4	
	秋	西前頭10	7	8		
	九州	東前頭11	8	7		
昭和42年	初	東前頭7	6	9		11-19
	春	西前頭9	5	10		
			387	374	4	

	４５九	４６初	４６春	４６夏	４６名	４６秋	４６九	４７初	４７春	４７夏	４７名	４７秋	４７九	４８初	４８春	４８夏	４８名
関　脇																	
小　結																	
前頭1																	
前頭2																	
前頭3																	
前頭4																	
前頭5		5						5						5			
前頭6																	
前頭7																	
前頭8																	
前頭9																	
前頭10		10						10						10			
前頭11																	
前頭12																	
十両	1	1	1	1	1	1		1		1	1						
	2	2	大文字	2	2	2	1	2	1	2	2	1		1	1		1
	大文字	3	3	3	3	3	2	3	2	3	3	2	1	2	2	1	2
	4	4	4	4	4	4	3	4	3	4	大文字	3	2	3	3	2	3
	5	大文字	5	5	5	5	大文字	5	大文字	5	5	4	3	4	4	3	4
	6	6	6	6	6	6	5	6	5	6	6	大文字	4	5	5	4	5
	7	7	7	大文字	7	7	6	7	6	大文字	7	6	5	大文字	6	5	6
	8	8	8	8	大文字	8	7	8	7	8	8	7	6	7	7	6	7
	9	9	9	9	9	9	8	9	8	9	9	8	7	8	8	7	8
	10	10	10	10	10	大文字	9	10	9	10	10	9	大文字	9	9	8	9
	11	11	11	11	11	11	10	11	10	11	11	10	9	10	10	9	10
	12	12	12	12	12	12	11	12	11	12	12	11	10	11	11	10	11
	13	13	13	13	13	13	12	大文字	12	13	13	12	11	12	大文字	11	12
幕下	1	1	1	1	1	1	13	1	13	1	1	13	12	13	13	12	13
	2	2	2	2	2	2	1	2	1	2	2	1	13	1	1	13	1
	3	3	3	3	3	3	2	3	2	3	3	2	1	2	2	1	2
	4	4	4	4	4	4	3	4	3	4	4	3	2	3	3	2	大文字
	5	5	5	5	5	5	4	5	4	5	5	4	3	4	4	3	4
	6	6	6	6	6	6	5	6	5	6	6	5	4	5	5	4	5
	7	7	7	7	7	7	6	7	6	7	7	6	5	6	6	大文字	6
	8	8	8	8	8	8	7	8	7	8	8	7	6	7	7	6	7
	9	9	9	9	9	9	8	9	8	9	9	8	7	8	8	7	8
	10	10	10	10	10	10	9	10	9	10	10	9	8	9	9	8	9
	11	11	11	11	11	11	10	11	10	11	11	10	9	10	10	9	10
	12	12	12	12	12	12	11	12	11	12	12	11	10	11	11	10	11
	13	13	13	13	13	13	12	13	12	13	13	12	11	12	12	11	12
	14	14	14	14	14	14	13	14	13	14	14	13	12	13	13	12	13
	15	15	15	15	15	15	14	15	14	15	15	14	13	14	14	13	14
	16	16	16	16	16	16	15	16	15	16	16	15	14	15	15	14	15
	17	17	17	17	17	17	16	17	16	17	17	16	15	16	16	15	16
	18	18	18	18	18	18	17	18	17	18	18	17	16	17	17	16	17
	19	19	19	19	19	19	18	19	18	19	19	18	17	18	18	17	18
	20	20	20	20	20	20	19	20	19	20	20	19	18	19	19	18	19
	21	21	21	21	21	21	20	21	20	21	21	20	19	20	20	19	20
	22	22	22	22	22	22	21	22	21	22	22	21	20	21	21	20	21
	23	23	23	23	23	23	22	23	22	23	23	22	21	22	22	21	22
	24	24	24	24	24	24	23	24	23	24	24	23	22	23	23	22	23
	25	25	25	25	25	25	24	25	24	25	25	24	23	24	24	23	24

	42秋	42九	43初	43春	43夏	43名	43秋	43九	44初	44春	44夏	44名	44秋	44九	45初	45春	45夏	45名	45秋
関脇																			
小結																			
前頭1																			
前頭2																			
前頭3																			
前頭4																			
前頭5			5						5						大文字				
前頭6																			
前頭7																			
前頭8					若天龍														
前頭9				若天龍									大文字						
前頭10			若天龍			若天龍			若天龍					大文字	10	大文字			
前頭11																			
前頭12					若鳴門			若天龍											
十両	1	1	1	1	大文字	大文字	1			若鳴門		大文字		1	1	1			1
	2	若鳴門	2	2	2	2	若天龍	1	1	若天龍	1	2	1	2	2	2	大文字	1	2
	大文字	3	3	若鳴門	3	若鳴門	3	若鳴門	2	2	2	3	2	3	3	3	2	2	3
	4	若天龍	4	大文字	4	4	4	3	3	大文字	3	4	3	若鳴門	4	4	3	3	4
	5	5	5	5	5	5	若鳴門	4	若鳴門	4	若鳴門 大文字	5	4	5	5	5	4	大文字	5
	若鳴門	6	6	6	6	6	6	5	5	5	5	6	5	6	6	6	5	5	6
	若天龍	7	大文字	7	7	7	大文字	6	6	6	6	7	6	7	7	7	6	6	大文字
	扇山	8	8	8	8	8	8	7	7	7	7	8	若鳴門	8	8	若鳴門	7	7	8
	9	大文字	若鳴門	扇山	9	9	9	8	8	8	若天龍	若鳴門	8	9	9	9	8	8	9
	10	10	10	10	10	10	10	大文字	大文字	9	9	10	9	10	10	10	9	9	10
	11	扇山	11	11	11	11	11	10	10	10	10	若天龍	10	11	若鳴門	11	10	10	11
	12	12	扇山	12	12	12	12	11	11	11	11	12	11	12	12	12	11	11	12
	13	13	13	13	13	13	13	12	12	12	12	13	12	13	13	13	若鳴門	12	13
幕下	1	1	1	1	1	扇山	1	13	13	13	13	1	13	1	1	1	13	13	1
	2	2	2	洲	2	2	2	1	1	1	1	2	1	2	2	2	1	1	2
	3	3	洲	3	扇山	3	3	2	2	2	2	3	洲	3	3	3	2	2	3
	4	4	4	4	4	4	4	3	3	3	3	4	3	4	4	4	3	3	4
	5	5	5	5	5	5	5	4	4	洲	4	洲	4	5	5	5	4	4	5
	6	6	6	6	6	洲	6	5	5	5	5	6	5	6	6	6	5	5	6
	7	7	7	7	7	7	7	6	6	6	6	7	6	7	7	7	6	6	7
	8	8	8	8	8	8	8	7	洲	7	洲	8	7	8	8	8	7	7	8
	9	9	9	9	9	9	9	8	8	8	8	9	8	9	9	9	8	8	9
	10	10	10	10	10	10	扇山	洲	9	9	9	10	9	10	10	10	9	9	10
	11	11	11	11	洲	11	11	10	10	10	10	11	10	11	11	11	10	10	11
	12	12	12	12	12	12	12	11	11	11	11	12	11	洲	12	12	11	11	12
	13	13	13	13	13	13	13	12	12	12	12	13	12	13	13	13	12	12	13
	14	14	14	14	14	14	14	13	13	13	13	14	13	14	14	14	13	13	14
	15	15	15	15	15	15	15	14	14	14	14	15	14	15	15	15	14	14	15
	16	洲		16	16	16	16	15	15	15	15	16	15	16	16	16	15	15	16
	17	17	17	17	17	17	17	16	16	16	16	17	16	17	17	17	16	16	17
	18	18	18	18	18	18	18	17	17	17	17	18	17	18	18	18	17	17	18
	19	19	19	19	19	19	19	18	18	18	18	19	18	19	19	19	18	18	19
	20	20	20	20	20	20	20	19	19	19	19	20	19	20	20	20	19	19	20
	21	21	21	21	21	21	21	20	20	20	20	21	20	21	21	21	20	20	21
	22	22	22	22	22	22	22	21	21	21	21	22	21	22	22	22	21	21	22
	23	23	23	23	23	23	23	22	22	22	22	23	22	23	23	23	22	22	23
	24	24	24	24	24	24	24	23	23	23	23	24	23	24	24	24	23	23	24
	25	25	25	25	25	25	25	24	24	24	24	25	24	25	25	25	24	24	25

	４０初	４０春	４０夏	４０名	４０秋	４０九	４１初	４１春	４１夏	４１名	４１秋	４１九	４２初	４２春	４２夏	４２名
関　脇					大豪											
小　結			大豪					大豪								
前頭１		大豪		大豪		若天龍	大豪		大豪							
前頭２	大豪															
前頭３												若天龍				
前頭４				若天龍	若天龍			若天龍		大豪						
前頭５							若乃洲			若天龍			扇山			
前頭６						大豪	若天龍	若乃洲		若鳴門						
前頭７			若天龍						若天龍		若天龍		大豪			
前頭８									若鳴門		若鳴門		大文字			
前頭９							若鳴門				扇山		若乃洲	大豪		
前頭10						若乃洲	10				大豪	扇山	10	若乃洲		
前頭11	若天龍					若鳴門		若鳴門	若乃洲			大豪　大文字		大文字　若鳴門		
前頭12		若天龍		若乃洲								若乃洲				1
前頭13					若乃洲								若鳴門	若天龍	1	2
前頭14			若鳴門									若鳴門			大豪	若天龍
前頭15			若乃洲		若鳴門	1	15			若乃洲			若天龍	扇山	3	4
十両	1	若鳴門	1	若鳴門	1	2	1	1	1	扇山	若乃洲	1	1	1	4	5
	若鳴門	2	2	2	2	3	2	2	2	1	2	2	2	2	若天龍　扇山	6
	3	若乃洲	3	3	3	4	3	3	扇山	2	3	3	3	3	6	7
	若乃洲	4	4	4	4	5	4	4	4	大文字	大文字	4	4	4	7	大文字
	5	5	5	5	5	6	扇山	5	5	4	5	5	5	5	大文字　若鳴門	9
	6	6	6	6	6	7	6	扇山	6	5	6	6	6	6	9	若鳴門　扇山
	扇山	7	7	7	7	8	7	大文字	7	6	7	7	7	7	10	11
	8	大文字	8	8	8	9	8	8	8	7	8	8	8	8	若乃洲	12
	9	扇山	大文字	9	9	扇山	9	9	大文字	8	9	9	9	9	12	13
	10	10	扇山	10	大文字	11	10	10	10	9	10	10	10	10	13	1
	11	11	11	11	11	12	大文字	11	11	10	11	11	11	11	1	2
	12	12	12	大文字	12	13	12	12	12	11	12	12	12	12	2	3
	13	13	13	13	13	大文字	13	13	13	12	13	13	13	13	3	4
	14	14	14	扇山	扇山	15	14	14	14	13	14	14	14	14	4	5
	15	15	15	15	15	16	15	15	15	14	15	15	15	15	5	6
	大文字	16	16	16	16	17	16	16	16	15	16	16	16	16	6	7
	17	17	17	17	17	18	17	17	17	16	17	17	17	17	7	若乃洲
	18	18	18	18	18	1	18	18	18	17	18	18	18	18	8	9
幕下	1	1	1	1	1	2	1	1	1	18	1	1	1	1	9	10
	2	2	2	2	2	3	2	2	2	1	2	2	2	2	10	11
	3	3	3	3	3	4	3	3	3	2	3	3	3	3	11	12
	4	4	4	4	4	5	4	4	4	3	4	4	4	4	12	13
	5	5	5	5	5	6	5	5	5	4	5	5	5	5	13	14
	6	6	6	6	6	7	6	6	6	5	6	6	6	6	14	15
	7	7	7	7	7	8	7	7	7	6	7	7	7	7	15	16
	8	8	8	8	8	9	8	8	8	7	8	8	8	8	16	17
	9	9	9	9	9	10	9	9	9	8	9	9	9	9	17	18
	10	10	10	10	10	11	10	10	10	9	10	10	10	10	18	19
	11	11	11	11	11	12	11	11	11	10	11	11	11	11	19	20
	12	12	12	12	12	13	12	12	12	11	12	12	12	12	20	21
	13	13	13	13	13	14	13	13	13	12	13	13	13	13	21	22
	14	14	14	14	14	15	14	14	14	13	14	14	14	14	22	23
	15	15	15	15	15	16	15	15	15	14	15	15	15	15	23	24
	16	16	16	16	16	17	16	16	16	15	16	16	16	16	24	25
	17	17	17	17	17	18	17	17	17	16	17	17	17	17	25	26

	３７初	３７春	３７夏	３７名	３７秋	３７九	３８初	３８春	３８夏	３８名	３８秋	３８九	３９初	３９春	３９夏	３９名	３９秋	３９九
関　脇									大豪	大豪	大豪	大豪	大豪	大豪	大豪			
小　結	若三杉	若三杉						大豪										
前頭１			若三杉															
前頭２							大豪										大豪	
前頭３				若三杉														
前頭４																大豪		
前頭５	5				大豪		扇山						5					大豪
前頭６																		
前頭７															若鳴門			
前頭８																若鳴門	若鳴門	若天龍
前頭９																	若天龍	
前頭10	若天龍					扇山　大豪	10						10					
前頭11													扇山		若天龍			
前頭12								扇山						若鳴門		若天龍		
前頭13									扇山			扇山						
前頭14							若鳴門						若鳴門	若天龍				若鳴門
十両	1		1		扇山		15	若天龍										
	2	1	2	1	1	若天龍		1	1	1	扇山	1	1	扇山	扇山	1	1	1
	3	若天龍	3	若天龍	2	若鳴門	1	若鳴門	2	扇山	若鳴門	2	2	2	2	2	2	2
	4	3	4	3	若鳴門	3	若天龍	3	3	3	3	若鳴門　若天龍	3	3	3	3	3	3
	5	4	5	扇山	4	4	3	4	4	4	4	4	4	4	4	4	4	4
	6	5	若鳴門	5	5	5	4	5	若鳴門	5	5	5	若天龍	若乃洲	若乃洲	5	扇山	5
	7	6	扇山	6	6	6	5	6	若天龍	6	若天龍	6	6	6	6	若乃洲	6	大文字
	8	7	若天龍	7	若天龍	7	6	7	7	7	7	7	7	7	7	扇山	7	7
	9	8	9	若鳴門	8	8	7	8	8	8	8	8	8	大文字	8	8	8	8
	10	9	10	9	9	9	8	9	9	9	9	9	9	9	9	9	9	若乃洲
	扇山	10	11	10	10	10	9	10	10	若鳴門	10	10	10	10	大文字	10	10	10
	12	11	12	11	11	11	10	11	11	11	11	11	11	11	11	11	11	扇山
	13	12	13	12	12	12	11	12	12	若天龍	12	12	12	12	12	12	12	12
	14	若鳴門	14	13	13	13	12	13	13	13	13	13	若乃洲	13	13	13	大文字	13
	15	14	15	14	14	大文字	13	14	14	14	14	14	大文字	14	14	14	若乃洲	14
	若鳴門	扇山	16	15	15	15	14	15	15	15	15	15	15	15	15	15	15	15
	17	16	17	16	16	16	15	16	16	16	16	16	16	16	16	大文字	16	16
	18	17	18	17	17	17	16	17	17	17	17	若乃洲　大文字	17	17	17	17	17	17
幕下	1	18	1	18	18	18	17	18	18	18	18	18	18	18	18	18	18	18
	2	1	2	1	1	1	18	1	1	1	大文字	1	1	1	1	1	1	1
	3	2	3	2	大文字	2	1	2	2	2	2	2	2	2	2	2	2	2
	4	3	4	大文字	3	3	2	3	3	3	3	3	3	3	3	3	3	3
	5	4	5	4	4	若乃洲	若乃洲	4	4	4	4	4	4	4	4	4	4	4
	6	5	大文字	5	5	5	4	5	5	5	5	5	5	5	5	5	5	5
	7	6	7	6	6	6	5	6	6	大文字	6	6	6	6	6	6	6	6
	8	7	8	7	7	7	大文字	7	7	7	7	7	7	7	7	7	7	7
	9	8	9	8	8	8	7	大文字	8	8	8	8	8	8	8	8	8	8
	10	9	九州若	9	9	9	8	9	9	9	9	9	9	9	9	9	9	9
	11	10	11	10	若乃洲	10	9	若乃洲	大文字	10	若乃洲	10	10	10	10	10	10	10
	12	11	12	九州若	11	11	10	11	11	11	11	11	11	11	11	11	11	11
	13	12	13	12	12	12	11	12	12	12	12	12	12	12	12	12	12	12
	14	13	14	13	13	13	12	13	13	若乃洲	13	13	13	13	13	13	13	13
	九州若	14	15	14	14	14	13	14	14	14	14	14	14	14	14	14	14	14
	16	15	16	15	15	15	14	15	15	15	15	15	15	15	15	15	15	15
	17	16	17	16	16	16	15	16	16	16	16	16	16	16	16	16	16	16
	18	17	18	17	17	17	16	17	17	17	17	17	17	17	17	17	17	17

資料1　６力士の番付変遷

	３３九	３４初	３４春	３４夏	３４名	３４秋	３４九	３５初	３５春	３５夏	３５名	３５秋	３５九	３６初	３６春	３６夏	３６名	３６秋	３６九
関　脇											若三杉			若三杉					
小　結												若三杉	若三杉			若三杉			
前頭１							若三杉								若三杉		若三杉		
前頭２																			
前頭３																			
前頭４										若三杉								若三杉	
前頭５		5						5						5					若三杉
前頭６						若三杉													
前頭７					若三杉														
前頭８								若三杉											
前頭９				若三杉					若三杉										若天龍
前頭10		10						10						10					
前頭11																		若天龍	
前頭12																			
前頭13		若三杉																	
前頭14			若三杉															1	1
前頭15		15						15						15			1	2	2
前頭16												1	1	1	1	1	2	3	3
前頭17								1	1		1	2	2	2	2	2	若天龍	4	4
前頭18							1	2	2	1	2	3	3	3	3	3	4	5	5
前頭19	若三杉						2	3	3	2	3	4	4	4	4	4	5	6	6
前頭20		20			1	1	3	4	4	3	4	5	5	5	5	5	6	7	7
十両	1	1	1	1	2	2	4	5	5	4	5	6	6	6	6	6	7	8	8
	2	2	2	2	3	3	5	6	6	5	6	7	7	7	7	若天龍	8	9	9
	3	3	3	3	4	4	6	7	7	6	7	8	8	8	8	8	9	10	10
	4	4	4	4	5	5	7	8	8	7	8	9	9	9	9	9	10	11	11
	5	5	5	5	6	6	8	9	9	8	9	10	10	10	10	10	11	12	12
	6	6	6	6	7	7	9	10	10	9	10	11	11	11	11	11	12	13	13
	7	7	7	7	8	8	10	11	11	10	11	12	若天龍	12	12	12	13	14	14
	8	8	8	8	9	9	11	12	12	11	12	13	13	13	若天龍	13	14	15	15
	9	9	9	9	10	10	12	13	13	12	13	14	14	14	14	14	15	16	若鳴門
	10	10	10	10	11	11	13	14	14	13	14	15	15	15	15	15	16	17	17
	11	11	11	11	12	12	14	15	15	14	15	16	16	若天龍	16	16	17	18	18
	12	12	12	12	13	13	15	16	16	15	16	17	17	17	17	17	18	1	1
	13	13	13	13	14	14	16	17	17	16	17	18	18	18	18	18	1	扇山	扇山
	14	14	14	14	15	15	17	18	18	17	18	若天龍	19	19	1	1	2	3	3
	15	15	15	15	16	16	18	1	1	18	19	1	1	1	2	2	扇山	4	4
	16	16	16	16	17	17	19	2	2	1	1	2	2	2	3	3	4	5	5
	17	17	17	17	18	18	20	3	3	2	若天龍	3	3	3	4	4	5	6	6
	18	18	18	18	19	19	1	4	4	若天龍	3	4	4	4	5	扇山	6	7	7
	19	19	19	19	20	20	2	5	5	4	4	5	5	5	扇山	6	7	8	8
	20	20	20	20	1	若天龍	3	6	6	5	5	6	6	6	7	7	8	9	9
	21	21	21	21	2	2	4	7	7	6	6	7	7	7	8	8	9	10	10
	22	22	22	22	3	3	若天龍	8	若天龍	7	7	8	若鳴門	8	9	9	10	11	11
	23	23	23	1	4	4	6	9	9	8	8	9	9	9	10	10	九州若	12	12
	24	1	1	2	若天龍	5	7	若天龍	10	9	9	10	10	若鳴門	11	11	12	若鳴門	13
幕下	1	2	2	3	6	6	8	11	11	10	10	11	11	11	12	12	13	14	14
	2	3	3	4	7	7	9	12	12	11	11	12	12	12	13	13	14	15	15
	3	4	4	5	8	8	10	13	13	12	12	13	13	扇山	14	14	15	16	16
	4	5	5	6	9	9	11	扇山	14	13	13	14	14	14	大文字	15	若鳴門	17	九州若
	5	6	6	7	10	10	12	15	15	14	14	15	15	15	16	16	17	18	18
	6	7	7	8	11	11	扇山	16	扇山	15	15	16	16	16	17	17	18	19	19

【巻末資料】

【著者】
三木武司
…みき・たけし…

1958（昭和33）年10月、香川県高松市生まれ。松島小学校、光洋中学校、高松高校、九州大学理学部生物学科卒業。西南学院高校（福岡市）で時間講師、香川県立高校（志度商業高校、高松東高校、高松高校、土庄高校、高松西高校）で教諭として勤務。2019年3月定年退職。著述業として現在に至る。趣味は昆虫採集。地元の昆虫同好会である「瀬戸内むしの会」の会長を務めている。著書に『連合赤軍の時代』（彩流社）がある。

［住所］　〒760-0080 香川県高松市木太町2627-1-601
［e-mail］　ktksy459@yahoo.co.jp

Sairyusha
大相撲《おおずもう》昭和《しょうわ》42年《ねん》春場所《はるばしょ》後《ご》の番付削減《ばんづけさくげん》
二〇二三年十二月三十日　初版第一刷
著者 ――― 三木武司
発行者 ――― 河野和憲
発行所 ――― 株式会社 彩流社
〒101-0051
東京都千代田区神田神保町3-10
電話：03-3234-5931
ファックス：03-3234-5932
E-mail：sairyusha@sairyusha.co.jp
印刷 ――― 明和印刷（株）
製本 ――― （株）村上製本所
装丁 ――― 中山銀士＋杉山健慈

ISBN978-4-7791-2938-4 C0075
https://www.sairyusha.co.jp

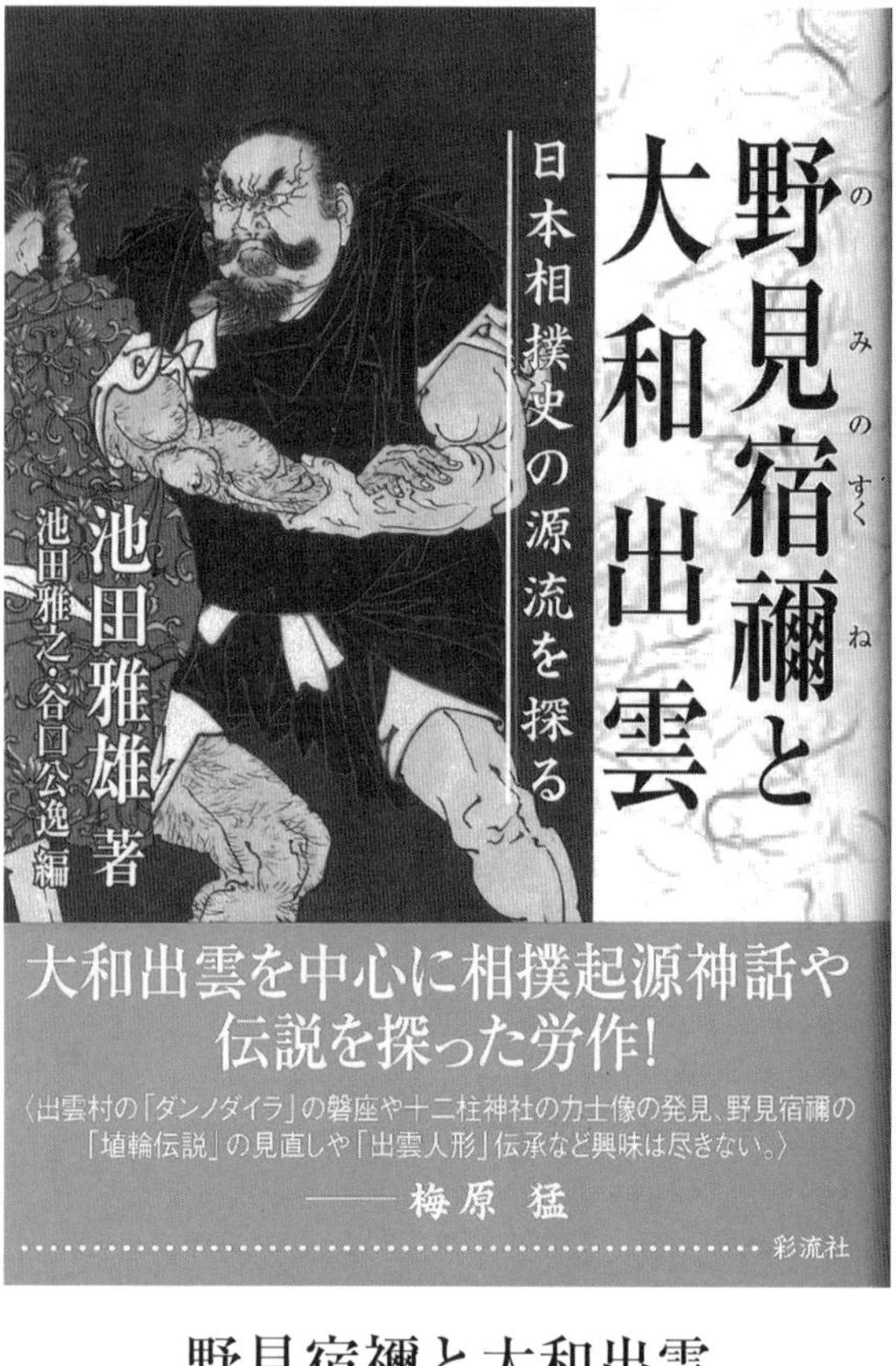

野見宿禰と大和出雲

日本相撲史の源流を探る

池田雅雄［著］

［定価］本体 2000 円＋税

房総大相撲人國記

谷口公逸［著］

［定価］本体 4000 円＋税